On ne pense qu'à ça

Des mêmes auteurs

Addiction à la cocaïne, Flammarion Médecine-Sciences, 2009.

Laurent Karila

Idées reçues sur les addictions, Le Cavalier Bleu Éditions, 2008.

Psychiatrie, pédopsychiatrie, addictologie, Éditions VG, 2008.

Dictionnaire des addictions, Éditions Phase 5, 2007.

Dépression et addictions, Éditions Phase 5, 2006.

Prise en charge des troubles psychiques et des addictions, Éditions J.-B. Bailliere, La Revue du Praticien Médecine Générale, 2005.

Michel Reynaud

Addiction au Cannabis, avec A. Benyamina, Flammarion Médecine-Sciences, 2009.

Traité d'addictologie, Flammarion Médecine-Sciences, 2006.

Thérapies cognitivo-comportementales et addictions, avec H. Rahioui, Flammarion Médecine-Sciences, 2005.

Psychiatrie et addictions : Rapport au congrès de psychiatrie et de neurologie de langue française, Masson, 2005.

Médecine et addictions, avec J.-L. Venisse et D. Bailly, Masson, 2005.

L'Amour est une drogue douce… en général, Robert Laffont, 2004.

La Souffrance de l'homme, avec A. Malarewicz, Albin Michel, 1998.

Professeur Michel Reynaud
Docteur Laurent Karila

En collaboration avec Sylvie Perez

On ne pense qu'à ça

Sensations, émotions, passions : l'amour dévoilé… ou presque

Flammarion

ISBN : 978-2-0812-2-2410-0

À Marie-Pierre

À Mélanie

Prologue

Depuis l'histoire de la pomme, on s'en doutait : notre préoccupation principale, c'est l'amour. On ne pense qu'à ça ! Les millénaires défilant, les indices s'accumulent. L'être humain écrit des poèmes d'amour, chante des chansons d'amour, filme des histoires d'amour, rédige des romans d'amour, grave des graffitis... porno, peint des décolletés volcaniques, sculpte des fesses offertes, des seins tendus, des phallus conquérants. Et on n'est pas prêt de se lasser. Le marché des *sex-toys* flambe. Les magazines féminins nous tiennent régulièrement au courant des ultimes modes sexuelles avec des titres transparents : « Elles ont testé les films X » ; « La fessée érotique, jeu de mains, jeu de coquin » ; « Mon premier cours de strip-tease ». La technologie se pique de romance. On s'étreint sur le Web. En conséquence de quoi une souris d'ordinateur est devenue un accessoire aussi sexy qu'un porte-jarretelles ou une paire de talons aiguilles. On fait l'amour par Skype ou VoxOx. Les sites porno se multiplient comme des lapins : cent quatre-vingt-dix millions en tout et trois cents de plus chaque jour. La *pornosphère* irradie.

Pourquoi cette frénésie ? Pour la bonne raison que nous sommes tous des love addicts, à la fois programmés pour le plaisir et « affectivo-dépendants ». Comment ça marche ? Psychologues, anthropologues, neurobiologistes se sont attelés à l'étude du sentiment roi. On sent bien qu'il y a un rythme dans l'amour, qu'on peut le découper comme on découpe une partition, en plusieurs mesures. Il y a le désir, l'acte sexuel, la passion, l'attachement, le manque. Chacune des facettes du sentiment amoureux correspond à un fonctionnement psychologique particulier et engrange une mécanique neurobiologique spécifique. Car tout se joue dans l'esprit. L'organe sexuel majeur, celui qui conduit la valse amoureuse, n'est autre que le cerveau.

Or les progrès de l'imagerie cérébrale nous permettent aujourd'hui d'observer, donc de comprendre dans ses plus fines nuances, le fonctionnement du cerveau amoureux. Les images du désir sexuel ne sont pas les mêmes que celles de l'orgasme, elles-mêmes distinctes de celles de la passion ou du chagrin d'amour. On sait désormais que c'est grâce aux *neurones miroirs* que l'amour au sein d'un couple s'auto-entretient : « Si tu m'aimes, je t'aime. » On comprend mieux pourquoi on commet l'adultère, l'être humain étant monogame par culture mais polygame par nature.

La recette du philtre d'amour des contes de fées n'est donc plus un secret. On connaît par le menu toute la gamme de nos hormones sexuelles. Lulibérine (sécrétée par le désir immédiat), testostérone (thermomètre de la libido), dopamine (neurotransmetteur du désir et du plaisir), endorphines (hormones du bien-être libérées post-coïtum), ocytocine (hormone de l'attachement, sécrétée lors de l'orgasme) opèrent ensemble comme un carburant érotique extrêmement sophistiqué.

Les progrès de la génétique nous apprennent aussi que notre vie sexuelle est en partie inscrite dans notre ADN. Nos gènes influent sur la qualité de nos orgasmes, mais aussi sur notre capacité à être fidèle et sur notre penchant pour l'excès. La sexualité se construit au carrefour de réalités biologiques, psychologiques, sociologiques. Elle est le fruit d'un faisceau d'éléments dont il était tentant de croiser les données à l'aune des découvertes scientifiques les plus récentes. Maintenant on sait pourquoi Mme Bovary rêve de tromper son mari, pourquoi Julien Sorel rêve de se faire initier, pourquoi la Justine de Sade excite la perversité sexuelle. En somme, on peut faire correspondre une réalité physiologique avec des siècles de littérature. À partir de là, c'est très sereinement que l'on continuera de suivre le joyeux conseil de Cole Porter : *Soyons fous !* *

* Let's misbehave !

PREMIÈRE PARTIE

L'amour de très près

CHAPITRE I

Nouvelles débauches

Les temps changent et, avec eux, les usages et les mœurs. Les couples se déliant plus facilement, les vêtements se délacent plus souvent. La vie sexuelle des Français est plus animée aujourd'hui qu'elle ne l'était il y a quinze ans et, dans ce mouvement général, les femmes, radieuses, mènent la danse. À défaut d'égalité salariale, une manière de parité s'installe sous la couette.

Plus souvent, plus tôt, plus longtemps… mieux ?

On trouve désormais des sybarites assumés chez les deux sexes. Lascives, troublantes, licencieuses, les gourgandines déclarent goûter à tous les plaisirs. D'une génération l'autre, elles multiplient les aventures. En moyenne, une femme tombe dans les bras d'un peu plus de quatre hommes dans sa vie *. Il y a un quart de siècle,

* Le chiffre peut paraître faible aux yeux d'une Parisienne émancipée. Il le sera moins, vu d'une petite ville de province peut-être plus calme. Rappelons que la moyenne ne prend pas en compte les aventures sans lendemain.

trois amours seulement se succédaient, et à peine deux il y a trente-cinq ans*.

Les femmes d'aujourd'hui s'adonnent à toutes les pratiques, avec, peut-être, une secrète préférence pour les plus salées. Sexualité orale et masturbation se généralisent : 80 % des femmes pratiquent la fellation (contre moins de 50 % un quart de siècle plus tôt) et 60 % déclarent s'abandonner à l'onanisme. Enfin, pour ne pas s'arrêter en si bon chemin sur la voie fleurie de l'émancipation, les plus libérées ne sont pas hostiles à l'homosexualité même si celles qui passent à l'acte demeurent minoritaires : 4 % des femmes y ont goûté** (elles sont plus nombreuses, 6 %, dans la tranche 25-35 ans, classe d'âge plus audacieuse). Sachant qu'elles n'étaient que 2,6 % en 1992, tout porte à croire que les aînées ne se sont pas plaintes de leurs découvertes[1]. ***

L'interrogation du mot « sexe » sur le moteur de recherche Google fournit 57 millions de réponses. Quant au mot « Dieu », l'autre sujet qui torture l'intelligence humaine ? Il offre 35 millions d'entrées. De là à déduire que la dévotion a changé d'objet… Mais, au fond, l'humanité n'a-t-elle pas, depuis la nuit des temps, et sous toutes les latitudes, parlé plus volontiers de sexe que de Dieu ?

* Enquête CSF (Contexte de la sexualité en France), du 13 mars 2007, réalisée par l'ANRS (Agence nationale de recherche sur le sida et les hépatites virales), l'Iserm et l'Ined. Une première enquête avait été menée en 1970, suivie en 1992 par l'enquête « Analyse des comportements sexuels en France ». Les statistiques relatives au comportement sexuel des Français citées dans le texte se réfèrent à ces trois enquêtes.

** Contre toute attente, chez les hommes, le chiffre est le même. Ils sont 4% qui déclarent avoir expérimenté une pratique sexuelle avec une personne du même sexe. Le chiffre est stable depuis 1992.

*** Vous trouverez dans cet ouvrage deux types de notes : les *, qui donnent des explications en bas de page, et des chiffres dans le désordre qui renvoient à des références bibliographiques en fin de chapitre.

La durée de vie s'allongeant, les plaisirs charnels se poursuivent tard dans l'existence. Il est loin le temps où la femme mûre remisait pudiquement, sur l'étagère du haut, sa collection de frous-frous, comme on range une robe de mariée dont on sait qu'on n'aura plus l'usage. 7,3 rapports sexuels par mois, confessent, hardies, les épouses de plus de cinquante ans (le chiffre était de 5,3 en 1992). La performance avoisine celle des moins de quarante ans. La population chaste des abstinentes fond comme neige au soleil. En 1970, une quinquagénaire sur deux déclarait n'avoir eu dans l'année écoulée aucune relation sexuelle, elles n'étaient plus que 23 % en 1992 et 12 % en 2006 [1]. Il n'y a plus d'âge pour aimer.

Si la vie sexuelle des femmes se prolonge, elle s'ébauche aussi plus précocement. Les jeunes filles semblent plus en adéquation avec la nature. Si dans les années cinquante, elles connaissaient leurs premiers émois passé vingt ans, et à dix-neuf ans dans les années soixante-dix, elles enterrent aujourd'hui leur candeur dès dix-sept ans. Il semble qu'elles perdent désormais leur virginité au moment où leur corps le leur suggère. Quatre ans après la puberté, les jeunes filles connaissent une forme de maturation naturelle du désir sexuel : légalement mineures mais physiologiquement adultes. Affranchies des inhibitions morales et familiales qui retardaient auparavant le passage à l'acte, elles se jettent à l'eau de plus en plus tôt. Le changement est particulièrement net depuis dix ans. Mais le processus est en marche dès le début des années soixante. Autrement dit, la « révolution sexuelle » de 1968 n'a fait qu'accélérer une évolution des mœurs déjà lancée. La généralisation des moyens de contraception* et la légalisation de

---

* La loi Neuwirth, votée le 28 décembre 1967, sous l'impulsion de Lucien Neuwirth, abroge la loi du 31 juillet 1920 qui interdisait toute contraception. Un pas considérable est franchi. Néanmoins,

l'avortement* ont instauré une nouvelle donne qui a permis de dissocier désir et procréation. La peur de la grossesse, autrefois associée aux premiers rapports sexuels, a cessé d'être une menace. Cette liberté acquise sera bientôt mise à mal par l'apparition du virus du SIDA dans les années 80. Et, dix ans plus tard, Internet provoquera à son tour un chambardement.

On notera que la révolution sexuelle est moins nette chez les jeunes amants qui ne se déniaisent que six mois plus tôt que leurs prédécesseurs des années cinquante : dix-sept ans et huit mois en 1980, dix-sept ans et trois mois en 2005. Pour eux, la situation est donc à peu près stable dans le temps, les contraintes sociales s'exerçant beaucoup moins chez les hommes. Jadis, en guise de parade de séduction, ils dansaient des twists endiablés jusque tard dans la nuit. Aujourd'hui, ils reproduisent les contorsions les plus actuelles de la *tecktonik*. Mais le résultat de ces trémoussements en tout genre n'a guère changé. Lorsque lesdites acrobaties les mènent dans le lit de leur conquête pour d'autres cabrioles, les jeunes gandins ont en moyenne dix-sept ans. Et notre société semble prendre un certain bonheur à s'affranchir du monde latin, dans lequel l'homme séduisait et la femme préservait sa vertu, pour s'approcher d'un modèle de séduction plus égalitaire de type nordique : les filles ont pris en assurance, prenant exemple sur leurs homologues scandinaves…

---

il faudra attendre 1974 pour que la pilule soit remboursée par la Sécurité sociale.

* La loi Veil est votée en 1975.

Des petits hauts et des bas

Plaire, voilà la fièvre contemporaine. Et pour arriver à leur fin, les séductrices ne reculent devant aucun artifice. Un temps, la courtisane hésitait entre crinoline et vertugadin : quel jupon ce matin ? Quel volume pour ses hanches ? Les paniers d'osier ont vécu, on ne les voit plus qu'au théâtre ou dans les films. Mais la question demeure devant les garde-robes, interrogation aussi invariable que centrale : comment s'apprêter ? Il s'agit d'habilement s'habiller quand on veut se faire déshabiller…

On devrait peut-être mesurer le raffinement d'une civilisation à la diversité de ses vêtements féminins. Aujourd'hui, certes, plus de jupons, mais combien d'accessoires encore pour varier les physionomies, que d'options pour dessiner la silhouette d'un jour. La mode féminine superpose les styles et accumule les inventions. Tout est possible et, surtout, tout est permis. Le code vestimentaire n'obéit plus à aucune censure morale ni sociale. Que l'on soit bourgeoise ou employée, la tenue reflète l'humeur du jour… et éventuellement la météo. La jupe se plie à toutes les longueurs selon ce que l'on veut dévoiler. Le pantalon, symbole de l'égalité homme/femme, est devenu plus féminin que jamais. Donnez une guenille à une jolie fille, elle en fera un objet érotique. Ce fut la destinée du pantalon. Il se porte aujourd'hui moulant, droit, évasé, taille haute ou taille basse. Ce dernier découvre le bas du dos et exhibe la lingerie. Avec la jupe, on passait par en dessous, avec le « taille basse », on passe par au-dessus. Habile contournement du problème…

La diversité, en lingerie, frise l'épopée. La guêpière triche, qui amincit la taille et glorifie des seins pigeonnants. La charge érotique d'un dessous n'est jamais aussi intense que lorsqu'il est superflu, juste ornemental, comme le « serre-taille », qui ne couvre ni sexe ni seins, juste les reins. Le soutien-gorge « coque » redessine une poitrine ronde et pleine, le triangle, sans artifice ni coussinet, le ramène à sa beauté naturelle. Le « push-up », littéralement, le rehausse. Le string et la culotte ont donné une descendance : le « brésilien », un entre-deux. Le « boxer », short de dentelles, sort d'un tableau impressionniste. Certaines jouent sur le côté jeune fille en fleur d'une lingerie Petit Bateau 100 % coton.

La bonneterie, de son côté, oscille entre résilles et bas couture. Le collant « incarcérateur » mais au galbe irréprochable n'a jamais vaincu le bas licencieux tenu par un porte-jarretelles. Même l'industrie pétro-chimique s'est mise au service de la séduction. Soucieux de confort pour leurs clientes, les fabricants ont inventé le bas-jarretière, pratique parce qu'il tient seul grâce à sa bande de caoutchouc, coquin puisque le haut de la cuisse est nu. Et la voie est libre ! Les vamps se servent, elles choisissent, n'obéissant à aucune sorte de diktat. Les historiens relatent ce même mouvement chez les Romaines du Ier siècle après Jésus-Christ qui mariaient des dessous d'inspiration grecque, crétoise et égyptienne. Comme quoi, c'est sous les jupes des femmes que se joue la synthèse des civilisations. C'est là qu'on trouve les plus beaux exemples de tolérance et les témoignages les plus scintillants d'œcuménisme.

Les Françaises dépensent quatre-vingt-dix-neuf euros par an pour leur lingerie. La publicité n'a pas oublié de les solliciter. Depuis le début des années 80, les affiches exhibent décolletés, croupes et hanches. La marque Aubade décline les articles les plus coquins de ses collections sur les corps de filles à tomber par terre photographiées en noir et blanc. Et accompagne chaque cliché d'une recommandation. À chaque accessoire son pouvoir ensorceleur et son principe de séduction. Qui n'a pas lu les leçons distillées par la marque, sur des affiches quatre par trois, comme un code de bonne éducation pour jeunes filles de bonne famille ? *Leçon n° 1 : Lui offrir un peu d'ivresse/Leçon n° 2 : Le prendre par les sentiments/Leçon n° 3 : Placer quelques obstacles sur son chemin/Leçon n° 4 : Lui rappeler combien vous êtes fragile/Leçon n° 5 : Feindre l'indifférence*, etc. Chaque maxime tape juste, car elles parcourent avec minutie toutes les étapes de l'amour : le désir, le plaisir, le manque. Et la source des conseils ne s'est jamais tarie tant l'érotisme regorge de mystères…

Sous les dessous, l'extase

La coquetterie n'a pas de limites. Les mignonnes fardent même, aujourd'hui, ce que l'on découvre sous le dessous. Ringard, le sexe nature et foisonnant ! L'épilation du pubis est entrée dans les mœurs au même titre que celle des aisselles. La géométrie investit les salons d'esthétique qui proposent à la demande des triangles aux angles plus ou moins aigus, engendrant un vocabulaire nouveau. La demande s'établirait comme suit : 30 % d'intégrale (un sexe glabre), 40 % de « tickets de métro » (une bande rectangulaire), 30 % de « brésiliens » (un mince triangle). À la Saint-Valentin, éclosent des toisons en forme de cœur. Au besoin, on y inscrit en creux le prénom aimé * – c'est moins irréversible qu'un tatouage. On y met de la couleur, rose, roux, bleu ou violet. Un nouvel amant suscite un nouveau blason qui suscitera en retour, comme chez ce poète anonyme du

* Pour les prénoms composés, le diminutif s'impose…

XVe siècle, l'éloge fiévreux, « de vous je n'ayme que le con ».

L'artifice dissimule les années : le miracle de la teinture rajeunit un pubis chenu. Du reste, on ne vieillit plus. Pour tout dire, aujourd'hui, passé un certain âge, on rajeunit. Les soins pubiens trouvent leur prolongement naturel dans la chirurgie de la vulve. La pratique, à l'origine réparatrice, s'appliquait aux sexes qui portaient les stigmates d'un accouchement difficile ou d'un accident. Le médecin pouvait également reconstituer l'hymen d'une fiancée dont la religion exigeait qu'elle arrive vierge au mariage, et ainsi résoudre quelques problèmes sociologiques épineux. Désormais, ce type d'intervention, peut n'être guidé que par un souci sensuel et devient une chirurgie tout orientée vers le plaisir. Un sexe neuf, assurément, suscitera de passionantes sensations. Après le visage, les seins, les cuisses, la chirurgie plastique se penche sur la vulve. On appelle ça le « sex design » (en anglais, c'est forcément plus clair…). Car ce que femme veut, dieu veut… et docteur peut.

D'abord, l'apparence. La vaginoplastie consiste à rajeunir l'aspect de l'organe enchanteur qui ne l'est jamais autant que pourvu de *grandes lèvres* moins distendues donc plus courtes, et de *petites lèvres* plus rebondies et charnues. Ensuite, la performance. Le resserrement des muscles pubo-coccygiens (deux lames musculaires qui relient le pubis au coccyx et entourent la vulve) optimise la pénétration au bénéfice des deux partenaires[2]. Les maîtresses expertes savent actionner ces muscles pour décupler le plaisir. Le poète Horace Raisson, en 1864 déjà, dédiait à la femme d'expérience ces vers joliment tournés : « À se rétrécir elle excelle/Et joint aux airs d'une pucelle/la plus profonde instruction. » Les plus érudites identifient dans les mystères de leurs replis le prometteur point G que le médecin rendra proéminent, dodu et plus sensible en lui inoculant la miraculeuse enzyme hyaluronidase. Car que faire d'un point G s'il est apathique ?

Exposition permanente

Les amoureuses contemporaines, toujours en demande d'idées pour leurs voluptés, piochent dans les colonnes de magazines érotiques pour femmes, comme *Sensuelle*, qui, pour deux euros quatre-vingt-quinze, « met vos sens en éveil » (sic). Tous les étés, les journaux féminins énumèrent les dernières modes sexuelles, annoncées par des titres transparents : « Mon sex-toy et moi », « La fessée érotique, jeu de mains, jeu de coquin », « Mon premier cours de strip-tease », « Jouissances japonaises ». La coquinerie s'exhibe, s'assume, se débride et le marketing s'empresse de s'en mêler, sans retenue, orchestrant un battage inouï autour de questions qui relèvent de l'alcôve. Le dossier « sexe » a allongé la liste des « marronniers » de la presse, lesquels épousent un rythme saisonnier : régimes alimentaires au printemps, sexe en été, salaires des cadres à l'automne, immobilier en hiver. Le cycle est complet : pourvue d'un corps harmonieux, l'élégante, prête pour les flammes de l'enfer, par quelques œillades expertes autant qu'assassines, séduit un mignon. Puis elle s'interroge sur le rang de l'élu dans l'échelle des salaires, à hauteur de quoi elle se préoccupe de trouver un nid pour leur idylle. Implacable logique…

Les verrous sautent gaiement et le lexique suit. L'érotisme entend remplacer la pornographie. Ce qu'autrefois on tenait pour scabreux, choquant, indécent, pervers, déplaisant, sale, poisseux, pour tout dire condamnable, devient, par la magie du verbe, « coquin », « osé »,

« hot », « déluré », « tendance »… « libre » en un mot. En vérité, l'érotisme se féminise. Mâle, il était solitaire, donc « masturbatoire », donc louche. Devenu l'affaire des femmes, l'érotisme est désormais source de plaisirs et de raffinements. La pornographie féminine donnera à une paire de menottes, un fouet ou une combinaison de latex, des airs d'érudition. Ceux qui avaient « l'esprit mal tourné » se métamorphosent en artistes inventeurs de fantasmes, ces « saveurs de l'esprit ». Et le sex-shop sordide, crasseux et malfamé cède sa place aux « sexy-stores » qui, sous des dehors plus bourgeois, proposent des articles somme toute assez semblables. Baptiste Coulmont, chercheur à l'École des hautes études en sciences sociales, raconte cette mutation et établit une sociologie minutieuse des lieux modernes de débauche [3].

Il n'en reste pas moins que l'achat par Internet se développe, parce qu'il est pratique et aussi, sans doute, parce qu'il évite l'embarras de croiser un collègue de bureau au détour d'un rayonnage interdit. « Babeland », sex-shop *on line* spécialisé dans le sex-toy haut de gamme, est devenu le site branché par excellence. Si, crise oblige, les internautes consomment moins, l'achat de « jouets pour adultes » constitue « l'achat-refuge » par excellence. Les accessoires érotiques sont une niche florissante. Ils ne se sont jamais aussi bien vendus. Et pour celles qui n'auraient pas encore l'« e-réflexe », il y a toujours la vente par correspondance. Les catalogues nationaux de nos aïeules proposent désormais leur sélection d'accessoires sexuels. La rubrique vibromasseurs de *La Redoute* est pléthorique avec ses vingt et un articles étourdissants. Inventaire : le vibromasseur rotatif double plaisir, le masseur va-et-vient, le masseur Penguin, le sweet vibe, le mini-chenille, le little-Paul mini-masseur rose bonbon, le nervuré, le masseur luxe doré, les smart balls (« les boules de Geishas les plus silencieuses du monde ») vendues « en un seul coloris » (faut-il le regretter ?). Et, en promo, « le jouet de Samantha » (référence à l'héroïne de la série *Sex and the city*, attachée de presse et mangeuse d'hommes), vibromasseur Rapid Rabbit 7, bradé à 44,99 euros, « hors éco-participation »... Peut-on s'inquiéter à la fois du plaisir de ses proches et de l'avenir de la planète ? Chaque chose en son temps et pour huiler les rouages de ce monde cahoteux, une batterie d'onguents fera l'affaire. Huiles de massages « gourmandes », lotions parfumées saveur « Piña Colada » comme un cocktail, ou chocolat, gels lubrifiants, baumes sensation, crèmes aphrodisiaques. L'amour se consomme. Comme tout le reste [4]...

... Et toile à matelas

La rencontre sur Internet est du dernier chic et a définitivement jeté aux oubliettes l'antique agence matrimoniale. Les sites de rencontres se spécialisent et se diversifient. Les opportunités se multiplient. Au supermarché des rencontres, on perfectionne les critères, on relève ses ambitions. Un seul hic : à force d'affiner la demande et d'aiguiser ses prétentions, on court le risque d'inventer un partenaire idéal qui n'existe nulle part ailleurs que dans ses rêves. Mais, après tout, pourquoi ne pas demander l'impossible ? L'important étant de s'exprimer et d'assumer ses désirs, fussent-ils extrêmement ciblés. On ne va pas jeter la pierre à l'internaute exigeante. Une femme de qualité peut à bon droit aspirer à rencontrer un homme respectable qui serait à la fois riche, grand, métisse, musicien et végétarien, maître en aïkido, adepte de croisières culturelles, bilingue en sanscrit et passionné par l'histoire de la décolonisation belge en Afrique subsaharienne.

Mais attention, c'est établi, et du reste légitime : les dragueurs et dragueuses en ligne mentent. Ils mentent sur toute la ligne. De sorte qu'inévitablement, la première vraie rencontre, dans la vraie vie, est forcément décevante. Des dires même des organisateurs des sites de rencontre, le partenaire virtuel, une fois incarné, est plus petit (de deux centimètres et demi), plus gros (ajouter environ deux kilos et demi), plus vieux (de sept ans) et moins riche. Les statistiques établissent qu'au-delà d'un revenu annuel de cinquante mille euros, les hommes obtiennent une fois et demie plus de réponses à leurs annonces. Alors, c'est tentant, on la ramène un peu, sachant qu'une fois l'objet de ses désirs conquis, il sera toujours temps de préciser quelques chiffres [5]...

Mensonges ou poésie, peu importe, les rencontres se font. Notamment au sein des générations montantes, plus familiarisées avec les nouvelles technologies. Un tiers des jeunes de dix-huit à vingt-quatre ans ont déjà visité un site de rencontre. Mais tous ne s'abouchent pas. Seules 4 à 6 % des femmes de dix-huit à trente-quatre ans ont déjà eu des rapports avec des partenaires rencontrés sur Internet et chez les hommes entre 7 % et 10 % de ceux qui ont entre dix-huit et trente-neuf ans [1]. Des rencontres se font, donc. Elles sont même relatées, toute discrétion bue, sur des blogs-confessions. L'édition attrape la balle au bond. *Des souris et un homme*, de Lewis Wingrove, raconte une année de rencontres sur le Net [6]. Cinquante-deux entrevues, avec des femmes en majorité mères quarantenaires divorcées, est-il précisé. Lewis Wingrove, énergumène quadragénaire, est apparemment pétri du slogan « Tu cliques, tu niques », cri de ralliement actuellement en vogue parmi les chauds lapins du Web. Le narrateur s'appelle Nick et, effectivement, il se plie à honorer le prénom qu'il porte. Il a couché avec vingt-sept femmes et inflige au lecteur le récit inévitablement redondant de chacun de ses rendez-vous, avec une pauvreté de vocabulaire qui n'a rien à envier à sa vantardise. Amateur de performances, il donne une note à chacune. Moins crues, *Les Plus Belles Histoires d'amour de l'Internet*, de Virginie Michelet, livre le récit authentique d'aventures vécues par d'ex-célibataires, individus de tous âges, aux destins variés, mais dont la vie amoureuse a pour point de départ identique la toile [7].

Les sites de conversation, les *chats*, de la même façon, favorisent le contact avec des partenaires dont on partage les centres d'intérêt, et permettent, eux aussi, de tisser des liens. Réels ou virtuels. L'intrusion de ces sites dans les foyers peut semer la zizanie quand l'un des partenaires du couple découvre effaré que son compagnon entretient une relation virtuelle avec un(e) inconnu(e). Après l'alcool sans alcool, ce siècle définitivement pervers aura inventé l'adultère « light ». L'amant ne se dissimule plus dans le placard, c'est désormais dans l'écran qu'il faudra le confondre. Et ces us inédits réjouissent, dit-on, les quinquas qui font ainsi l'économie d'éreintantes virées en boîtes de nuit pour alimenter leurs frasques…

Cyber-sex

Plus technique : l'homme moderne se doit de savoir faire l'amour par Webcam. Autrefois, on s'aguichait par téléphone. Grâce à la technologie Skype ou Google Video, on dispose maintenant de l'image qui peut (ou pas, c'est selon…) être plus suggestive que les mots. Mieux encore, d'habiles capteurs transmettront bientôt jusqu'aux sensations. Selon le même principe que la Wii, qui permet de pratiquer divers sports virtuels, une combinaison équipée de capteurs autorisera des coïts enflammés entre internautes éloignés l'un de l'autre de plusieurs milliers de kilomètres. Deux individus, installés dans des bureaux du troisième type, sur deux continents distincts, parviendront à s'offrir les caresses adaptées. Séparés par des océans, ils rejoindront ensemble le septième ciel. Sans se toucher !

Plus loin, plus fort

Chez les jeunes, le Web facilite l'accès à la pornographie. Les vidéos y présentent une sexualité crue et truquée, tragiquement déconnectée de la réalité et notamment de la complexité et des mystères d'une authentique relation amoureuse. La sexualité pixelisée assène au lieu de suggérer et fournit en abondance les images d'un monde parallèle dominé par les gang bang, la sodomie, l'éjaculation faciale ou la double, voire triple, pénétration, pratiques présentées comme le tout-venant de la sexualité adulte. La profusion de ce cybersexe borne l'imaginaire des novices et coupe les ailes de l'érotisme dont le principe élémentaire consiste à aller voir ce qui se tient derrière le rideau. Plus besoin aujourd'hui d'épier le monde des adultes par un trou de serrure. Plus de serrure et plus de rideau. C'est la transparence absolue, le libre-service. Le sexe féminin lui-même est dénaturé, présenté ouvert, comme un fruit sur l'étal d'un maraîcher. Les adolescents risquent de se trouver privés d'un parcours initiatique indispensable à l'apprentissage du désir, et de son cortège de frustrations nécessaires et formatrices. Le saute-ruisseau qui, vainqueur de sa timidité, osait pousser une porte pour se « déniaiser » auprès d'une prostituée, d'une femme mûre, ou de la fille des amis de ses parents venus passer le week-end à la maison, est devenu un internaute gavé de pornographie sans avoir rien demandé à personne. Les propositions pleuvent, clignotent à tous les angles de son écran d'ordinateur, avec une prodigalité délirante. Propositions tristement uniformes. Le tissu social et familial, qui offrait l'opportunité aux aînés d'initier les plus jeunes, s'en trouve perturbé. Le Web n'accomplit pas que des prodiges... Il donne seulement l'illusion d'offrir tout, mais au moment d'embrasser une fille pour la première fois, Internet ou pas, l'adolescent se trouve au bord du même précipice que son père, son arrière-grand-père et toute la lignée de ses ancêtres. Comme dans tous les domaines, la famille, la structure sociale et culturelle, déterminera l'intelligence du comportement.

L'amour a de l'avenir

Qu'importe, le sentiment amoureux résiste. Et, avec lui, la différenciation homme-femme, indéracinable. Les enquêtes de comportement le confirment : les approches masculine et féminine divergent profondément [8]. Et c'est tant mieux ! L'égalité oui, mais pas au lit. Les hommes sont deux fois plus nombreux que les femmes à considérer que l'on peut avoir des rapports sexuels avec quelqu'un sans l'aimer. Le clivage perdure entre une sexualité féminine qui s'inscrit dans le registre de l'affectivité et de la conjugalité et une sexualité masculine pensée prioritairement comme une préoccupation physique. La volupté moderne est plus poivrée certes, mais le partage des rôles demeure inchangé. L'homme reste un chasseur. La femme n'a jamais été aussi experte pour attirer son attention et le garder auprès d'elle. En somme, la sensualité a de beaux jours devant elle.

1. INSERM, Enquête CSF, « Contexte de la Sexualité en France », INSERM, 2007.

2. Lopès P., Poudat F., *Manuel de sexologie*, Paris, Masson, 2007.

3. Coulmont B., Roca Ortiz I., *Sex-shops, une histoire française*, Paris, Dilecta, 2007.

4. Weissman E., *La nouvelle guerre du sexe*, Paris, Stock, 2008.

5. Richard.5, *Le Guide de la drague sur Internet : probablement la meilleure technique de séduction du monde*, Publibook, 2002.

6. Wingrove L., *Des souris et un homme*, Paris, Robert Laffont, 2005.

7. Michelet V., *Les plus belles histoires d'amour de l'Internet*, Paris, Télémaque, 2005.

8. Mossuz-Lavau J., *La vie sexuelle en France*, Paris, La Martinière, 2002.

CHAPITRE II

Les visages éternels et universels de l'amour

Les ficelles de la séduction se renouvellent. L'humanité n'est jamais à cours d'inventions, en amour comme en art ou en sciences. Une fois déployé l'arsenal de la séduction, des couples s'agrègent. Les amants se sont attachés à plaire, et ils ont plu. Une idylle s'épanouit, comme un miracle, une surprise, à la façon de ces plantes vertes qui certaines fois donnent une fleur ne suivant ni calendrier, ni saison. L'amour serait-il donc indescriptible et imprévisible ? Voire !

La fleuriste effeuillait toutes les marguerites…

Les artistes du monde entier et de tous les temps se sont échinés à en dessiner les contours, à en scruter les ressorts. Tout a été dit. On peut piocher au hasard dans tous les genres, de la tragédie à la chanson. La Phèdre de Racine, consumée de culpabilité, confesse sa passion pour Hippolyte, son beau-fils :

Je le vis, je rougis, je pâlis à sa vue
Un trouble s'éleva dans mon âme éperdue
Mes yeux ne voyaient plus, je ne pouvais parler
Je sentis tout mon corps et transir et brûler.

Cet amour foudroyant, Emma Bovary l'appelle de tous ses vœux. L'ouragan passionnel qui souffle chez les rois grecs, ramené aux dimensions d'un petit bourg normand, n'a rien perdu de son faste. « L'amour, croyait-elle, devait arriver tout à coup, avec de grands éclats et des fulgurations – ouragan des cieux qui tombe sur la vie, la bouleverse, arrache les volontés comme des feuilles et emporte à l'abîme le cœur entier. » Voilà l'idée que Mme Bovary se fait du relief de l'amour. Le sentiment sera enflammé ou il ne sera pas. En conséquence de quoi la tendresse que lui prodigue son Charles de mari lui semble fade à mourir. Elle en mourra.

Plus réservés, et pas moins bouleversants, les songes de la jeune fleuriste visitée par René Fallet dans *Le Triporteur* : « Dans son arrière-boutique, folle d'amour, la fleuriste effeuillait toutes les marguerites. Et le soleil d'avril semait du blanc d'argent sur les gouttières. Il m'aime… » Passage à l'acte chez Brassens qui chante l'amour polisson des sous-bois : « Sur sa bouche en feu qui criait "Sois sage !"/Il posa sa bouche en guise de bâillon/Et c'fut l'plus charmant des remue-ménage/Qu'on ait vu d'mémoire de papillon. » Une bouche en feu qui crie « Sois sage » : Brassens dépeint avec génie la soumission active, le non qui signifie oui. Racine décrit les symptômes physiques d'une passion brûlante. Flaubert explore le mariage malheureux et invente le bovarysme. René Fallet transcrit l'amour naïf et pur.

Difficile, à première vue, de dresser l'inventaire des physionomies de l'amour. Impensable d'être exhaustif. Il y a de tout dans l'amour. Il vous rendra gai comme l'alouette ou sombre comme le jeune Werther. Voilà une émotion aux pouvoirs titanesques, capable même d'infléchir la loi de la gravitation universelle. L'amour a sur la pesanteur des effets contradictoires. Le tourtereau s'envole et ne touche plus terre ; l'amoureux transi s'effondre dans la douleur et l'anxiété. Ce sentiment kaléidoscopique suscite tour à tour joies ou tourments, mélancolie ou enthousiasme, frustrations ou ivresses. Il est multiforme, instable, fragile, réactif, source de malentendus. À chaque idylle ses aspirations. Pour certains, l'amour se confond avec le déchaînement sensuel : l'amour qui rend fou, il n'y a que cela de vrai. En anglais : « have sex » ou « make love », avoir ou fabriquer. Pour d'autres, il est le terreau miraculeux sur lequel poussera un couple stable et solide, prêt à accueillir des enfants. C'est celui de Brassens encore et de ses amoureux des bancs publics : « Ils se tiennent par la main/Parlent du lendemain/Du papier bleu d'azur/Que revêtiront les murs de leur chambre à coucher/Ils se voient déjà douc'ment/Ell'cousant, lui fumant/Dans un bien-être sûr/Et choisissent les prénoms de leur premier bébé… » En somme, l'amour rassure autant qu'il inquiète. Première certitude : le sentiment engendre indissociablement bien-être et souffrance.

Sensations, émotions et sentiments : l'empire des sens

La nouvelle carte de Tendre : les quatre territoires de l'amour

Comment comprendre ce foisonnement d'états d'âme ? Comment appréhender le fonctionnement de ces sensations qui emportent tout sur leur chemin, balaient tous les repères ? On sent bien pourtant qu'il y a un rythme dans l'amour, des mouvements lents, des crescendos. Qu'on pourrait le découper comme on découpe une partition, en plusieurs mesures.

Les scientifiques se sont penchés sur les « symptômes de l'amour ». Ils ont tenté de clarifier les choses. Ils ont classé les ressentis. Un peu comme l'avaient fait les Précieuses du XVIIe siècle avec la Carte de Tendre, ce pays imaginaire, représentation allégorique des étapes de la vie amoureuse, sous forme de villages et de chemins, avec son fleuve *Inclination*, rejoint à son embouchure par les deux rivières *Estime* et *Reconnaissance*, ses lieux-dits *Billets-doux*, *Petits-soins*, *Légèreté*, *Complaisance*, *Perfidie*, *Soumission* ou encore son *Lac d'Indifférence*. L'amoureux est submergé, certes, mais son état n'est pas immuable. L'amour chemine, il subit des métamorphoses.

La nouvelle Carte de Tendre, scientifique, décrite conjointement par les anthropologues [1], les psychologues [2] et les neurobiologistes [3-4], est moins prude, plus charnelle. Dans cette géographie apparemment labyrinthique, se dessinent quatre pays, quatre zones de couleurs, qui figurent les quatre étapes de l'état amoureux : le désir, l'acte sexuel, le sentiment amoureux, et enfin l'attachement. Les amants s'attirent, se consomment, se consument et se confondent. Ces quatre phases peuvent se succéder mais l'aventure peut aussi bien s'interrompre au milieu du guet.

Première étape

La séduction avec toutes ses incertitudes, ses audaces, ses paris, est motivée par l'envie de l'autre. Le désir est la première marche de l'amour, le point de départ de l'aventure.

Deuxième étape

La volupté et le plaisir sexuel attisent le sentiment amoureux. La sensation est reine, c'est elle qui guide la relation amoureuse. Les plaisirs recueillis dans l'acte sexuel assouvissent la quête de l'autre et peuvent déclencher une forme de folie amoureuse et sexuelle que nous détaillerons ci-après. Mais le plaisir sexuel peut se suffire à lui-même sans engager la phase amoureuse.

Troisième étape

Le plaisir charnel est le socle sur lequel s'élabore la passion amoureuse. La satisfaction des sens s'accompagne alors d'un engouement émotionnel. Sensations et émotions s'alimentent mutuellement. Dans *À bout de souffle*, le film de Jean-Luc Godard, Jean Seberg et Jean-Paul Belmondo, splendides et jeunes, débattent à l'horizontale. Une question les taraude : faut-il coucher pour aimer ou aimer pour coucher ? La sensation provoque le sentiment (je prends du plaisir avec toi donc je t'aime). À l'inverse, le sentiment renforce la sensation (je t'aime donc je prends du plaisir avec toi). Ce cercle « vertueux » entraîne l'amoureux dans un état euphorique psychologique particulier. C'est la « lune de miel » : cet emballement amoureux peut être un simple feu de paille mais il peut aussi mener à une liaison durable.

Quatrième étape

Le couple s'épanouit et gravit alors, à son rythme, « l'échelle de Cupidon ». Le sentiment amoureux se développe, s'amplifie, se stabilise, aspirant au bien-être de chacun. Et après l'ouragan des débuts, l'épisode de l'attachement fournit des délices d'une autre nature : la tendresse, la sécurité, la plénitude. En un mot : l'union. Cette union se renforcera grâce à l'engagement, volonté partagée de construire et de rester ensemble, véritable socle composé, au-delà des sentiments, d'une complicité d'ordre moral et social.

Ces quatre états amoureux impliquent des fonctionnements psychobiologiques différents [5] mais compatibles. De fait, ils peuvent parfaitement coexister sous forme de relations amoureuses distinctes et simultanées. On a vu des hommes capables d'aimer passionnément une maîtresse, de chérir concomitamment une épouse avec tendresse et affection et d'ajouter à ce trio des relations sexuelles avec des partenaires occasionnelles. On sait aussi que cette configuration, un rien complexe, n'est pas l'apanage des hommes…

Les étapes du manque : à chaque territoire, sa peur

Tout peut s'écrouler. Dans chacun des quatre épisodes de l'état amoureux s'immisce le doute, insidieux, la crainte de perdre l'autre et son corollaire, la jalousie, indissociable des mécanismes du désir. « La jalousie commençait donc de lui appuyer sur le cœur sa griffe cruelle, comme si elle eût tâté la place où bientôt elle s'enfoncerait*. » La description de Barbey d'Aurevilly nous plonge dans l'atmosphère inquiétante d'un polar… L'aventure peut basculer. Un grain de sable peut gripper la machine. Les bâtisseurs de projets grandioses, hier radieux, peuvent se transformer en de laborieux ouvriers d'un édifice amoureux qui ne tient plus et se lézarde de toutes parts.

À chaque étape ses inquiétudes :

— Au départ, la crainte de ne pas séduire l'autre, de ne pas le conquérir ;

* Jules Barbey d'Aurevilly, *Une vieille maîtresse*.

— Bientôt, l'inquiétude du manque sexuel qui s'exprime à hauteur du désir éprouvé. Le besoin simple et primaire de faire l'amour n'est pas toujours réalisable. L'envie du corps de l'autre, du sexe de l'autre, nous envahit ;

— Puis, une fois la relation amoureuse installée, la crainte, plus diffuse, d'un déséquilibre dans le couple. M'aime-t-elle (il) autant que je l'aime ? Cette incertitude agitera l'amoureux(reuse) et le (la) conduira sans cesse de la plénitude à l'angoisse, d'un sentiment de toute-puissance à un état de vulnérabilité maximum ;

— Enfin, dans la quatrième phase de l'amour, on est assiégé par la peur que l'autre vous quitte.

Du début à la fin, l'amour est mêlé d'anxiété. Et plus on est attaché, plus on avance dans le parcours amoureux, plus on est vulnérable. Paradoxalement, en même temps qu'ils ébranlent les amants et les insécurisent, les doutes attisent, renforcent et consolident les sentiments de désir, de plaisir, de passion et d'attachement.

L'amour, c'est dans la tête : les circuits biologiques du cerveau amoureux

Ce que la littérature nous raconte du lyrisme romantique, et que la psychologie confirme, se traduit par des mécanismes neurobiologiques désormais connus. L'aventure amoureuse se reflète dans le fonctionnement de nos circuits cérébraux. Car tout se joue dans l'esprit. L'organe sexuel majeur, celui qui conduit la valse amoureuse, n'est autre que le cerveau.

Nos états d'âmes se manifestent directement dans nos terminaisons nerveuses, ils actionnent nos neurones. Les progrès de la neurobiologie et de l'imagerie médicale depuis le début des années 1980, et notamment de l'imagerie fonctionnelle par résonance magnétique nucléaire (IRM), perfectionnement de l'antique scanner cérébral, ont permis aux chercheurs d'observer le cerveau des amoureux en action [6-8]. Raffinement proprement humain, notre cerveau est capable tout à la fois de concevoir et de ressentir le plaisir. Aussi guide-t-il nos désirs.

Pour comprendre ces mécanismes, il faut se pencher sur les méandres du cerveau humain, lequel se divise en trois zones qui correspondent à trois niveaux d'enregistrement, de régulation et de commande des événements de notre existence. La sensation, l'émotion, le sentiment : pour chacun de ces trois registres, notre cerveau perçoit, programme et module les messages qu'il reçoit, que ces informations soient positives (plaisir), ou négatives (manque).

— **Le cerveau le plus archaïque, dit « archéocortex » perçoit nos sensations** les plus primaires, les plus brutes, comme la soif, la faim ou le désir sexuel. Il fonctionne de façon instinctive. Il est la source de comportements primitifs répondant à des besoins fondamentaux, comportements automatiques primordiaux, peu capables d'adaptation et peu sensibles à l'expérience. Le cerveau primitif n'a accès qu'à une mémoire à court terme et commande des actions stéréotypées. Une même stimulation produira invariablement le même effet. *J'ai soif donc je bois. J'ai envie de cette femme donc je la prends.* C'est à ce niveau-là que l'on ressent le plaisir, le bien-être ou au contraire, quand on est insatisfait, le vide et le manque.

— **Le « paléocortex » ou cerveau limbique est le centre physiologique de nos émotions**, de notre affect, de notre sensibilité. Il agit comme un filtre, régule les informations reçues qu'il organise selon des critères d'intérêt, de sécurité, de plaisir, de motivation [6]. Capable de stocker les souvenirs, il classe et code les sensations émises par l'archéocortex, à la lumière de l'expérience [7]. *J'ai envie de cette femme. Si je ne l'ai pas, je sais par expérience que je vais souffrir.* La sensation de plaisir ou de manque exprimée par l'archéocortex se traduit ici par des émotions. Celles-ci se manifestent avec des tonalités et des intensités variables. L'émotion positive s'exprime sous la forme d'un affect de joie ou d'extase. L'émotion négative est plus subtile et plus graduée. La sensation archaïque du manque engendre, par exemple, des émotions de trois types : un sentiment d'anxiété et de crainte qui peut mener à l'angoisse et même atteindre la panique, un état de tristesse qui peut se transformer en mélancolie et aboutir à une dépression durable, ou encore un sentiment d'irritation qui peut se muer en colère et dont l'acmé s'exprimera par la rage [8-9].

— **Le « néocortex », enfin, est notre cerveau intellectuel.** Il rend possibles le calcul, la planification, la construction, la projection dans l'avenir. C'est lui qui permet de découpler la sensation immédiate de l'acte qui s'ensuivra et ainsi de répondre de façon originale, personnelle et créative à un problème posé [10-11]. En évaluant ses priorités, l'individu peut organiser à sa façon et hiérarchiser les événements mémorisés [12]. Il s'affranchit de ses automatismes par sa capacité d'initiative. *J'ai envie de cette femme donc je mets au point une stratégie adaptée pour la conquérir.* Le néocortex donne accès à la conscience, à la capacité symbolique, au langage, à la pensée abstraite [13]. C'est grâce à lui que l'homme philosophe crée, développe ses croyances religieuses ou tombe amoureux. Le néocortex nous permet d'élaborer des sentiments. L'homme est capable de les décrire, d'en parler, de les représenter dans des allégories.

Nos expériences se transmettent ainsi du plus primitif au plus élaboré, via ce que l'on appelle les *circuits de la motivation* [14-15]. Nous commençons par ressentir. C'est le point de départ et le moteur de toute aventure amoureuse. Ces sensations enregistrées par l'archéocortex – grâce au *nucleus accumbens* – sont ensuite modulées par nos émotions, conçues et traitées au niveau du paléocortex – grâce aux cortex cingulaire et orbitofrontal –, puis régulées par notre raisonnement et transformées en sentiments par le néocortex – grâce au cortex préfrontal.

À quoi il faut encore ajouter deux zones du cerveau intervenant également dans ce scénario :

— D'une part, une zone de décryptage des sensations corporelles et émotionnelles. Un cœur qui bat plus vite, un estomac qui se serre, un souffle court, ces manifestations corporelles des émotions sont analysées grâce à l'insula, lobe cérébral niché dans un repli situé entre le lobe frontal et le lobe temporal. L'insula fait le lien entre les perceptions de notre corps et les différentes émotions qu'elles expriment, il opère la jonction entre les expériences corporelles et émotionnelles [16].

— D'autre part, dans la zone de l'hippocampe, située dans le lobe temporal, se jouent les mécanismes de la mémoire. L'hippocampe intègre les souvenirs, les classe, les transmet. Toute sensation ou émotion est estampillée positive ou négative selon qu'elle est agréable ou pas. Notre cortex préfrontal, au moment de la prise de décision, prend en compte les souvenirs mis à sa disposition par l'hippocampe [17]. Le cortex préfrontal est donc connecté d'une part à l'insula (pour le décryptage des sensations corporelles) et d'autre part à l'hippocampe (pour le décryptage des souvenirs).

Et tous ces mécanismes cérébraux sont mis en route dans le déroulement d'une relation amoureuse.

Sea, sex and dopamine : analyse neurobiologique de l'état amoureux

La dopamine, *molécule du plaisir, du désir et de la motivation*, est l'une des nombreuses substances chimiques qui agissent comme neurotransmetteurs dans le cerveau. Elle est le neuromédiateur de nos désirs, le messager de nos sensations. Elle agit comme le « carburant » de notre circuit de la motivation, oriente nos intérêts et fixe leur valeur [18]. Cet acide aminé transformé est libéré en « récompense » d'une action de plaisir, provoque une sensation de bien-être et alimente encore le désir [19-20].

Fait plus surprenant : la dopamine est secrétée en attente d'une récompense. Si quelque chose nous a fait du bien, la seule perspective de ce plaisir se traduit par la sécrétion de dopamine. Le désir augmente le plaisir, le plaisir stimule le désir [21-22]. Ces relations de cause à effet s'expriment dans les deux sens via la dopamine. Plus on éprouve de désir, plus on sécrète de dopamine, le plaisir qui s'ensuit sera d'autant plus important que le désir qui l'a précédé était intense. Ce mécanisme, avéré pour le désir sexuel [23] et pour la faim, a pu être observé de façon claire chez les usagers de stupéfiants. Un toxicomane à qui l'on promet de la cocaïne est en état de désir et se sent déjà bien [22]. Au moment où il consomme la drogue, l'effet est d'autant plus intense qu'il l'a désirée. S'il reçoit le produit sans avoir été prévenu, le plaisir est moindre. Si on lui promet la drogue sans la lui procurer, c'est l'effondrement. Ces mécanismes de récompense sont strictement identiques dans la relation amoureuse.

Psychologiquement, un défaut de dopamine entraîne souffrance, irritabilité, frustration. Physiquement, on a moins de ressort, on est ralenti, apathique. Le défaut de dopamine (hypodopaminergie) explique le malaise de l'amoureux privé de son partenaire comme le manque du toxicomane privé de sa drogue. A contrario, un surplus de dopamine (hyperdopaminergie) procure euphorie et force vitale. La dopamine c'est l'envie d'agir, de créer, d'aimer, de faire l'amour, de découvrir, d'explorer [19]. C'est à la fois tout le désir qui nous y pousse et tout le plaisir qu'on en retire. Le coup de foudre amoureux entraîne une augmentation de l'activité dopaminergique du cerveau, ce qui explique que l'on ait plus d'énergie, moins faim et moins besoin de sommeil [2]. La sécrétion de dopamine nous conduit aussi à fixer notre intérêt sur l'objet de nos désirs, promesse de récompense.

En somme, les descriptions littéraires de l'amour traduisent des mécanismes biologiques identifiés. Phèdre, à la vue d'Hippolyte, a les neurotransmetteurs en alerte et la dopamine qui fuse. Emma Bovary, lorsqu'elle saute le pas de la transgression et commet l'adultère, agit sous l'empire de ses voies dopaminergiques (soit qu'elle soit guidée par une quête désespérée de la bienfaisante dopamine, soit qu'une sécrétion de dopamine liée à son désir ait déclenché chez elle le passage à l'acte). Quant aux amoureux des sous-bois, partis à la chasse aux papillons, lorsqu'ils chavirent dans le plaisir charnel, les voilà au comble du bien-être, irrigués de dopamine… La dopamine peut être la cause, la conséquence, le témoin de nos comportements ou les trois à la fois. Sans expliquer l'origine du sentiment amoureux, l'observation des circuits dopaminergiques reflète fidèlement les fluctuations de nos ressentis.

La diffusion de dopamine dessert l'ensemble du cerveau. L'aire tegmentale ventrale du cerveau archaïque est la zone de départ de la sécrétion dopaminergique. Après quoi la molécule suit une trajectoire qui l'emmène en trois points du cerveau [24]. D'une part dans le *nucleus accumbens*, baromètre de la sensation, d'autre part dans le *cingulum* et l'orbito-frontal, baromètres de nos émotions, et enfin dans le cortex pré-frontal, centre de nos décisions. Le *nucleus accumbens* est la zone de récompense de l'archéocortex. Le cortex orbito-frontal et le *cingulum* (ou cortex cingulaire) sont les zones de récompense du paléocortex. Le cortex préfrontal médio-ventral est la zone de récompense du néocortex.

Ainsi, une sensation positive induit-elle une sécrétion de dopamine (que l'on appelle « récompense ») dans les trois zones du cerveau, archéocortex (« cerveau instinctif »), paléocortex (« cerveau émotionnel »), néocortex (« cerveau intellectuel »). Les voies dopaminergiques traversent notre cerveau, du plus archaïque au plus développé. Et plus on reçoit de récompense, plus on est motivé à aller chercher cette récompense. La dopamine est la clé de notre système de motivation.

Ajoutons que la sécrétion de dopamine est déclenchée par l'activation de circuits spécifiques à chaque plaisir [25], celle-ci aboutissant, pour chaque récompense, à la mise en route de la voie commune de la motivation : le système dopaminergique.

Chaque plaisir a ses caractéristiques neurobiologiques. Nous les détaillerons plus finement dans chacun des chapitres consacrés aux diverses étapes de la relation sexuelle et amoureuse. Mais on peut d'ores et déjà évoquer quelques uns des mécanismes cérébraux propres à chaque phase de l'amour.

L'imagerie cérébrale du désir sexuel est distincte chez l'homme et chez la femme. Le désir masculin, motivé par des stimuli visuels, actionne des régions cérébrales proches des zones caractéristiques de l'esprit de conquête. Le désir masculin est peu contrôlé par le néocortex. La mise en route du désir sexuel féminin est, elle, plus complexe, plus « cérébrale » et favorisée par la parole et la mise en confiance *.

L'imagerie du plaisir sexuel montre une déconnexion des aires cérébrales d'analyse. On met de côté craintes et soucis. Cet abandon des zones de contrôle s'accompagne d'une forte activité dans l'insula, zone des sensations corporelles, parallèlement à une illumination des voies du plaisir **.

L'imagerie de la passion amoureuse *** révèle une forte sollicitation des zones du plaisir sexuel, une augmentation des sécrétions hormonales, une acuité des sensations corporelles, ainsi que la mise en route des *neurones miroirs* permettant de ressentir ce que vit le partenaire. Parallèlement, on observe une extinction des zones de l'esprit critique. La passion amoureuse rend aveugle. Lorsqu'on est envahi du désir de l'autre, lorsque les zones les plus archaïques du cerveau prennent le pas sur les zones dites « raisonnables », l'amoureux perd pied. La régulation des sensations par le paléocortex et le néocortex n'opère plus [11]. C'est le propre de la passion, qui peut éventuellement dégénérer en passion destructrice ****.

---

* Voir chapitre VII.
** Voir chapitre VII.
*** Voir chapitre III.
**** Voir chapitre XII.

La phase d'attachement, celle des amours paisibles, est moins typée, moins aiguë. La stimulation est moins forte et apparaît peu au scanner *.

L'illumination de l'image est à nouveau majeure lorsque surgissent des émotions négatives comme le chagrin d'amour ou la haine [25-26], mais elle est inversée, montrant une extinction des zones du plaisir (traduction en images de l'hypodopaminergie) et une forte activité des zones de l'esprit critique **.

Du sud de la Terre de Feu au nord de l'Islande...

Helen Fisher, anthropologue de l'université de Rutgers, dans l'État de New York, mène depuis des années des recherches sur les mécaniques de l'amour dans tous ses aspects, depuis le coup de foudre jusqu'au divorce, en passant par les rapports sexuels, l'éducation des enfants, le mariage ou l'adultère. Elle s'est demandé si le sentiment amoureux se manifestait différemment selon les cultures [1]. L'amour tel que nous l'exprimons est-il caractéristique des couples hétérosexuels occidentaux ? Ou bien alors ces descriptions sont-elles similaires aux quatre coins du monde ? De par la planète et à travers le temps, quels sont les effets d'un cœur qui s'emballe ? [26-27]

Les textes littéraires anciens décrivent des mécanismes relativement similaires. La mythologie inuit, la littérature sumérienne, les textes védiques ou le Cantique des cantiques se rejoignent sur les métaphores de l'amour. Les légendes du monde entier reprennent les trames de

---

* Voir chapitre IX.
** Voir chapitre XI.

drames amoureux qui semblent universels. Sur la péninsule arabique, Qais, jeune homme doté de beauté et d'esprit, rencontre Leila, littéralement « la nuit », ainsi dénommée pour ses cheveux noir de jais. Sa passion pour la jeune femme le consumera jusqu'à le rendre fou. La déesse de Jade, dépeinte dans un conte du IIe siècle chinois, est séparée de force de son amant. Ne pouvant supporter le manque, elle tente de s'enfuir. Rattrapée par son père, elle est enterrée vivante.

Voilà pour l'imaginaire. Que disent les intéressés ? Suivant une méthodologie rigoureuse, Helen Fisher a conçu un questionnaire portant sur une centaine de points afin d'appréhender la perception de la passion chez les amoureux du monde entier. Voici quelques exemples des réponses données :

« Tous les soirs en m'endormant, ma dernière pensée est pour… »

« Le sexe est l'aspect le plus important de ma relation avec… »

« Quand mon amant subit une injustice, cela me contrarie. »

« Je suis plus énergique en compagnie de mon amant. »

« J'aime tout chez mon amant. »

« Lorsque j'entends la voix de mon amant au téléphone, mon cœur bat plus fort. »

Du sud de la Terre de Feu au nord de l'Islande, du Népal au Nebraska, du Japon à la Syrie, de la Sibérie à l'Australie, les réponses convergent donc. Les manifestations de l'état amoureux se ressemblent sous toutes les latitudes. De là à penser que l'amour est une fonction vitale humaine universelle au même titre que la faim ou la soif, il n'y a qu'un pas…

1. Fisher H., *Why We Love ?*, New York, Owl Books, 2004.

2. Aron A. (et al.), « Reward, motivation, and emotion systems associated with early-stage intense romantic love », *J Neurophysiol*, 2005 ; 94(1):327-37.

3. Esch T., Stefano G.-B., « The neurobiology of pleasure, reward processes, addiction and their health implications », *Neuro Endocrinol Lett*, 2004 ; 25(4):235-51.

4. Esch T., Stefano G.-B., « The Neurobiology of Love », *Neuro Endocrinol Lett*, 2005 ; 26(3):175-92.

5. Fisher H., « Lust, attraction, and attachment in mammalian reproduction », *Human Nature*, 1998 ; 9(1):23-52.

6. Bechara A., Damasio H., Damasio A.-R., « Emotion, decision making and the orbitofrontal cortex », *Cereb Cortex*, 2000 ; 10(3):295-307.

7. LeDoux J., *Le cerveau des émotions*, 2005, Paris, Odile Jacob.

8. Rolls E.-T., « Precis of the brain and emotion », *Behav Brain Sci*, 2000 ; 23(2):177-91 – discussion 192-233.

9. Rolls E.-T., « The orbitofrontal cortex and reward », *Cereb Cortex*, 2000 ; 10(3):284-94.

10. Bechara A., Van Der Linden M., « Decision-making and impulse control after frontal lobe injuries », *Curr Opin Neurol*, 2005 ; 18(6):734-9.

11. Rustichini A., « Neuroscience. Emotion and reason in making decisions », *Science*, 2005 ; 310(5754):1624-5.

12. Bush G. (et al.), « Dorsal anterior cingulate cortex : a role in reward-based decision making », *Proc Natl Acad Sci USA*, 2002 ; 99(1):523-8.

13. Cela-Conde C.-J. (et al.), « Activation of the prefrontal cortex in the human visual aesthetic perception », *Proc Natl Acad Sci USA*, 2004 ; 101(16):6321-5.

14. Olds J., Milner P., « Positive reinforcement produced by electrical stimulation of septal area and other regions of rat brain », *J Comp Physiol Psychol*, 1954 ; 47(6):419-27.

15. Di Chiara G., Imperato A., « Drugs abused by humans preferentially increase synaptic dopamine concentrations in the mesolimbic system of freely moving rats », *Proc Natl Acad Sci USA*, 1988 ; 85(14):5274-8.

16. Contreras M., Ceric F., Torrealba F., « Inactivation of the interoceptive insula disrupts drug craving and malaise induced by lithium », *Science*, 2007 ; 318(5850):655-8.

17. Volkow N.-D. (et al.), « Role of dopamine, the frontal cortex and memory circuits in drug addiction : insight from imaging studies », *Neurobiol Learn Mem*, 2002 ; 78(3):610-24.

18. Wise R.-A., Rompre P.-P., « Brain dopamine and reward », *Annu Rev Psychol*, 1989 ; 40:191-225.

19. Schultz W., « Getting formal with dopamine and reward », *Neuron*, 2002 ; 36(2):241-63.

20. Philipps A.-G., Blaha C.-O., and Fibiger N.-C., « Dopamine release in the nucleus accumbens and sexual behavior in male rats », *Behavioral Pharmacological Clinical Neurosciences*, 1989, Londres, Academic Press.

21. Grace A.-A., « The tonic/phasic model of dopamine system regulation and its implications for understanding alcohol and psychostimulant craving », *Addiction*, 2000 ; 95(2):119-28.

22. Fiorillo C.-D., Tobler P.-N., Schultz W., « Discrete coding of reward probability and uncertainty by dopamine neurons », *Science*, 2003 ; 299(5614):1898-902.

23. Damsma G. (et al.), « Sexual behavior increases dopamine transmission in the nucleus accumbens and striatum of male rats : comparison with novelty and locomotion », *Behav Neurosci*, 1992 ; 106(1):181-91.

24. Fowler J.-S. (et al.), « Imaging the addicted human brain », *Sci Pract Perspect*, 2007 ; 3(2):4-16.

25. Mathon D.-S. (et al.), « Modulation of cellular activity and synaptic transmission in the ventral tegmental area », *Eur J Pharmacol*, 2003 ; 480(1-3):97-115.

26. Jankowiak W., *Romantic Passion : A Universal Experience ?*, New York, Columbia University Press, 1995.

27. Jankowiak W., Fischer E., « A cross cultural perspective on romantic love », *Ethnology*, 1992 ; 31(2):149.

CHAPITRE III

Que la passion nous emporte

Plongeons maintenant au cœur du sentiment amoureux : la « lune de miel », l'amour fou, la passion, forme emblématique de l'aventure amoureuse. La passion, c'est l'émotion amoureuse dans ce qu'elle a de plus intense, le « grand amour », qui mêle désir sexuel, attirance et besoin vital de l'autre. Le sujet passionné est dans un état d'exaltation corporelle et psychique totale. « Ce n'est plus une ardeur dans mes veines cachée : c'est Vénus tout entière à sa proie attachée », témoigne la Phèdre de Racine.

Les fondamentaux de la passion amoureuse

La passion contredit la raison

La passion offre une vie pleine de poésie, de romantisme, et de désir. On s'affranchit du quotidien, car une seule chose compte : l'être aimé. Tout le reste est relégué au second plan. Au bureau, les dossiers s'amoncellent, on remet au lendemain toutes sortes d'obligations. L'amoureux n'a peur de rien car il est sous l'empire d'une pulsion massive, tout entier tendu vers la personne aimée qu'il ne se lasse jamais de fréquenter et qui occupe ses pensées sans relâche. L'ensemble de son existence se trouve balayé par le cyclone amoureux, tourbillon dont l'intensité s'auto-entretient. Le plaisir, complet, alimente un désir toujours croissant. Une boucle vertueuse se met en route.

Emballement du désir et du plaisir sexuel : l'exacerbation des sensations

Les enchantements de l'amour captivent les partenaires. Perçue comme exceptionnelle, la jouissance, intense, devient un plaisir primordial. On en redemande. La répétition de l'acte sexuel a ses bienfaits psychologiques : on se sent plus fort, plus beau, en un mot désirable. L'homme en érection affiche l'assurance d'un prince, fier comme un torero, fort comme un pilier de rugby, conquérant comme un guerrier Hun. La femme qu'il honore prend les airs majestueux d'une courtisane Grand Siècle, gracieuse comme une ballerine, altière comme la reine Salomé. L'orgasme procure également des bienfaits biologiques. L'amoureux éprouve un regain d'énergie qui se traduit par une perte d'appétit et une tendance à l'insomnie. La recette statistiquement la plus sûre à ce jour pour perdre entre trois et dix kilos ? Tomber amoureux.

Euphorie : l'exacerbation des émotions

Être aimé donne des ailes. Que l'on ait quinze, vingt-cinq, quarante-cinq ou soixante-quinze ans, la capacité d'émerveillement est la même et l'éblouissement chaque fois renouvelé. L'amant est galvanisé. Tout ce qui l'entoure trouve grâce à ses yeux. Sa ville devient la plus romantique, les passants qu'il y croise lui sourient, les agents de police sont amicaux, les soucis se volatilisent. Ce qui, hier, était inaccessible, semble subitement à portée de main, intellectuellement, socialement, physiquement.

« Prisme rose » : le psychisme passionnel relève d'un fonctionnement cognitif tout à fait spécifique

Imagination féconde : le désir mobilise l'amoureux, prêt à tout pour conquérir l'objet de ses convoitises. L'appétit sexuel suscite une fantastique motivation pour charmer l'autre [1]. Une seule obsession : séduire, encore, toujours, en permanence. Pour ce faire, l'amoureux redouble de créativité : mots doux, poèmes, petites attentions quotidiennes. L'amour recèle cette vertu d'octroyer de l'ingéniosité aux esprits les plus courts. L'amant devient poète. Et même s'il compose des quatrains sans grand génie, leur destinataire les jugera hors du commun. Ainsi opèrent les miracles de l'amour.

Audace : être amoureux désinhibe et engage à prendre des risques. Ainsi une histoire d'amour peut-elle déclencher le départ du foyer familial (parental ou déjà conjugal) pour s'engager dans une nouvelle vie. Elle est le déclic et le moteur qui permet de « tourner la page », de « refaire sa vie ». Celui qui aime n'est plus le même. Il changera au besoin de physionomie, de centres d'intérêts, de mode de vie et même de religion pour plaire au nouvel être aimé. Car, désormais, son existence gravite autour d'un nouvel astre.

Pensées intrusives : la « lune de miel » coïncide avec une focalisation psychique. Rien ni personne ne peut interrompre ni même freiner la course vers l'autre. Celui qui succombe fixe son attention sur sa dulcinée. Il en parle, il en rêve, il s'en soucie, s'en inquiète. Tous ses actes lui sont dédiés. Fasciné, il lui voue un culte au point de veiller sur son sommeil. Elle est sa raison de vivre. Les détails les plus anodins lui sont reliés. Pour peu que sa maîtresse soit hôtesse de l'air, le seul spectacle d'une rayure blanche dans le ciel plonge l'amoureux dans un bonheur lyrique ! Le voilà submergé de pensées intrusives. Il ne pense qu'à elle. L'ensemble de ses fonctions intellectuelles est sollicité, dédié à son amour. L'intelligence se met au service du désir.

Je pense à toi tout le temps : les effets de l'hypermémoire

Se souvient-elle des détails de la rencontre avec celui qui deviendra le père de ses enfants ? Et de leur voyage de noces dans le Tarn ? Se souvient-elle de la première nuit passée avec son amant ? Et des sujets qu'ils ont évoqués pendant le déjeuner qui a suivi ? Et de la chemise qu'il portait ce jour-là ? Et lui, se souvient-il qu'elle avait noué ses cheveux à la fin du repas ? Sans doute. Ils se souviennent de chaque instant. Personne n'oublie. Quand on est amoureux, on se souvient de tout. Chaque détail, même le plus insignifiant, est consigné avec le plus grand soin dans notre mémoire.

Je pense à toi tout le temps : cette phrase ponctue les correspondances enflammées. On l'a vue gravée sur l'écorce des marronniers, inscrite sur tous les supports, envoyée par SMS au numéro vénéré, transmise par courriel, rédigée à la plume sur papier vélin. Pour l'amoureux, rien n'est plus pareil, pas même le sommeil. La phase de sommeil paradoxal, pendant laquelle le cerveau fixe les souvenirs, est plus longue. La dopamine, sécrétée en abondance, contribue à fixer la mémoire. Et voilà pourquoi l'homme ou la femme qu'on aime envahit nos pensées.

Zéro défaut

À ce stade, l'autre vous apparaît comme l'être parfait. Et s'il lui manque quelque qualité ou quelque talent, votre imagination les lui octroie bien volontiers. Ce que vous voyez vous ravit. Quant aux trésors cachés, vous les jugez inestimables. Quand on décide d'aimer quelqu'un, il devient beau, fin, délicat, drôle, malin, habile, généreux. On lui prête toutes les vertus.

Manque-t-il d'élégance ? C'est sa gaieté qui le porte à assortir un pantalon bleu cobalt avec un pull jaune citron, s'inscrivant glorieusement dans la plus pure tradition des peintres fauves. Est-il inculte ? Jamais ! C'est par modestie qu'il fait mine de ne rien connaître à rien. Est-il chauve ? C'est une chance, vu la rotondité parfaite de son crâne. Est-il gringalet ? C'est voulu, afin de mieux se démarquer des esprits creux qui passent le plus clair de leur temps à s'esquinter les articulations en salle de musculation. Est-il bigleux ? Erreur ! Il a le regard mystérieux et charmant des myopes. Est-il distrait et oublieux ? Tant mieux ! C'est le propre des poètes.

Non, l'objet de votre passion est décidément formidable à tous points de vue, et il faudra attendre un peu avant que vous ne lui trouviez le premier défaut. Car la passion endort l'esprit critique. Mieux, on extrapole. Là où l'on manque d'informations, on préjuge le meilleur [2]. Le « prisme rose » stimule la capacité d'émerveillement.

Vertiges de l'amour

Aucune habitude ne se contracte si aisément ni ne devient si nécessaire que de fréquenter quelqu'un qu'on aime. Sans l'autre, la vie s'affadit, on se sent amputé d'une part de soi-même. Amour et manque sont inextricables. Quand ce dernier devient prédominant, quand s'instaure un déséquilibre, quand l'attente n'est pas récompensée à hauteur des espérances, la « lune de miel » se transforme en « lune de fiel ». La passion devient destructrice.

L'impossibilité de jouir de l'autre, ou la simple incertitude, nourrit à merveille l'obsession. L'amant qui doute devient hypersensible aux indices que lui laisse percevoir sa partenaire. La passion douloureuse est celle dans laquelle le manque prévaut au plaisir. Il prend le dessus et empoisonne le quotidien. Cette dépendance ravive chez le soupirant une terrible « angoisse de séparation ».

« Mon cœur était attaché par toutes ses cordes à ton gouvernail », relate l'Antoine de Shakespeare à Cléopâtre. La passion amoureuse s'accompagne d'une véritable dépendance affective. Le manque engendre la souffrance. Corollaire du besoin de l'autre : quand il n'est pas là, rien ne va.

On le sait, les obstacles accroissent les passions. Un amour interdit s'embrase de plus belle. C'est « l'effet Roméo et Juliette », propres aux passions contrariées. Les amants ne sont jamais si attachés que séparés l'un de l'autre comme Tristan et Yseult, Orphée et Eurydice, Abélard et Héloïse, Paris et Hélène, Titus et Bérénice.

Combien de fois dans une vie ?

Les fées ont mille pouvoirs sur la destinée des hommes. Rencontrez une de ces créatures au coin d'un bois, elle vous fera un don. Celui de produire des diamants et des fleurs chaque fois que vous ouvrez la bouche ou, si vous ne lui plaisez pas, celui de cracher vipères et crapauds à chaque mot prononcé. Par ailleurs, ça n'est un secret pour personne, les fées dispensent des philtres d'amour et peuvent unir les cœurs. La chose survient trois à cinq fois dans la vie de l'individu moyen, et dure de quelques semaines à quelques mois [3-4].

L'état de surrégime dans lequel la passion nous plonge n'est pas envisageable sur le long terme. La relation amoureuse, avec le temps, se normalisera. Car l'état passionnel est intense, quasi violent. Sapho, première poétesse connue, née à la fin du VIIe siècle avant Jésus-Christ sur l'île de Lesbos, n'aimait pas que les femmes, contrairement à ce que pourrait laisser croire le substantif dérivé de son nom *. Rappelons au passage que la sexualité grecque était d'une grande richesse. Multiforme, elle unissait sexes opposés ou équivalents, tenait la relation adulte/enfant pour un modèle charnel et éducatif. « Tout homme en ses beaux jours cherche pour s'en éprendre un doux garçon aux flancs souples, au baiser tendre... », dit le réformateur Solon. Les partenaires étaient de même sexe ou pas, de même âge ou pas, de même rang social ou pas. Mais fermons la parenthèse et revenons à la poésie de Sapho que l'on ne connaît que par fragments. Elle a laissé des scènes érotiques et décrit comme personne la fougue passionnelle. Quelques vers ont traversé le temps et, presque trois mille ans plus tard,

---

* Le saphisme désigne l'amour entre deux femmes.

n'ont rien perdu de leur force. Sapho évoque « le désir qui lui casse les genoux » à la vue d'un amant. La passion est un état aussi intense que transitoire…

Le coup de foudre

L'état passionnel se manifeste le plus souvent dans les débuts d'une relation. Le coup de foudre en est une forme. Dans ce cas, pas de préliminaires : la passion vous submerge au premier regard et opère une fusion des corps et des esprits. D'un seul coup, on se fixe à un autre, comme les jeunes oies cendrées sortant de l'œuf, qui s'attachent au premier être se présentant dans leur champ de vision [5]. L'amoureux a besoin du regard de l'autre, du contact de son corps. L'être aimé répond à toutes ses attentes et satisfait tous ses besoins. La passion présente toutes les vertus de l'amour, elle en explore toutes les dimensions, en réunit tous les bienfaits. L'amour tendre s'exprime sous forme de caresses, l'amour exaltant suscite jeux et expériences inédites, l'amour éternel, tourné vers l'avenir, élabore promesses et projets. La passion permet de concentrer, sur une période plus ou moins courte, l'amour dans tous ses avatars. L'autre comble en vous le bébé, l'adolescent et l'adulte.

Neurobiologie de la passion

Tous les « symptômes passionnels » décrits ci-dessus, apparemment si inédits pour celui qui les éprouve, sont le fruit de mécanismes biologiques dont la science a examiné les rouages [6].

Le « philtre d'amour »

Les hormones du désir et de l'acte sexuel sont bien connues [7-11]. Le philtre d'amour n'est autre que le cocktail explosif et jouissif dont voici la composition : lulibérine + testostérone + dopamine + endorphines + ocytocine [12]. La production de lulibérine est liée au désir immédiat. La testostérone est un thermomètre plus diffus de la libido de chacun, autrement dit de sa capacité à désirer sexuellement ; elle est produite de façon variable mais continue. La sécrétion de dopamine est déclenchée, nous l'avons vu, à la fois par le désir et la sensation de plaisir. Les endorphines sont des hormones de bien-être libérées post-coïtum. Enfin, l'ocytocine, secrétée lors de l'orgasme, favorise l'attachement à son partenaire. Chacune de ces hormones vient stimuler les voies dopaminergiques. Leurs effets, conjugués, expliquent parfaitement l'état psychologique si particulier dans lequel nous plonge une histoire d'amour. Si l'amoureux est envoûté, hypnotisé, focalisé sur l'objet de son amour [13-14], c'est qu'il est sous l'emprise de ses hormones sexuelles. De là à dire que les fées n'y sont pour rien…

Miracles de la dopamine

La déclaration « Je ne pense qu'à toi » n'aurait pas un autre sens formulée ainsi : « Mon débit de dopamine est maximum. » Cette molécule est la clef de la focalisation de nos pensées sur celui ou celle dont on est amoureux. Une expérience menée sur le campagnol des prairies consiste à mettre en rapport un groupe de mâles avec une femelle en pleine période d'ovulation. Un accouplement se produit entre l'un des mâles et la femelle. Il s'ensuit une augmentation de 50 % du taux de dopamine dans le *nucleus accumbens* de la femelle [15]. Après quoi elle ne quitte pas son compagnon et semble indifférente aux autres mâles. Or, lorsque les chercheurs injectent dans son cerveau une substance abaissant artificiellement le taux de dopamine, elle s'éloigne de son partenaire. Preuve que la dopamine est à l'origine de l'attachement de la femelle du campagnol à son partenaire. Rappelons que le *nucleus accumbens* est une région du cerveau mammifère impliquée, chez l'homme, dans les phénomènes de manque et de dépendance.

C'est aussi la dopamine qui est responsable de l'état d'extase et d'euphorie psychologique et physiologique (surcroît d'énergie, hyperactivité, troubles de sommeil, perte d'appétit) de l'amoureux [10-11].

La passion en images

L'imagerie cérébrale permet désormais d'appréhender les circuits du cerveau passionné dont on ne faisait jusqu'ici que présumer les contours. Les travaux initiaux de Bartels et Zeki (2000 et 2004), confirmés depuis par Fisher (2005) et Aron (2006), ont identifié les zones cérébrales qui s'illuminent à la vision de l'être aimé. Ils ont pris quinze sujets passionnément amoureux et ont comparé l'activité de leur cerveau en présence de leur cher et tendre et en présence d'un visage neutre.

Au scanner, l'amour-passion illumine les circuits du plaisir et de la récompense, impliqués dans l'addiction, à savoir l'aire tegmentale ventrale, le *nucleus accumbens* [5, 11], le *cingulum antérieur*, le cortex orbito-frontal, le cortex préfrontal et l'*insula*. Parallèlement, s'éteignent les circuits de perception et d'analyse d'autrui, impliqués dans la *Théorie de l'esprit* [12-13], à savoir l'amygdale (la zone de perception du danger et de mise en route de la peur et de l'angoisse), le lobe temporal (où sont fixés les souvenirs de situations angoissantes), le cingulum postérieur (zone de l'analyse critique). Ceci n'est finalement que la traduction biologique de l'adage bien connu : *L'amour est aveugle.* Les voies neuronales associées aux émotions négatives sont en veille, la confiance l'emporte.

Les neurones miroirs

L'emballement est complet et ne risque pas de se ternir car, par un étrange effet de miroir, on imagine que l'autre nous aime autant qu'on l'aime. L'intuition du désir de l'autre renforce notre désir. La chose pourrait s'expliquer grâce aux neurones miroirs.

De quoi s'agit-il ? Giacomo Rizzolatti, professeur de physiologie à l'université de Parme en Italie, a identifié une classe particulière de neurones, baptisés neurones miroirs. De nombreuses expériences sur le macaque l'ont conduit à la description du phénomène suivant : lorsque le primate se borne à observer une action effectuée par l'un de ses congénères, les mêmes neurones se mettent en route dans son cerveau que s'il se livrait lui-même à l'action observée. Si nous ne sommes pas dotés des callosités fessières du macaque, ce qui nous interdit de demeurer des heures durant assis sur une branche à plusieurs mètres au-dessus du sol, nous partageons néanmoins avec ce mammifère 98 % de nos gènes et, en conséquence, certains types de fonctionnements cérébraux. De fait, des données neurophysiologiques ainsi que d'imagerie cérébrale ont apporté de solides arguments en faveur de l'existence d'un système de neurones miroirs chez l'humain. Un être humain qui observe son voisin en train de faire sa lessive, de jouer du banjo, de fumer le cigare ou de danser la rumba, active, dans son cerveau, les mêmes neurones que si lui-même faisait sa lessive, jouait du banjo, fumait le cigare ou dansait la rumba.

Ces neurones miroirs permettent l'imitation de l'action observée et, à un degré supérieur, sa compréhension, donc son apprentissage par observation. L'homme appréhende ce que fait l'acteur et pourquoi il le fait. Les neurones miroirs sont impliqués dans la compréhension de l'intention de l'acteur. Lorsque les journalistes sportifs évoquent à l'envi le *mental* des athlètes, ils ne font pas référence à autre chose. Le skieur, avant la compétition, est au sommet de la montagne et aussi de sa concentration. Il se représente les efforts physiques qu'il devra produire et le parcours qu'il devra effectuer tout au long du slalom qui lui est proposé. Les sportifs de haut niveau sont pourvus d'un câblage étonnant en neurones miroirs. L'apprentissage d'exercices physiques développe le réseau neuronal. Voilà pour nos activités motrices.

Or, il semble que les mécanismes miroirs soient également impliqués dans les phénomènes d'empathie. Ils expliqueraient notre capacité à percevoir une émotion éprouvée par un autre. « Dans une étude IRMF* récente, des sujets étaient exposés, dans une première condition, à des substances odorantes suscitant le dégoût, et dans une autre, à de brefs clips animés montrant des individus exhibant un faciès de dégoût. L'exposition aux odeurs répugnantes active spécifiquement deux structures connues pour leur participation aux émotions, l'insula antérieure et le cortex cingulaire antérieur. Il est intéressant de noter que l'observation de l'expression faciale du dégoût active le même secteur de l'insula** », explique Giacomo Rizzolatti[16].

* Imagerie par résonance magnétique fonctionnelle.

** Zone cérébrale de perception des sensations corporelles.

Tania Singer a plus particulièrement mené des recherches sur la douleur. Un groupe de jeunes femmes accepte de se soumettre au test. On installe sur leur corps des électrodes, après quoi on leur inflige des petits chocs électriques dont on observe les effets sur leurs neurones. Puis les mêmes femmes visionnent un film dans lequel leur fiancé subit le même traitement. Il apparaît que les mêmes zones cérébrales s'activent lorsqu'elles subissent les chocs électriques ou lorsque c'est leur compagnon qui ressent la douleur [17].

Tout le monde en a fait l'expérience : tristesse, joie, enthousiasme, dépression sont des états d'âme « communicatifs ». Presque contagieux. C'est que le système neuronal miroir nous relie aux autres. Si l'autre souffre, on souffre avec lui. Si l'autre est heureux, on se réjouit pour lui. La corrélation des émotions est d'autant plus forte et immédiate que la personne observée nous est proche. « Je ne dors plus/Tu sais je veille/Sur son sommeil/Et tout ce qui la blesse me tue * », chante Julien Clerc. Il est probable que la fusion observée entre deux êtres liés de passion repose sur le fonctionnement des neurones miroirs. Du reste, leur dysfonctionnement contribue à isoler l'individu du monde qui l'entoure. Ainsi, autistes et schizophrènes éprouvent-ils des difficultés à appréhender les émotions de leurs proches.

Le cerveau est tissé de neurones qui commandent mouvements et émotions. Les mêmes neurones président à la représentation de ces mouvements et de ces émotions, permettent de percevoir ce que fait ou ce que ressent l'autre et, en conséquence, au sein d'un couple, donnent accès, sans passer par la parole, aux sensations et émotions du partenaire. Désir du désir de l'autre, plaisir du plaisir de l'autre… ont un fondement biologique.

---

* Album *Où vont les avions*, septembre 2008, chanson *La Jupe en laine.*

Et vous, êtes-vous passionnément amoureux ?

Afin de mesurer « l'intensité amoureuse », le psychologue américain M. Hunter a conçu une échelle de l'amour passionnel, *Passionate Love scale*, test dans lequel vous cotez chaque item de 1 à 9. À vous de jouer.

1. Je préfère être avec elle (lui) qu'avec qui que ce soit d'autre	1 2 3 4 5 6 7 8 9	Attirance, motivation, préférence
2. En ce qui me concerne, il (elle) est le partenaire amoureux idéal	1 2 3 4 5 6 7 8 9	
3. Je recherche avidement les signes qu'elle (il) me désire	1 2 3 4 5 6 7 8 9	
4. J'ai une attirance très forte pour elle (lui)	1 2 3 4 5 6 7 8 9	
5. Je suis heureux(se) quand je fais quelque chose pour la (le) rendre heureux(se)	1 2 3 4 5 6 7 8 9	Bonheur, sentiment fusionnel (émotion positive)
6. Je veux qu'elle (il) connaisse mes pensées, mes peurs, mes espoirs	1 2 3 4 5 6 7 8 9	
7. Je veux tout savoir sur elle (lui)	1 2 3 4 5 6 7 8 9	
8. J'ai une soif sans fin de son affection	1 2 3 4 5 6 7 8 9	Désir, besoin, la recherche de sensations corporelles
9. Mon corps répond quand il (elle) me touche	1 2 3 4 5 6 7 8 9	
10. Elle (il) est toujours dans mes pensées	1 2 3 4 5 6 7 8 9	Pensées obsédantes
11. Je suis obsédé(e) par elle (lui)	1 2 3 4 5 6 7 8 9	
12. Je suis jaloux (se) si j'imagine qu'elle (il) est avec quelqu'un d'autre	1 2 3 4 5 6 7 8 9	Manque (émotion négative), jalousie, dépression
13. Je me sentirais désespéré(e) si elle (il) me quittait	1 2 3 4 5 6 7 8 9	
14. Je suis très déprimé (e) quand ma relation avec elle (lui) ne marche pas bien	1 2 3 4 5 6 7 8 9	

Maintenant, faites la somme de vos réponses. Si vous avez :

— de 106 à 135 points : vous vivez une passion extrême, passionnelle, sauvage ;

— de 86 à 105 points : vous êtes passionnément amoureux ;

— de 66 à 85 points : vous avez des moments passionnels occasionnels ;

— de 45 à 65 points : les moments passionnels sont peu fréquents, la relation est tiède ;

— et de 15 à 44 points : la relation est froide, le frisson est parti.

1. Fisher H., *Why we love ?*, New York, Owl Books, 2004.

2. Robinson R., *Pourquoi ça ne marche (presque) jamais en amour*, Paris, Dunod, 2007.

3. Jankowiak W., *Romantic Passion : A Universal Experience ?*, New York, Columbia University Press, 1995.

4. Jankowiak W., Fischer E., « A cross cultural perspective on romantic love », *Ethnology*, 1992 ; 31(2):149.

5. Lorenz K., *L'Année de l'oie cendrée*, Paris, Stock, 1978.

6. Vincent J.-D., *Biologie des passions*, Paris, Odile Jacob, 1986.

7. Aron A. (et al.), « Reward, motivation, and emotion systems associated with early-stage intense romantic love », *J Neurophysiol*, 2005 ; 94(1):327-37.

8. Parker K.-J., Lee T.-M., « Central vasopressin administration regulates the onset of facultative paternal behavior in microtus pennsylvanicus (meadow voles) », *Horm Behav*, 2001 ; 39(4):285-94.

9. Carter C.-S., « Neuroendocrine perspectives on social attachment and love », *Psychoneuroendocrinology*, 1998 ; 23(8):779-818.

10. Marazziti D., Canale D., « Hormonal changes when falling in love », *Psychoneuroendocrinology*, 2004 ; 29(7):931-6.

11. Rowland D.-L., « Neurobiology of sexual response in men and women », *CNS Spectr*, 2006 ; 11(8-9):6-12.

12. Reynaud M., *L'Amour est une drogue douce… en général*, Paris, Robert Laffont, 2005.

13. Freud S., *Trois Essais sur la sexualité*, Paris, Gallimard, 1995.

14. Fisher H.-E. (et al.), « Defining the brain systems of lust, romantic attraction, and attachment », *Arch Sex Behav*, 2002 ; 31(5):413-9.

15. Philipps A.-G., Blaha C.-O., Fibiger N.-C., « Dopamine release in the nucleus accumbens and sexual behavior in male rats », *Behavioral Pharmacological Clinical Neurosciences* ; Londres, Academic Press, 1989.

16. Rizzolatti G., Sinigaglia C., *Les Neurones miroirs*, Paris, Odile Jacob, 2008.

17. Singer T. (et al.), « Empathy for pain involves the affective but not sensory components of pain », *Science*, 2004 ; 303(5661):1157-62.

Chapitre IV

Lapins, lapines, mes semblables…

Du temps de la monarchie, qu'attendait-on d'une bonne reine ? Qu'elle enfante un dauphin. Lorsque Marie de Médicis épouse Henri IV, un enfant est conçu au premier regard. Cinq autres suivront. Claude de France avait fait mieux encore. Elle avait quinze ans le jour de son mariage avec François Ier, accoucha de sa première fille un an plus tard – l'année de Marignan – puis donna sept enfants en huit ans avant de succomber, épuisée, à l'âge de vingt-quatre ans. L'union de Catherine de Médicis et Henri II semblait moins porteuse. Le lit des époux, encore adolescents, demeura stérile pendant une décennie. Après quoi surgirent coup sur coup dix princes et princesses. Quant à Maria d'Espagne, fille de Charles Quint, elle ridiculisa ses homologues françaises, offrant triomphalement seize enfants à l'empereur Maximilien II. Une reine digne de ce nom se devait d'alimenter le vivier de princes et princesses, quitte à y perdre sa santé. Elle offrait ainsi un éventail élargi de possibilités pour une stratégie matrimoniale permettant d'unir les cours d'Europe par le sang. La maternité était un impératif royal. Voilà pourquoi lorsqu'elle donna le jour à Louis XIV, Anne d'Autriche, jusque-là souverainement méprisée par la cour, car sans enfant, devint l'objet de toutes les attentions. En somme, une authentique folie procréatrice aura animé les royaumes d'Europe jusqu'au XIXe siècle.

Le cycle de la vie

Mais nul besoin d'avoir le sang bleu pour s'inquiéter de sa descendance. Venir au monde pour enfanter… Le royaume des insectes nous offre chez certaines espèces, des modèles contractés d'existences tout entières dédiées à la reproduction. « L'éphémère naît le soir, s'accouple ; la femelle pond pendant la nuit ; tous deux sont morts au matin sans même avoir vu le soleil. […] Il y a une espèce de papillon, les *palingenia*, dont on n'a jamais vu la femelle. C'est qu'elle est fécondée avant même d'avoir pu se débarrasser de son corset de nymphe, et qu'elle meurt, les yeux encore fermés, mère à la fois et poupon au maillot*. »

La poule n'est que le moyen qu'a trouvé l'œuf pour faire un autre œuf. Ce proverbe de basse-cour pourrait tout aussi bien s'appliquer au genre humain dans son ensemble. Il résume assez simplement la prégnance du désir de reproduction qui, consciemment ou inconsciemment, guide les relations amoureuses chez l'hominidé. Au même titre que les papillons, les éléphants ou les hérissons, l'humanité est mue par une irrépressible pulsion de reproduction et un souci de perpétuation de l'espèce.

---

* Rémy de Gourmont, *Physique de l'amour, Essai sur l'instinct sexuel*, Les éditions 1900, Paris, 1989.

On peut toujours organiser des rencontres sur le Web, participer à des *chats*, ourdir d'habiles dîners en ville, soigner son allure vestimentaire, se faire la cour, s'offrir des roses, chanter des chansons… le dessein secret de tous ces ballets tient en un verbe, procréer. Les séductrices les plus rouées, les dons Juans les plus inventifs, les amants les plus experts, tous mettent, sans le savoir, leur science au service du projet le plus rustique qui soit : faire des enfants.

Mon père ce héros

Ceux qui croyaient encore que l'on choisit son partenaire pour la vie selon qu'il est brun ou blond, qu'il aime la peinture, l'escalade ou le balafon, se trompent. Il n'en est rien. Ou plus exactement, il n'en est qu'en partie. C'est une des motivations [1]. L'essentiel est ailleurs. Qu'on le veuille ou non, nous sommes, aussi sûrement que la limaille de fer vers l'aimant, attirés vers le partenaire qui sera le plus apte à nous donner une descendance. Ce critère prévaut. Chacun selon sa partition, nous participons au grand œuvre de reproduction de l'espèce [2].

Démonstration. Les chercheurs ont imaginé une batterie d'expériences visant à répondre à la question suivante : vers quel type d'homme les femmes vont-elles spontanément ? Quelles caractéristiques masculines suscitent leur appétit ? À première vue, quels sont leurs goûts, leurs inclinations, leurs envies ? Premier test : l'apparence. Un échantillon de cent femmes doit, sur présentation d'une galerie de photos, sélectionner l'homme idéal [3]. On leur soumet le portrait en pied d'une trentaine de candidats, à partir de quoi elles expriment leurs préférences. Les allures sont variées. Il y a de tout : des pâtres grecs, des savants cosinus, des joyeux drilles, des tristes sires, des blonds, des roux, des frisés, des chauves, des courtauds, des trapus, des malabars, des gringalets. Où va leur penchant ? Le résultat est probant. Le portrait-robot de l'homme le plus convoité révèle un énergumène aux épaules larges [4], au torse velu et à la mâchoire carrée, caractéristiques physiologiques d'êtres virils, dotés d'un fort taux de testostérone et donc d'une bonne capacité de reproduction [5].

Test numéro deux : l'arôme. Quel est le type d'homme duquel émane l'odeur la plus séduisante ? Un échantillon de T-shirts est imprégné du parfum corporel de chacun. Les femmes testées, après reniflement consciencieux, élisent l'odeur qui leur semble la plus sexy. Là encore, les résultats sont édifiants. Les hommes dont l'arôme conquiert le plus grand nombre de candidates sont ceux qui ont le mieux réussi dans la vie, des hommes socialement dominants [6]. Mieux, les femmes, à l'aveugle, seulement guidées par leur odorat, choisissent les individus les plus compatibles avec leur système immunologique [7]. Les émanations gagnantes sont celles des hommes dont les gènes dits d'« histocompatibilité » sont les plus différents des leurs, autrement dit les hommes avec lesquels il sera le plus sain de procréer [8]. En somme, instinctivement, les femmes sont attirées par le meilleur père : celui dont les gènes se mêleront de la façon la plus heureuse aux leurs et celui qui, de surcroît, aura les moyens financiers d'élever la petite classe. Il vous donnera une progéniture en pleine santé et, en prime, paiera le loyer, les vacances, les vêtements, l'éducation, les cours de judo, la voiture et l'essence ! [9-10]

Test numéro trois : l'ouïe. À quoi ressemble une voix d'homme sexy ? La réponse est sans surprise. Les tests ne font que confirmer ce que l'on sait déjà. Une voix grave, bien arrimée dans les basses fréquences, et les auditrices tendent une oreille séduite. Le baryton l'emporte sur le ténor qui lui-même laisse le soprano sur le carreau. Rien de tel qu'une tessiture virile pour chatouiller un tympan féminin. Et plus elles sont graves et caverneuses, plus elles sont affolantes [11].

Les hommes, eux, prêtent l'oreille aux voix jeunes dont ils pensent a priori qu'elles sont l'attribut de femmes pétulantes, la peau bien tendue, la taille souple et fine… présentant probablement une bonne propension à se lever la nuit pour nourrir les petits… en somme des femmes en âge de procréer [12]. Statistiquement, lorsqu'un homme refait sa vie, la seconde épouse est la cadette de la première. Et dans les cas de troisièmes noces, l'écart d'âge moyen entre les époux atteint vingt ans. Spontanément, l'homme se marie avec une jeunesse qui pourra lui donner des enfants.

Côté silhouette, c'est établi, les hommes préfèrent les femmes aux hanches larges et aux poitrines opulentes, agréablement pourvues en hormones féminines [13-14]. Les mannequins filiformes, top-modèles élancées aux jambes interminables et à la silhouette prépubère, sont parfaites sur papier glacé mais leurs photos, à en croire les sondages, n'auraient qu'une vertu : susciter chez le lecteur mâle des commentaires d'admiration devant tant de grâces pendant que sa compagne développe des complexes… infondés. Car les hommes jettent le plus souvent leur dévolu sur des créatures plantureuses au profil maternel. Les statistiques ont même permis d'établir un nombre d'or, ratio jugé idéal entre les mensurations des épaules, de la taille et du bassin féminin. Le marketing ne s'y est pas trompé qui s'est inspiré de ce nombre d'or pour façonner le corps de l'icône de la séduction le plus vendu au monde, la poupée Barbie.

Mieux vaut être beau, riche et en bonne santé que pauvre et malade. D'autant qu'une qualité en entraîne une autre. Comme chacun sait, on ne prête qu'aux riches. Ainsi, instinctivement, un homme beau est-il également regardé comme un sujet sain, robuste et en bonne santé [15]. Les psycho-biologistes Thornhill et Gangestad ont découvert que la symétrie du visage masculin est, dans l'imaginaire collectif, associée à de bons gènes [16]. Leur étude « Orgasme chez la femelle humaine et fluctuation de la symétrie chez le partenaire » établit qu'une femme obtient davantage d'orgasmes avec un homme gracieux. Mieux, les contractions de son utérus absorbent davantage de sperme, comme si son corps réagissait dans une optique de reproduction lorsqu'elle est dans les bras d'un partenaire qu'instinctivement elle tient pour un bon reproducteur.

C.Q.F.D. : la foudre ne tombe pas n'importe où. L'analyse de nos penchants et de nos attirances confirme la prégnance du souci de continuité de l'espèce, qui commande nos choix. La séduction obéit à notre pulsion archaïque de reproduction, pulsion dominante qui guide les amoureux, fût-ce à leur insu.

Autour de J 14

« Boire sans besoin et faire l'amour en tout temps, il n'y a que cela qui nous distingue des autres bêtes », entonne goulûment le jardinier du comte Almaviva, dans *Le Mariage de Figaro* de Beaumarchais. Faire l'amour en tout temps ? Voire… Le désir charnel n'est jamais aussi intense chez les femmes que pendant leur période d'ovulation [17]. En conséquence de quoi le jeu de la séduction est en partie régi par le cycle menstruel féminin, ce qui n'est en général ni su ni perçu par les partenaires [12]. Les femmes manifestent un désir sexuel plus fort lorsqu'elles sont fertiles. Au milieu de leur cycle, les voilà plus promptes à chavirer. Plus coquettes [18-19], plus infidèles aussi, comme si elles cherchaient des gènes nouveaux pour les féconder. Comme si elles voulaient instinctivement renouveler le patrimoine génétique. Autour de J 14, les rêveries vont bon train, elles fantasment, observent volontiers les hommes qui les entourent, se laissant même aller à poser un regard indécent sur les parties génitales des mâles en présence. Elles sont facilement séduites par des hommes virils [20], coureurs, mauvais garçons, casse-cou [21]. Elles perdent la tête. Passée la période d'ovulation, elles sont plus sévères, se montrent plus regardantes sur le comportement, car elles cherchent un bon père pour leurs enfants, un homme fiable et raisonnable [22].

Des études, réalisées cette fois sur des couples, prouvent d'ailleurs, et c'est cohérent, que les maris se montrent plus jaloux, plus possessifs, plus attentionnés, plus inquiets pendant la période d'ovulation de leur compagne. À raison, sans doute… L'attention du partenaire grimperait de 30 % pendant la phase fertile sans qu'il en comprenne la cause. Les hommes sont plus méfiants vis-à-vis de leurs femmes et vis-à-vis des autres hommes [23]. Les femmes, elles, sont plus critiques envers les autres femmes. Elles sont plus sensibles à la menace des concurrentes.

Toutes les mêmes !

Une étude parue dans le magazine américain *Science* révèle que 10 % des enfants ont un père biologique différent de leur père déclaré [24]. Observation qui corrobore l'hypothèse selon laquelle les femmes commettent l'adultère en période d'ovulation. Ce chiffre est apparu lors d'un programme de dépistage de maladies génétiques, réalisé aux États-Unis. 10 % des enfants testés n'étaient pas ceux de leur père officiel.

On avait constaté ces phénomènes d'infidélité chez les oiseaux. Une recherche sur cent quatre-vingts espèces d'oiseaux chanteurs (tourterelles, mésanges, rossignols, passereaux…) vivant en couple, pourtant symboles de fidélité en amour, montrait que 86 % des femelles pondaient à l'occasion des œufs dépourvus de tout lien génétique avec le mâle floué qui loyalement les nourrissait au nid [25]. La monogamie sociale chez ces oiseaux n'impliquait pas la fidélité sexuelle. Les copulations hors du couple étaient monnaie courante. Ce phénomène est désormais avéré chez l'homme [26]. Dans ces conditions, l'accès en vente libre aux tests ADN dans certains pays d'Europe laisse présager le pire pour la paix des ménages…

Un homme et une femme

Ce n'est un secret pour personne : l'homme et la femme sont de constitution différente. « Il y a pour nous séparer l'incalculable distance entre nos sexes. Le couple s'empoigne pour s'aimer, se soutire des sanglots, des hoquets, se berce de jérémiades et d'injures excitantes. Le couple s'ignore, se vole, se ment et se déchire. C'est l'amour. Et la femme, vigilante, minutieuse comme une fourmi, compte mentalement les jours, toujours plus ou moins inquiète, toujours plus ou moins incertaine de ses calculs ovariens. Esclave de sa propre réalité. Éternellement responsable. Astreinte malgré elle aux pratiques sanitaires, sa pantomime d'après l'amour. […] Déesse obscure d'un étrange réseau de faïence froide *. »

La femme produit un ovule par mois et l'homme plusieurs millions de spermatozoïdes par jour. Il découle de ce fait naturel que les hommes auraient un penchant pour la dispersion, à la différence des femmes a priori plus sélectives. L'homme chasse tous azimuts, la femme attend… et choisit. L'homme a la capacité physiologique de procréer plusieurs fois par jour si le cœur lui en dit. La femme, elle, engage neuf mois de sa vie plus les années de prime enfance. Et la fertilité féminine n'a qu'un temps : l'existence féconde ne dure qu'une trentaine d'années, bornée par le couperet de la ménopause [27].

Entre quinze et trente ans, l'homme moyen est animé de pensées sexuelles répétées et rapprochées, en moyenne toutes les six secondes. Alors que ce type de rêveries, chez la jeune femme, est associé à son partenaire (conjoint ou camarade de passage). Les pensées sexuelles des femmes sont moins fréquentes, plus maîtrisées et s'inscrivent dans le cadre de la construction d'une relation voire d'un foyer. « Seriez-vous prêt à accepter une relation sexuelle avec une femme inconnue qui vous séduirait ? » À cette question, les hommes répondent oui à 66 %. Les femmes, soumises à la question symétrique, refusent à 95 % [28]. Les physiologies étant dissemblables, l'approche des questions sexuelles diffère. Des individus bien dotés par la nature, une jeune femme d'une beauté angélique, un homme superbe et bien bâti auront plus de facilité à trouver un partenaire. Leur choix est plus étendu. Comment, croyez-vous, utilisent-ils ces atouts ? Il apparaît que les jolies femmes ont plus de partenaires à long terme tandis que les beaux garçons

* Louis Calaferte, *Septentrion*, Denoël, 1984.

multiplient les conquêtes sans lendemain[29]. Autre preuve que les stratégies sont opposées.

Le *speed dating* confirme cette disparité. Comme chacun sait, cette activité très en vogue consiste à former des couples potentiels en un temps record. Les postulants à l'idylle, attablés par couple autour d'un cocktail festif jailli d'un *shaker* expert, jaugent leur partenaire dans les sept minutes qui leur sont imparties. Le temps de décliner son identité, ses goûts et, pour les plus performants, d'échanger quelques propos sur le réchauffement de la planète ou la nervosité des indices boursiers. C'est l'occasion de faire le tri ou tout au moins un premier écrémage. Candidats et candidates défilent aux tables des uns et des autres. Le ballet est rythmé par un signal sonore qui, toutes les sept minutes, clôt les conversations et déclenche une nouvelle rencontre. Un entretien fructueux aboutit à un échange de coordonnées qui mènera peut-être à un prochain rendez-vous, éventuellement non chronométré. Un peu comme dans une vie miniature, les déclics se font ou ne se font pas, des étincelles jaillissent ici ou là. En tout cas, statistiquement, les hommes apparaissent plus prompts à confier leur numéro de téléphone. Volontiers prêts à tenter l'aventure, ils se montrent moins exigeants que les femmes qui, elles, sont plus regardantes. Résolument sélectionneuses[30].

L'enfantement est l'affaire des femmes, une affaire sérieuse et longue. La grossesse, l'accouchement puis l'allaitement maintiennent la mère en première ligne auprès du petit. Elle a, durant les deux premières années d'existence du bébé, un rôle à jouer pour lequel le père la remplacera difficilement. L'instinct maternel est dans les gènes. Les adolescentes qui se projettent dans l'avenir s'imaginent spontanément mères de famille. C'est la première image qui leur vient à l'esprit. Les adolescents, eux, pensent métier. Les fillettes jouent à la dînette, à l'infirmière et à la poupée, les petits garçons à la guerre, aux voitures, aux châteaux forts et aux preux chevaliers. Les filles s'habillent en rose, les garçons collectionnent les pistolets et les épées. Déjà, les jouets révèlent des intérêts distincts. Observations ancestrales qui ne varient guère comme s'il s'agissait de caractéristiques innées… Ces différences de comportement remontent à la nuit des temps et s'avèrent assez peu sensibles aux évolutions sociologiques.

Le cerveau de Tarzan n'est pas celui de Jane

C'est que, *in utero*, les hormones sexuelles modèlent notre cerveau, créant des différences morphologiques. Statistiquement, hommes et femmes ne sont pas dotés des mêmes compétences. L'homme se repère mieux dans l'espace, il est plus doué pour les raisonnements mathématiques. La femme est plus apte à exprimer ses émotions, maîtrise mieux les fonctions du langage, la grammaire et l'orthographe [31].

Il s'agit évidemment de généralités, probabilités applicables au plus grand nombre et symbolisées par deux courbes de Gauss, courbes « en cloche » dont l'axe médian, représentant la majorité de la population, est différemment placé selon le sexe. Mais ces courbes se chevauchent en partie, se recoupant sur les côtés. Le cas par cas ferait mentir ces observations statistiques qui ne peuvent s'appliquer qu'à une population la plus large possible. D'autant que la morphologie de notre cerveau se modifie en fonction de l'éducation reçue. Nous en reparlerons.

En tout cas, l'imagerie médicale révèle des différences dans l'anatomie cérébrale des zones correspondant au désir sexuel des hommes et des femmes. Au niveau de l'archéocortex, le plus archaïque, il apparaît à l'image que les zones du cerveau sollicitées par le désir sexuel se trouvent chez l'homme proches des zones relatives au pouvoir, à la conquête, à la soif, à la faim et au sommeil [32-33]. Ce qui explique que l'homme, après l'étreinte, traverse un moment de cataplexie. Le rat mâle s'endort systématiquement après le coït. Pour l'homme, cela dépend, c'est selon… Chez les femmes, les voies du désir et de la sexualité sont associées à des zones relatives à la peur, la douleur, l'éducation des enfants [32]. Or, plus le cerveau est archaïque, moins il est malléable et moins il est poreux à l'éducation. Dans l'équilibre entre l'inné et l'acquis, c'est au niveau du néocortex que les influences de la culture et de la société se manifestent. La pulsion de reproduction, elle, aura toujours les mêmes ressorts.

Égaux mais différents

Aussi urgente et légitime soit-elle, l'égalité civique et sociale des sexes n'abolira jamais ces différences de genre. Le droit de vote, l'égalité des salaires, l'accès des femmes à tous les métiers et progrès sociaux sont souhaitables. Mais il faut se garder de confondre égalité et identité. L'égalité est indispensable. L'identité serait dommageable. La différenciation demeure un moteur essentiel du désir. Pas de désir sans altérité [34]. Et le sexisme n'a rien à voir là-dedans.

Du reste, la différenciation n'implique aucune sorte de hiérarchie. Il n'est pas question de supériorité de l'un sur l'autre mais bien de différence. On peut rappeler au passage que le chromosome Y mâle est en quelque sorte un sous-produit du chromosome X femelle, une mutation. La différenciation est apparue il y a trois cents millions d'années chez les reptiles mammaliens, les ancêtres des mammifères. Lorsque le premier organe vivant mâle apparaît, l'évolution est déjà bien lancée ! Pour caricaturer, et en contradiction avec ce que nous apprend la Genèse de la côte d'Adam comme matériau de création de la femme, on pourrait dire que le masculin est issu du féminin et non l'inverse. Le gène masculin procède du gène féminin, il en est une modification, un sous-produit ! Le chromosome féminin est plus élaboré, plus fort et plus abouti que le chromosome masculin. En tout cas, une chose est sûre : les chromosomes sexuels divisent l'humanité en deux. Et c'est tout le fondement de la séduction comme de la reproduction de l'espèce.

La différenciation fait toute la saveur des relations hommes/femmes. Féminisme ou pas, les femmes goûtent les hommes virils, protecteurs, un peu brutes au besoin. Quant aux hommes, ils apprécient les femmes… féminines. « Ce qu'on aime chez les femmes c'est la sensualité, la folie, les hormones, les femmes qui font état de leur clairvoyance, les gardiennes du monde nous rebutent*… », affirme un des personnages du *Dieu du Carnage*, la pièce de Yasmina Reza. Il force le trait et clarifie la problématique. Le ressort de la séduction se trouve bien dans ce jeu de rôles différenciés, jeu de rôles caricatural qui repose néanmoins sur des distinctions physiologiques claires. L'égalité des sexes est une affaire publique de première importance, qui ne doit en aucun cas envahir la sphère intime. Les femmes chauffeuses de bus, générales des armées, ministresses ou commissaires divisionnaires sont désormais les bienvenues ; les hommes, eux, peuvent tout naturellement devenir secrétaire, modiste, attaché de presse ou majorette s'ils en éprouvent le désir, cela ne choquera personne. Les femmes ont accès aux allées du pouvoir. Et c'est tant

* Yasmina Reza, *Le Dieu du carnage*, Albin Michel, 2007.

mieux. Mais certains réflexes immémoriaux et bien ancrés continueront de régir les relations privées entre les deux sexes.

La stratégie de l'aile cassée

Ainsi, une femme qui révèle une faiblesse déclenche-t-elle chez son partenaire un réflexe protecteur [35]. Car le déséquilibre crée le mouvement… et autorise le rapprochement. Les séductrices chevronnées savent, à l'occasion, user de la « stratégie de l'aile cassée ». La faiblesse, la délicatesse d'une femme séduisent. Certains en raffolent. « Il y a beaucoup d'hommes dont le cœur est puissamment ému par la seule apparence de la souffrance chez une femme : pour eux la douleur semble être une promesse de constance ou d'amour [*]. »

L'égalité est démocratique, mais pas érotique. C'est à se demander si notre soif de parité ne s'inscrit pas en parfaite contradiction avec nos pulsions les plus primaires. Les jeux sexuels obéissent à des politesses qui leur sont propres. Le désir ne s'alimente pas à la source de l'équité. Ce qui relève du droit perd tout son sens dans les alcôves et le jeu de domination/soumission demeure un classique dont l'efficience n'a encore jamais été remise en cause [36]. À salaire égal, le partage des rôles résiste ! « Prends-moi », dit-elle, impérieuse. Et lui s'exécute avec la plus haute impatience. Il la viole à sa demande. Il l'honore aussi bestialement qu'il le peut. Qui est soumis et qui domine ? Difficile de trancher. À chacun sa perception. En tout cas, de l'avis général, le désir est partagé. L'ordre est érotique. L'urgence est excitante. Et le Tartuffe le plus sévère et le plus dogmatique

---

* Balzac, *La Femme de trente ans.*

ne niera pas la charge érotique de ce genre de scènes, aussi ancestrales soient-elles.

En somme les différences hommes/femmes depuis la « stratégie de reproduction » (un ovule/plusieurs millions de spermatozoïdes) jusqu'à la constitution du cerveau (géographie dissemblable de l'archéocortex) sont le fondement de la relation amoureuse. La différence engendre le désir. Désir qui est mû au premier chef par une aspiration commune à la reproduction de l'espèce. Que dire du dieu Éros ?, demande Platon dans *Le Banquet*. Réponse : celui qui aime est en quête d'immortalité, c'est-à-dire en quête de la perpétuation de lui-même. « C'est pour assurer leur immortalité que cette activité sérieuse qu'est l'amour ressortit à tous les êtres. » Le mobile numéro 1 de l'amour, même s'il n'est pas perceptible, est la procréation. Les philosophes grecs l'affirmaient déjà au IVe siècle avant notre ère : le désir est indissociable de la pulsion reproductrice. Mais à partir de ce constat, commun à tous, nos relations amoureuses se modèlent en fonction notre histoire personnelle.

1. Fisher H.-E, Aron A., Brown L.-L., « Romantic love : a mammalian brain system for mate choice », *Philos Trans R Soc Lond B Biol Sci*, 2006 ; 361(1476):2173-2186.

2. Eilb-Eibesfeldt I., *Éthologie : biologie du comportement*, Paris, Ophrys, 2002.

3. Pawlowski B., Koziel S., « The impact of traits offered in personal advertisements on response rates », *Evolution and Human Behavior*, 2002 ; 23:139-149.

4. Singh D., « Female mate value at a glance : relationship of waist-to-hip ratio to health, fecundity and attractiveness », *Neuro Endocrinol Lett*, 2002, 23-4:81-91.

5. Perrett D.-I., Lee K.-J., Penton-Voak I., Rowland D., Yoshikawa S., Burt D.-M., Henzi S.-P., Castles D.-L., Akamatsu S., « Effects of sexual dimorphism on facial attractiveness », *Nature*, 1998 ; 394(6696):884-887.

6. Havlicek J., Roberts S.-C., Flegr J., « Women's preference for dominant male odour : effects of menstrual cycle and relationship status », *Biol Lett*, 2005 ; 1(3):256-259.

7. Jacob S., McClintock M.-K., Zelano B., Ober C., « Paternally inherited HLA alleles are associated with women's choice of male odor », *Nat Genet*, 2002 ; 30(2):175-179.

8. Schaefer M.-L., Yamazaki K., Osada K., Restrepo D., Beauchamp G.-K., « Olfactory fingerprints for major histocompatibility complex-determined body odors II : relationship among odor maps, genetics, odor composition, and behavior », *J Neurosci*, 2002 ; 22(21):9513-9521.

9. Cutler W.-B., Friedmann E., McCoy N.-L., « Pheromonal influences on sociosexual behavior in men », *Archives of Sexual Behaviour*, 1998 ; vol. 27, 1998/03/12.

10. McCoy N.-L., Pitino L., « Pheromonal influences on sociosexual behavior in young women », *Physiol Behav*, 2002 ; 75(3):367-375.

11. Hughes S.-M., Dispenza F., Gallup G.-G., « Ratings of voice attractiveness predict sexual behavior and body configuration », *Evolution and Human Behavior*, 2004 ; 25:295-204.

12. Feinberg D.-R., Jones B.-C., Law Smith M.-J., Moore F.-R., DeBruine L.-M., Cornwell R.-E., Hillier S.-G., Perrett D.-I., « Menstrual cycle, trait estrogen level, and masculinity preferences in the human voice », *Horm Behav*, 2006 ; 49(2):215-222.

13. Singh D., « Body shape and women's attractiveness. The critical role of the waist-to-hip ratio », *Human Nature*, 1993 ; 4:297-321.

14. Marlowe F., « Men's preferences for women's profile waist-to-hip ratio in two societies », *Evolution and Human Behavior*, 2005 ; 26:458-468.

15. Aharon I., Etcoff N., Ariely D., Chabris C.-F., O'Connor E., Breiter H.-C., « Beautiful faces have variable reward value : fMRI and behavioral evidence », *Neuron*, 2001 ; 32(3):537-551.

16. Thornhill R., Gangestad S.-W., Comer R., « Human female orgasm and mate fluctuating asymmetry », *Animal Behaviour*, 1995 ; 50:1601-1615.

17. Morris N.-M., Udry J.-R., Khan-Dawood F., Dawood M.-Y., « Marital sex frequency and midcycle female testosterone », *Arch Sex Behav*, 1987 ; 16(1):27-37.

18. Haselton M.-G., Mortezaie M., Pillsworth E.-G., Bleske-Rechek A., Frederick D.-A., « Ovulatory shifts in human female ornamentation : near ovulation, women dress to impress », *Horm Behav*, 2007 ; 51(1):40-45.

19. Hinsz V.-B., Matz D.-C., Patience R.-A., « Does women's hair signal reproductive potential », *Journal of Experimental Social Psychology*, 2001 ; 37:166-172.

20. Penton-Voak I.-S., Perrett D.-I., Castles D.-L., Kobayashi T., Burt D.-M., Murray L.-K., Minamisawa R., « Menstrual cycle alters face preference », *Nature*, 1999 ; 399(6738):741-742.

21. Gangestad S.-W., Simpson J.-A., Cousins A.-J., Garver-Apgar C.-E., Christensen P.-N., « Women's preferences for male behavioral displays change across the menstrual cycle », *Psychol Sci*, 2004 ; 15(3):203-207.

22. Gangestad S.-W., Thornhill R., Garver C.-E., « Changes in women's sexual interests and their partners'mate-retention tactics across the menstrual cycle : evidence for shifting conflicts of interest », *Proc Biol Sci*, 2002 ; 269(1494):975-982.

23. Burriss R.-P., Little A.-C., « Effects of partner conception risk phase on male perception of dominance in faces », *Evolution and Human Behavior*, 2006 ; 27:297-305.

24. Morell V., « A new look at monogamy », *Science*, 1998 ; 281(5385):1982-1983.

25. Black M., *Partnerships in Birds : the study of monogamy*, New York, Oxford University Press, 1996.

26. Barash D., Lipton J., *The Myth of Monogamy : fidelity and infidelity in animals and people*, New York, W.-H. Freeman and Co, 2001.

27. Kanin E.-J., Davidson K.-D., Scheck S.-R., « A research note on male-female differentials in the experience of heterosexual love », *The Journal of Sex Research*, 1970 ; 6:12-29.

28. Gueguen N., *100 petites expériences de psychologie de la séduction pour mieux comprendre tous nos comportemants amoureux*, Paris, Dunod, 2007.

29. Rhodes G., Simmons L.-W., Peters M., « Attractiveness and sexual behavior : does attractiveness enhance mating success ? » *Evolution and Human Behavior*, 2005 ; 26:186-201.

30. Kurzban R., Weeden J., « Hurrydate : Mate preferences in action », *Evolution and Human Behavior*, 2005 ; 26:227-244.

31. Baron-Cohen S., *The Essentiel Difference : The Truth About The Male and Female Brain*, New York, Basic Books, 2003.

32. Sewards T.-V., Sewards M.-A., « Representations of motivational drives in mesial cortex, medial thalamus, hypothalamus and midbrain », *Brain Res Bull*, 2003 ; 61(1):25-49.

33. Arnow B.-A., Desmond J.-E., Banner L.-L., Glover G.-H., Solomon A., Polan M.-L., Lue T.-F., Atlas S.-W., « Brain activation and sexual arousal in healthy, heterosexual males », *Brain*, 2002 ; 125(5):1014-1023.

34. Motofei I.-G., Rowland D.-L., « The physiological basis of human sexual arousal : neuroendocrine sexual asymmetry », *Int J Androl*, 2005 ; 28(2):78-87.

35. Buss D.-M., *The Evolution of Desire. Strategies of Human Mating*, New York, Basic Books, 1995.

36. Brown S.-L., Lewis B.-P., « Relational dominance and mate-selection criteria. Evidence that males attend to female dominance », *Evolution and Human Behavior*, 2004 ; 25(6):406-415.

CHAPITRE V

Et mes émois à moi

Un bureau de banque. Une femme assise en face d'un chargé de clientèle l'écoute lui vanter les performances du dernier produit financier imaginé par sa direction... L'amphithéâtre d'une université de province. Une étudiante prend sagement en note le cours de droit d'un professeur érudit... Le cabinet d'un médecin généraliste. La pièce, cossue, est séparée en deux par un paravent : d'un côté, un lit d'examen, de l'autre, un bureau. L'examen clinique terminé, la patiente a pris place côté bureau face au médecin qui lui prescrit son traitement et lui prodigue conseils et explications sur son état de santé...

Ces trois saynètes d'un classicisme inouï n'ont entre elles aucun lien ni géographique, ni chronologique, ni même thématique et pourtant elles pourraient bien converger vers un songe commun. Bientôt, la propriétaire du compte bancaire, l'étudiante en droit, la patiente enrhumée n'écoutent plus. Un moment d'ennui et l'esprit s'évade, le discours solennel s'évapore en une musique de plus en plus lointaine et indistincte. Les jeunes femmes, qui ont quitté le propos, pour se désennuyer un peu, se demandent à quoi ressemble la vie sexuelle de leur interlocuteur.

Ce médecin a passé la cinquantaine. A-t-il connu moult femmes ? Sans sa blouse, perd-il son ascendant ? Est-il gourmand ? Comment se comporte-t-il juste avant de faire l'amour ? Débite-t-il des banalités doucereuses pour combler un silence embarrassant ou susurre-t-il avec savoir-faire des propos piquants propres à enflammer sa maîtresse ? Ce chargé de clientèle répète sa leçon avec une conviction désincarnée qui relève du par cœur. Sa voix est mal posée. Il manque de désinvolture. Étriqué, raide, peu charnel à première vue, peut-être se révèle-t-il incandescent dans l'intimité, avec ses yeux de romanichel. Ce professeur est jeune et brillant. Mais ni beau ni sexy. Quelles sont ses lubies sexuelles ? Qui sait s'il n'est pas déjà le père de quatre enfants ? Peut-être son couple fonctionne-t-il à merveille, construit sur une complicité intellectuelle indéfectible matérialisée par des orgasmes prodigieux, fréquents et concomitants.

6 695 830 profils sexuels

On ne peut qu'imaginer… à chacun son parcours avec ses méandres, ses zéniths, ses aléas, ses rencontres, ses obstacles, ses péripéties, ses catastrophes, ses points d'orgue et ses accalmies. Si l'instinct de reproduction archaïque et primaire qui mène notre vie sexuelle s'exprime avec une infinie variété, il faut en chercher les mystères dans la complexité du fonctionnement cérébral et émotionnel humain. Chaque homme est une entité bio-psycho-sociale unique. En conséquence, sa vie sexuelle s'échafaude en fonction de ses gènes mais aussi de sa psychologie et des influences de son environnement familial, social et culturel. Toutes ces données constituent le matériau à partir duquel s'élabore son comportement sexuel. Autant de combinaisons possibles que d'êtres peuplant la planète. Plus de six milliards de profils différents. La vie amoureuse est plus ou moins précoce (âge de la puberté et âge du premier rapport sexuel), plus ou moins fournie (nombre de partenaires dans une vie), plus ou moins heureuse (fréquence de l'orgasme), plus ou moins ensoleillée, loufoque, saugrenue, futile, émancipée, tragique, tourmentée, etc. La sexualité emprunte des chemins ramifiés et complexes ; elle accompagne les aléas de notre existence comme un vêtement épouse un corps.

Génétique et tempérament sexuel

Gènes et dopamine

Dès la conception, la sexualité de chaque être humain se dessine. On en a l'ébauche. L'influence de nos gènes sur notre tempérament sexuel est plus marquée qu'on ne le pensait jusqu'ici. Ces derniers mettent en route des programmes qui permettent de créer des organes et de configurer leur fonctionnement. Entre autres, notre carte génétique oriente la construction des circuits de neurones qui câblent notre cerveau, parmi lesquels nos voies dopaminergiques (les neurones qui véhiculent la dopamine), et détermine l'architecture de nos récepteurs à la dopamine [1]. Un gène, s'exprimant plus ou moins intensément, engendre des circuits du plaisir et de l'excitation plus ou moins nombreux, plus ou moins fonctionnels. Nous sommes tous pourvus en voies dopaminergiques mais, chez certains, elles sont plus performantes que chez d'autres. Ce sont aussi nos gènes qui déterminent notre réceptivité aux hormones sexuelles, testostérone, ocytocine et lulibérine [2-3]. En somme, dès la naissance, nous sommes plus ou moins programmés pour l'amour et le plaisir[4].

L'analyse de L'ADN d'un sujet renseigne sur ses gènes et permet dans ces conditions d'émettre des hypothèses sur ses comportements de prise de risque ou de recherche du plaisir. L'addictologie, étude de la dépendance aux psychotropes, a ouvert la voie de ces découvertes génétiques. Les chercheurs ont par exemple observé un parfait parallélisme entre le nombre de récepteurs dopaminergiques d'un individu et la gravité des addictions auxquelles il est exposé. L'analyse de l'effet des drogues a permis d'identifier plusieurs récepteurs à la dopamine baptisés D1, D2, D3, D4. Les gènes codants pour les voies dopaminergiques activent ces récepteurs. On distingue des variations dans le gène codant du récepteur D4 [5-6]. Qui est doté de la variation 4 du gène codant du récepteur D4 éprouve peu de désir sexuel. Qui est doté de sa variation 7 éprouve un très fort désir sexuel. Ce gène (D4/7) induit la recherche de sensations et de plaisir, le besoin de vivre des expériences intenses et inédites, une propension à avoir des comportements à risques donc une plus grande vulnérabilité aux accoutumances en tous genres. Les poly-consommateurs de drogues sont à 80 % porteurs de ce gène. En revanche, on ne le retrouve que chez 10 % d'une population de non-dépendants. Ce même gène influe sur notre sexualité, fournissant un terrain favorable à une vie sexuelle animée[7]. Car la variété des tempéraments sexuels est liée à cette propension à se mettre en danger. Une vie amoureuse mouvementée est le propre d'une personnalité en recherche de sensations, d'émotions fortes et d'expériences inédites.

Gènes et comportements

D'un gène l'autre, les comportements varient. Statistiquement, il y a en a pour tous les goûts [8]. En effet, il est établi que sur une population de cent individus, cinquante d'entre eux vont mener une existence commune, faite de hauts et de bas, d'audaces et de prudence. C'est le tout-venant. Au fil de leur existence, ils adoptent des comportements changeants, intégrant les enseignements de leurs expériences qui seront évidemment complémentaires et réactionnels à ceux de leurs différents partenaires. Il y a dans la très grande variété de comportements qui en résultent une forme de normalité statistique.

Les cinquante personnes restant se divisent en deux sous-groupes types de vingt-cinq personnalités au tempérament extrême, dans un sens ou dans l'autre. D'un côté, des êtres aventureux et curieux, soucieux d'octroyer coûte que coûte à leur destin une dimension épique, un souffle. Ils provoquent les rebondissements, suscitent les reliefs, sont prêts à s'exposer au malheur pourvu qu'il ne soit pas ordinaire, à courir des risques pourvu qu'il y ait mouvement. Insouciants, effrénés, attirés par l'éclat, ils nourrissent un dessein, se font de grandes idées sur la vie. L'existence, ils la préfèrent trop épicée plutôt que fade, criarde plutôt que pâle, dissonante plutôt que ronronnante [9-10].

À l'autre extrémité du spectre s'installent vingt-cinq quidams sans prétention, guidés par la recherche de la tranquillité plus que du plaisir. Des gens sobres et modestes, artisans d'accomplissements à leur mesure, quitte à privilégier les teintes un peu ternes. Ceux-là préfèrent le long fleuve tranquille aux bouillonnements de la cataracte. Ils mènent un destin d'une stabilité marmoréenne, accroché à des repères solides, et brodent un quotidien raisonnable. La vie s'écoule sans étincelles, sans fait d'arme particulier. Nés pour la régularité, ennemis de l'imprévu, ils s'accommodent de l'ennui. En amour, ils prodigueront une tendresse immuable plutôt qu'une passion erratique.

En somme, aux deux extrémités du spectre s'opposent les prudents et les joueurs, les mesurés et les impulsifs. Et au centre une bonne moitié de la population oscille entre les deux types de conduites avec plus ou moins de bonheur, et en fonction des partenaires rencontrés.

Nos gènes influent sur notre appartenance à l'une ou l'autre de ces trois catégories de population. Certes, notre personnalité sera ensuite modulée par l'éducation et la culture. Il n'en reste pas moins que, dès la conception, les grandes voies du destin sont tracées. Chacun ses cartes en main. Chacun son labyrinthe neurologique, sa propension à sécréter de la dopamine, de la testostérone ou autres hormones. C'est tout le débat entre l'inné et l'acquis. La génétique procure des données scientifiques solides qui mettent en évidence des potentialités différentes. Par la suite, ces potentialités s'exprimeront plus ou moins selon l'éducation reçue. Le comportement n'est pas seulement génétique, il est le fruit de l'interaction entre un gène et un environnement. Le comportement sexuel n'échappe pas à la règle de l'héritabilité *.

---

* Ne pas confondre hérédité et héritabilité. « L'hérédité désigne l'ensemble des effets biochimiques des acides nucléiques (ADN et ARN) dans la transmission des caractères, selon un déterminisme strict (la formation de protéines, par exemple) ou complexe (la formation d'un caractère). L'héritabilité désigne la part des gènes dans les différences interindividuelles, c'est-à-dire dans la variance d'un caractère exprimé par un échantillon de sujets. Il s'agit d'une mesure statistique et quantitative, qui définit à un moment donné et sur une population donnée la part respective des gènes et de l'environnement, de l'inné et de l'acquis. L'héritabilité ne concerne jamais un individu, mais toujours un ensemble d'individus, un échantillon statistique. [...] L'héritabilité est la proportion du génotype dans le phé-

Gènes et vie sexuelle

Ces découvertes génétiques ont été confortées par des études cliniques menées sur des populations de jumelles monozygotes. Rappelons que la parenté génétique est de 100 % entre jumeaux monozygotes (un seul ovule fécondé par un seul spermatozoïde), de 50 % entre un frère et une sœur ou entre faux jumeaux (les jumeaux dizygotes sont issus de deux ovules fécondés par deux spermatozoïdes). À titre indicatif : il y a 50 % de patrimoine génétique commun entre l'enfant et ses parents ; 25 % entre les demi-frères ou demi-sœurs ; 12,5 % entre les cousins. On sait désormais que des individus génétiquement apparentés et élevés séparément développent des comportements plus semblables que des individus sans parenté génétique élevés ensemble.

En particulier, une étude parue en 2005 examine l'influence génétique sur la fonction de l'orgasme chez la femme. L'étude porte sur 3 654 femmes entre 19 et 83 ans parmi lesquelles 683 paires de jumelles monozygotes et 714 paires de jumelles dizygotes. Difficile de comparer l'intensité du plaisir chez les unes et les autres. Sur quelle échelle se fonder ? On n'a pas encore inventé d'unité de mesure du plaisir. Les affres, eux, sont plus quantifiables. Les chercheurs se sont donc penchés sur les étreintes infructueuses, les liaisons sans plaisir, les accouplements sans

notype d'une population. Mieux dit : la part de variance phénotypique relevant de la variance génotypique. Les différences interindividuelles (le phénotype) sont un mélange d'influences, en partie héritées et transmissibles à la descendance par voie biologique, en partie acquises et résultant des apprentissages ou de facteurs biologiques non génétiques. En clair, l'héritabilité est la part de la contribution des facteurs génétiques dans les différences interindividuelles. Attention : l'héritabilité n'a aucun sens pour un individu. C'est une proportion dans une population. » (Jacques Bénesteau) apothéose. En un mot : l'anorgasmie*. Ils l'ont étudiée comme on étudierait une pathologie, recensant les témoignages de celles qui, dans leur carrière féminine, se plaignent de ne pas jouir. En comparant la vie sexuelle de jumelles identiques et de jumelles dizygotes, ils ont pu établir la part des facteurs génétiques sur la frigidité[11]. Concernant l'orgasme qui couronne le rapport sexuel, il ressort de cette étude que 30 % des cas d'anorgasmie (absence d'orgasme) s'expliquent par des facteurs génétiques. Quant à l'orgasme plus mécanique offert par la masturbation, 50 % des cas de dysfonctionnement sont d'origine génétique. En somme, entre 30 et 50 % des jumelles monozygotes sont frigides par paires. Génétiquement ignifugées…

Dans le même ordre d'idées, Jean-Pascal Assailly, chercheur en psychologie, a mené de nombreux travaux sur les conduites à risques chez les jeunes. Il a établi une corrélation entre les conduites à risque (consommation d'alcool et de stupéfiants), l'âge précoce de puberté et l'âge du premier rapport sexuel. Les consommatrices de stupéfiants ont pour la plupart d'entre elles une sexualité précoce. Le même moteur semblerait les conduire à rechercher des sensations fortes dans la consommation de drogues ou dans une sexualité nourrie.

Mieux, on a observé entre mère et fille (patrimoine génétique commun de 50 %), un parallélisme quant à l'intensité de leur vie sexuelle. La fréquence de l'orgasme chez la fille est corrélée à la fréquence de l'orgasme chez la mère. L'âge de la puberté, l'âge au premier rapport, la vulnérabilité à l'accoutumance des drogues… tout ça,

* Une femme sur trois rapporte n'avoir jamais ou peu fréquemment des orgasmes complets durant le rapport sexuel. Une femme sur quatre donne la même information à propos de la masturbation – plus efficace, semble-t-il, pour atteindre l'orgasme.

c'est dans les gènes. On vient même de prouver que la fidélité chez l'animal comme chez l'homme est également partie liée avec notre déterminisme génétique *.

En somme, l'ADN fournit des informations sur les prédispositions d'un individu. Ce qui, en poussant le raisonnement, ouvre des boulevards aux chercheurs en archéologie qui, à partir de l'analyse d'un cheveu de Ramsès II, pourront affirmer (ou pas) que le pharaon se conduisait en chaud lapin dans les allées de Louxor. Au même titre, la lecture de l'ADN d'un nouveau-né augurerait de son tempérament futur. On pourrait ainsi présager s'il sera plutôt tourmenté ou paisible. Renseignements pris, on ourdirait à l'avance des mariages dans les maternités en appariant des nouveaux-nés bien assortis... Ces expériences auraient un sens si la génétique était seule responsable de notre tempérament.

Mais l'influence génétique n'est pas déterminante. Simplement, les moteurs sont en place dès la naissance. C'est la donne de départ. Ensuite vient le destin qui modèle encore le cours de notre histoire personnelle. Expérience et environnement façonnent les caractéristiques forgées par la génétique [12-13]. Les comportements s'ajustent, de nouvelles portes s'ouvrent, la vie sexuelle se compose.

Comportement amoureux et histoire relationnelle : les modalités d'attachement

L'empreinte de Konrad Lorenz

C'est en général vers l'âge de six ans qu'un enfant noue sa première amitié. Le plus souvent, il jette son

* Nous y reviendrons au chapitre X.

dévolu sur un individu de son espèce. Le plus souvent... Le premier camarade de Konrad Lorenz fut un caneton né la veille de leur rencontre. L'amitié opérant, le caneton entraîna le garçon vers différents points d'eau. La mare n'eut bientôt plus de secret pour le jeune Konrad qui y observa toutes les formes de vie. Pour être tout à fait exact, dès l'âge de cinq ans, le jeune Lorenz avait tenté un rapprochement amical avec une salamandre tachetée rapportée par son père d'une promenade dans les bois viennois, contre la promesse que le bambin ne la garderait pas plus de cinq jours à la maison. Le délai allait échoir lorsque par bonheur la salamandre donna naissance à quarante-quatre larves. L'urgence du jeune naturaliste à observer la métamorphose des amphibiens fit fondre sur-le-champ l'autorité de son père et valut à la famille de salamandres un visa prolongé chez les Lorenz. Les salamandres finiront par quitter le foyer. Konrad Lorenz, lui, ne se lassera jamais d'observer la nature. Devenu professeur, il commençait toujours ses cours en retard. Au point que ses étudiants, après étude minutieuse du plan de la ville, lui avaient suggéré un nouvel itinéraire entre son domicile et l'université, parcours moins vert, qui allait lui éviter d'être retenu par une conversation avec un écureuil ou une pie bavarde.

Mais revenons au caneton. Celui-là accompagnera Lorenz toute son enfance. Bientôt, le cercle s'agrandira d'un choucas baptisé Tschok. Et c'est, fort de sa connaissance intime du palmipède et du corvidé, renforcée par une étude minutieuse du comportement des oies cendrées, que Lorenz mit au point la notion d'empreinte. Il démontra qu'à un stade précis de sa vie, le jeune animal s'attache viscéralement à un autre être vivant, quel qu'il soit, fût-il d'une autre espèce, et a tendance à le suivre. Le phénomène ne se produit pas au même stade du développement chez l'oie cendrée et chez le choucas (pour la première, il a lieu dès la sortie de l'œuf, pour le second, c'est au moment où l'oisillon quitte le nid) mais il se produit toujours au même moment pour une espèce d'oiseau donnée, et ne dure que quelques heures. Passé ce délai, l'animal aura les pires difficultés à s'attacher et souffrira d'une vie sociale et sexuelle perturbée. À titre anecdotique, ces accidents de l'attachement peuvent se traduire par une orientation biaisée des choix sexuels de l'animal [14]. Ainsi, le caneton élevé par une poule préférera-t-il s'accoupler avec une jeune gallinacée plutôt qu'avec une femelle de son espèce. Ce qui montre la puissance de ces premiers liens.

De l'empreinte animale à l'attachement chez l'homme

Chez l'homme, se produit un phénomène comparable. L'enfant manifeste un comportement d'attachement à sa mère, semblable dans son fonctionnement – bien qu'infiniment plus complexe et modulé dans le temps – au mécanisme de l'empreinte décrit par Lorenz [15-16]. La nature de cet attachement, décrit par Bowlby [17-19] et Ainsworth [20], dépend de la relation qui s'instaure entre l'enfant et sa mère. Mais dans tous les cas, c'est à ce moment-là, entre zéro et six ans, que le petit élabore ses points de repères affectifs, étape vitale dans la construction de sa personnalité. Plus tard, son tempérament amoureux sera influencé par ces relations affectives précoces. De façon simplifiée et résumée : un individu construit, assuré de l'amour des parents, sera plus aventurier et mieux armé pour une vie amoureuse épanouie ; un individu ayant souffert, enfant, d'un défaut de tendresse ou d'attentions, sera plus vulnérable, plus inquiet et mènera une vie amoureuse plus désordonnée.

Idéalement, l'attachement développe chez l'enfant un sentiment de sécurité affective qui lui permet, le moment venu, de quitter la maison familiale. Assuré sur ses capacités, il est suffisamment fort pour affronter l'inconnu et devenir adulte. Convaincu qu'en cas de problème, il dispose d'une solution de repli indéfectible, conscient de quitter un foyer qui sera toujours prêt à l'accueillir, mais surtout rassuré, dans son inconscient, sur ses capacités à être aimé, il part sans crainte explorer le monde. L'attachement figure le tremplin qui lui permet de se propulser dans l'existence. Pour peu que ce tremplin soit fragile ou chancelant, il prendra son élan avec difficulté. Une relation stressante avec la mère complique l'accès à l'autonomie. Néanmoins, dans tous les cas, l'enfant s'attache, y compris à un parent qui le maltraite. Il le sollicite de la même façon, recherche pareillement sa présence, en quête d'une sécurité qu'il ne trouvera pas [21].

Encourager son enfant à courir le maximum de risques tout en prenant le maximum de précautions : un objectif d'éducation délicat mais nécessaire

L'enfant a besoin d'être assuré de l'amour de sa mère mais aussi d'être autorisé par celle-ci à prendre des risques. La mère progressivement lâche les rênes, encourage l'autonomie. Un enfant trop protégé a toutes les chances de se révéler aussi aventureux qu'un papillon épinglé sous verre. L'éducation consiste à inciter l'enfant à prendre à la fois risques et précautions. Elle tient d'un équilibre subtil entre l'autonomie et la dépendance, l'ardeur et la prudence.

Ces deux stimulations inverses résultent schématiquement du partage des rôles entre le père et la mère. Quel jeune couple n'a pas vécu cette scène dont les petits cris de joie mêlés de frayeur traversent l'histoire de l'humanité depuis le Moustérien : le père jette le bébé en l'air, la mère s'affole et tempère les ardeurs. Le père excite le petit et lui transmet le goût du risque. La mère le protège et le soigne. Tendances ancestrales. Ces deux forces opèrent en permanence et s'exprimeront par la suite dans cet équilibre individuel entre la recherche de sensations fortes et la quête d'apaisement.

L'adolescence sera un autre moment clef dans la construction de cet équilibre. Encore plus complexe car l'enfant manifeste alors fortement ses désirs propres. L'envie de pratiquer des sports dangereux, de sortir le soir, de conduire un deux-roues, d'avoir des relations sexuelles, de consommer de l'alcool ou d'autres produits, et les réactions des parents qui s'ensuivent influenceront ses comportements ultérieurs.

Les modalités d'attachement précoce scellent les fondations de l'estime de soi et dessinent les contours des futures relations aux autres [22]

Les psychologues ont recensé quatre types d'attachement [18-20]. La nature de l'attachement se révèle tout particulièrement dans une situation précise de la petite enfance : lorsque la mère s'absente. Les réactions du bébé indiquent le type d'attachement qu'il est en train de construire.

— *L'attachement sûr* est le plus répandu et concerne statistiquement les deux tiers d'une population donnée. Il repose sur un fonctionnement psychique simple. Lorsque sa mère disparaît, l'enfant proteste, puis peu à peu se console. À son retour, il manifeste sa joie et, une fois assuré de sa présence, retourne à ses activités et à ses jouets. Quand un étranger arrive, il s'y intéresse. L'attachement sûr se traduit plus tard par une bonne estime de soi et une approche sereine des relations aux autres.

— *L'attachement anxieux évitant* est le fruit d'une frustration dans la relation avec la mère et alimente un fonctionnement psychique névrotique. L'enfant sent que sa mère ne le rassurera pas. Lorsqu'elle s'en va, il proteste peu. Il réagit peu à son retour. Il s'attache à bâtir son propre monde pour éviter les déceptions. Il a appris à ne pas y croire. Cette forme d'attachement peut engendrer, soit un évitement pur et simple des relations amoureuses, soit des relations de séduction répétées mais sans engagement de type don Juan. Don Juan ne s'engage pas par crainte de l'échec. Il n'investit dans aucune relation, ne compte que sur lui-même. Il ne demande pas beaucoup et donne peu.

— *L'attachement anxieux ambivalent* s'exprime par une agitation excessive du bébé. Lorsque sa mère disparaît, l'enfant proteste et ne parvient pas à se consoler. Le retour de sa mère ne l'apaise pas. Il crie, vocifère, mord. Il se montre tour à tour excité, agressif, craintif. La figure d'attachement est excitante mais pas rassurante. Adulte, il souffre d'une insatisfaction permanente dans ses relations avec autrui. Il est très demandeur mais jamais rasséréné. Il cherche en permanence quelque chose dont il dénie la réalité et qu'en conséquence il ne sera pas en mesure d'identifier.

— *L'attachement désorganisé*, beaucoup plus rare, engendre des pathologies psychotiques et un socle identitaire fragile. Les capacités relationnelles sont éminemment compliquées car la base narcissique elle-même est altérée.

Ce type d'attachement s'observe chez les enfants maltraités. L'enfant est inquiété par ses parents. Il se trouve dans une situation de contrainte dans laquelle la figure d'attachement est une source majeure d'angoisse. Il a besoin de ce parent qui invariablement le martyrise et l'insécurise. L'enfant développe une personnalité déstructurée et un comportement affectif désorganisé.

Répercussions des modalités d'attachement à l'âge adulte ?

Devenu adulte, l'attachement sûr offre une perception de soi-même stable et cohérente, un accès non douloureux à ses souvenirs et à ses émotions, une confiance en soi et en autrui. Il favorise l'esprit d'autonomie. Le sujet sait distinguer expériences positives et négatives. L'attachement anxieux évitant produit des personnalités détachées, des discours pauvres en affect. Le sujet a tendance à minimiser le caractère négatif des expériences. Il ne cherche pas à comprendre, évite les épilogues et préfère couper les ponts. La relation à autrui est froide. L'attachement anxieux ambivalent engendre la confusion. L'enfant, devenu adulte, nourrit mille reproches envers ses parents ou les aime exagérément. Il agira selon le même schéma dans ses relations amoureuses. Il est envahi par l'affectif, submergé par ses émotions. Il n'a aucune confiance en lui et subit une grande dépendance relationnelle. Beaucoup plus rare, l'attachement désorganisé provoque, chez l'adulte, des relations marquées par des angoisses majeures, des comportements inadaptés et un grand désarroi par manque de repères.

La première des relations, la relation avec la mère, imprime durablement des bases solides ou au contraire une image de soi-même anxieuse qui sera génératrice de relations amoureuses alambiquées [23]. Dans une certaine mesure, on peut déduire de la nature de l'attachement le profil sexuel d'un individu. Les études cliniques [24] ont montré que chez un sujet ayant bénéficié d'un attachement sûr, l'âge du premier rapport, le nombre d'enfants ou le nombre de partenaires se situent dans la norme. On commence sa vie sexuelle entre dix-sept et dix-huit ans, on rencontre entre quatre et dix amants, on connaît en moyenne trois à cinq expériences amoureuses passionnelles. Les trois autres types d'attachement génèrent une vie amoureuse erratique et s'accompagnent de difficultés à construire une relation équilibrée. Les sujets ambivalents multiplient les partenaires, s'aventurent dans une sexualité à risques. Les jeunes femmes, maîtrisant mal les réflexes de protection, connaissent des grossesses précoces. Sur une population donnée, on remarque que 25 % des individus reproduisent inlassablement le même schéma voué à l'échec. Ils vont rechercher, qui un mari alcoolique et violent, qui une femme soumise, qui un tyran. Les modèles d'attachement continuent d'opérer, on les impose à son partenaire, on reproduit les mêmes erreurs. Le modèle d'attachement est si fort qu'on ne peut pas s'en affranchir. Ce carcan vous conduit inexorablement à recréer les conditions de souffrance vécues étant enfant.

Attachement, résilience et rencontres

Échapper à cette fatalité, c'est tout l'objet des travaux sur la résilience * [25]. La résilience consiste à extraire le

* Le concept de résilience, popularisé par l'éthologue Boris Cyrulnik, désigne la capacité à surmonter une blessure et à retrouver une vie épanouie. Cyrulnik s'est penché notamment sur le cas des rescapés des camps de concentration. Il a également observé les enfants des orphelinats roumains et les enfants des rues boliviens.

poison qu'un traumatisme plus ou moins précoce vous a inoculé. Elle est un moyen d'échapper à la fatalité des relations primordiales. La rencontre d'autres figures d'attachement (grands-parents, oncles, instituteurs) permet de rééquilibrer et de réadapter son fonctionnement relationnel. C'est un peu sur le même modèle que fonctionneront les relations amoureuses « réparatrices » que l'on peut être amené à vivre ultérieurement. On peut être profondément blessé et rencontrer le partenaire qui vous aidera à retrouver confiance en soi et épanouissement. Certains s'en sortent sans thérapie, uniquement grâce aux qualités individuelles et aux opportunités des rencontres, d'autres se reconstruisent grâce à un suivi psychologique.

Incidences neurobiologiques des modalités d'attachement

L'attachement a également des conséquences physiologiques. L'environnement précoce découpe notre profil, à l'intérieur du cadre de nos potentialités génétiques. Impossible de dépasser ce cadre. Tout le monde ne dispose pas à la naissance du potentiel de devenir champion du 100 mètres haies ou mathématicien de génie. À partir du socle constitué par les capacités qui nous sont imparties, la façon dont nous sommes aimés, accompagnés, rassurés et stimulés modèle encore finement notre cerveau, précise sa morphologie et son fonctionnement physiologique. Les voies du stress (corticotropes), les voies du plaisir (dites opioidergiques), les voies de la motivation (dopaminergiques), les voies de l'anxiété et de la dépression (adrénergiques et sérotoninergiques) se tisseront différemment selon nos expériences précoces. L'enfant qui n'a pas été stimulé développera moins de récepteurs dopaminergiques. L'enfant maltraité ou inquiété par une mère absente, violente ou déprimée développe les voies corticoïdes de l'angoisse [26]. Le câblage cérébral continue de se mettre en place pendant l'enfance. Ce qui, d'une certaine façon, confirme, sur le plan biologique ce qu'avait établi la psychanalyse. Bientôt, à l'adolescence, interviendra un nouveau chambardement de notre « morphologie affective » qui, en lien avec la sécrétion des hormones sexuelles, deviendra « affectivo-sexuelle » [27].

Coutumes, usages, éducation, milieu : qui se ressemble s'assemble

Au-delà de l'attachement, l'exemple parental influence les modes relationnels de l'enfant qui ne recherchera pas les mêmes camarades de jeux selon qu'il a évolué dans une famille où les relations sont froides, distantes, réservées, ou au contraire charnelles et démonstratives. Le bain familial opère comme un modèle ou un contre-modèle. Plus tard on se positionne par rapport à un fonctionnement psychologique qui nous est familier. On cherchera à le reproduire ou au contraire à s'en éloigner au maximum.

Quid du modèle sociologique ? Autrefois, les mariages étaient arrangés, répondant aux préoccupations patrimoniales des parents. Il s'ensuivait que l'on convolait avec quelqu'un de son milieu ou, pour les plus chanceux, de celui du dessus. Tel père, tel gendre. Un tisserand avait toutes les chances d'épouser une fille de tisserand, un sabotier une fille de sabotier et un notaire une fille de notaire. Ces temps immémoriaux, jugés obscurs, où prévalait le mariage de raison, sont désormais enfouis dans un passé à jamais révolu. Mais aujourd'hui que le mariage d'amour a gagné la partie, qu'en est-il ? Rien n'a changé, ou presque. Débarrassés de l'autorité paternelle en la matière, les jeunes tourtereaux émancipés s'apparient spontanément dans leur milieu[28]. Comme de vieux chevaux qui reviennent au box. Les études sur le choix du conjoint montrent que s'ils n'exercent pas forcément le même métier, maris et femmes ont aujourd'hui et en majorité le même statut socio-économique. En 1999, une étude a été menée par l'Ined (Institut national d'études démographiques) sur les unions avec ou sans mariage. Elle portait sur trois cent quatre-vingt mille hommes et femmes de dix-huit ans et plus. Les couples composés d'un cadre et d'une ouvrière ou d'une cadre et d'un ouvrier représentaient seulement 1 % de l'ensemble des couples. Les probabilités permettent d'établir que si les couples se formaient par le pur fruit du hasard, sans choix aucun, 17 % des unions se feraient dans le même milieu. Or l'étude de 1999 donne un résultat de 31 % de couples homogames (deux partenaires issus du même milieu), soit presque deux fois plus.

À croire qu'on évolue sous l'emprise du groupe auquel on appartient. Les attirances ne sont pas le fait du hasard. Selon l'expression d'Alain Girard [*] [29], « La foudre ne tombe pas n'importe où ». On a tendance à choisir des partenaires du même niveau intellectuel[30], social et financier, partageant les mêmes valeurs morales et religieuses, les mêmes goûts esthétiques, les mêmes centres d'intérêt. Des expériences menées cette fois par des psychologues[31] montrent que l'appariement est un

* Alain Girard (1914-1996), sociologue et démographe, a travaillé notamment sur le choix du conjoint, l'institution scolaire, la réussite sociale, l'attitude des Français à l'égard des immigrés.

facteur de satisfaction maritale. Les couples au sein desquels les deux partenaires ont de nombreux points communs tiennent mieux que les couples dépareillés.

Même la ressemblance physique joue. En observant le comportement de couples dans des bars, les chercheurs ont pu constater que les couples qui présentaient des similarités physiques (grands ou petits, bruns ou blonds...) semblaient plus proches et plus unis que les couples moins assortis [32]. Prenons dix critères, chacun coté de un à dix : santé, beauté, taille, intelligence, richesse, niveau intellectuel, religion, nationalité, opinion politique, profession. Les couples qui diffèrent sur plus de deux de ces critères tiennent moins longtemps. On vient même de montrer que l'on est attiré par des prénoms ayant la même initiale ou la même sonorité que le nôtre [33]. Ce qui laisse à penser que les couples Sylvie/Sylvain, Michel/Michelle, Frédéric/Frédérique, sont voués à l'éternité, sans parler des Camille qui, sans une seule lettre d'écart, promettent des unions d'airain !

Le contexte culturel, les coutumes et usages propres à chaque culture impriment eux aussi un modèle. L'image de la femme, différente selon les civilisations, influera sur la nature des relations amoureuses. Les valeurs morales et religieuses transmises par les parents tempèrent les pulsions. L'éducation apprend à contrôler ses désirs, incite à valoriser le plaisir ou à privilégier une certaine retenue. Il n'y a pas de déterminisme sexuel. On peut imaginer un individu instinctif, programmé pour une vie sexuelle extrêmement active qui se stabilisera dans un contexte affectif et social particulier [34-35].

L'environnement sociologique habille lui aussi l'existence amoureuse. En somme, le tempérament sexuel se développe sous l'influence de facteurs génétiques, psychologiques et sociologiques, palette d'éléments qui interviennent tous ensemble et engendrent mille combinaisons.

Typologies : de la « gloutonne » à « l'unrestricted socio-sexuelle »

Peut-on imaginer de classifier les comportements sexuels humains ? La littérature y a contribué, qui a inventé quelques modèles forts. Tout le monde sait qui se cache derrière un Lovelace, une Lolita, un Casanova ou une Lady Chatterley. Les magazines féminins publient régulièrement des typologies sexuelles. Ils proposent des tests rédigés sur le ton de l'horoscope permettant aux jeunes femmes de se reconnaître dans l'une ou l'autre catégorie. Il y a, pour tout le monde, quelque chose de rassurant à trouver sa place dans le grand catalogue comportemental. Échantillon : « *Gloutonne* : vous êtes branchée sexe, vous avez besoin d'au moins un rapport sexuel par jour, une libido aventureuse, directe, impulsive. Vous avez tendance à consommer ce qui ne vous empêche pas d'être passionnée et tendre./*Voluptueuse* : vous n'imaginez pas la vie sans sexe ni l'amour sans désir. Votre sexualité est sans défense mais équilibrée et sensuelle. Vous êtes capable de vous mettre à la place de l'autre et d'être attentive à ses besoins./*Séductrice* : vous captez l'attention, vous prenez soin de votre apparence mais votre miroir ne vous renvoie jamais une image assez satisfaisante et seul le désir des hommes vous réconforte. Vous êtes soumise en matière de séduction. Rarement en demande, vous vous laissez faire./*Câline* : vous vous pliez à tous les fantasmes et les désirs, vous pouvez jouer tous les rôles. Votre désir compte moins que celui de l'autre, vous êtes restée une petite fille qui cherche à plaire. Être aimée est votre priorité. Votre manière d'aimer : être accro. Vous confondez désir et amour. »

L'inventaire est sans fin : les brûlantes, les indifférentes, les filles faciles, les impulsives, les passionnées, celles qui redoutent d'être abandonnées, les conquérantes, les collectionneuses, les prudes et les torrides, les croqueuses d'hommes, les cérébrales, les goulues, les dominatrices, les soumises, les jouisseuses, les inflammables et les ininflammables, les âmes romanesques, les intrépides. La fureur typologique des scientifiques s'organise aujourd'hui autour de la « socio-sexualité », scindant la population en deux grands ensembles : les « unrestricted socio-sexual » (jouissant d'une grande liberté sexuelle avec de multiples partenaires) et les « restricted socio-sexual » (menant une vie raisonnable où les plaisirs sexuels sont contrôlés) [36]. Mais on peut à l'envi croiser les genres, créer des sous-catégories. Car, au fil de l'existence, au gré des étapes, d'abord de la donne génétique, puis de la petite enfance avec son épisode d'attachement, de l'adolescence avec l'afflux des hormones sexuelles, de l'âge adulte avec la diversité des expériences, se bâtit une sexualité singulière, individuelle. Elle est, pour chacun, le fruit de ses caractéristiques génétiques, de son mode d'attachement, de son fonctionnement hormonal et du destin. Elle n'est donc la même pour personne.

1. Gingrich B., Liu Y., Cascio C., Wang Z., Insel T.-R., « Dopamine D2 receptors in the nucleus accumbens are important for social attachment in female prairie voles (Microtus ochrogaster) », *Behav Neurosci*, 2000 ; 114(1):173-183.

2. Walum H., Westberg L., Henningsson S., Neiderhiser J.-M., Reiss D., Igl W., Ganiban J.-M., Spotts E.-L., Pedersen N.-L., Eriksson E. (et al.), « Genetic variation in the vasopressin receptor 1a gene (AVPR1A) associates with pair-bonding behavior in humans », *Proc Natl Acad Sci USA*, 2008 ; 105(37):14153-14156.

3. Winslow J.-T., Insel T.-R., « Social status in pairs of male squirrel monkeys determines the behavioral response to central oxytocin administration », *J Neurosci*, 1991 ; 11(7):2032-2038.

4. Hansenne M., Pinto E., Pitchot W., Reggers J., Scantamburlo G., Moor M., Ansseau M., « Further evidence on the relationship between dopamine and novelty seeking : a neuroendocrine study », *Personality and individual differences*, 2002 ; 33(6):967-977.

5. Wang E., Ding Y.-C., Flodman P., Kidd J.-R., Kidd K.-K., Grady D.-L., Ryder O.-A., Spence M.-A., Swanson J.-M., Moyzis R.-K., « The genetic architecture of selection at the human dopamine receptor D4 (DRD4) gene locus », *Am J Hum Genet*, 2004 ; 74(5):931-944.

6. Ben Zion I.-Z., Tessler R., Cohen L., Lerer E., Raz Y., Bachner-Melman R., Gritsenko I., Nemanov L., Zohar A.-H., Belmaker R.-H. (et al.), « Polymorphisms in the dopamine D4 receptor gene (DRD4) contribute to individual differences in human sexual behavior : desire, arousal and sexual function », *Mol Psychiatry*, 2006 ; 11(8):782-786.

7. Miller W.-B., Pasta D.-J., MacMurray J., Chiu C., Wu H., Comings D.-E., « Dopamine receptor genes are associated with age at first sexual intercourse », *J Biosoc Sci*, 1999 ; 31(1):43-54.

8. Barash D., Lipton J., *Making sense of Sex : How Genes and Gender Influence Our Relationships*, Washington, Island Press, 1997.

9. Zuckerman M., Buchsbaum M.-S., Murphy D.-L., « Sensation seeking and biological correlates », *Psychology bulletin*, 1988 ; 88:187-214.

10. Suhara T., Yasuno F., Sudo Y., Yamamoto M., Inoue M., Okubo Y., Suzuki K., « Dopamine D2 receptors in the insular cortex and the personality trait of novelty seeking », *NeuroImage*, 2001 ; 13(5):891-895.

11. Dunn K.-M., Cherkas L.-F., Spector T.-D., « Genetic influences on variation in female orgasmic function : a twin study », *Biol Lett*, 2005 ; 1(3):260-263.

12. Changeux J.-P., Courrege P., Danchin A., « A theory of the epigenesis of neuronal networks by selective stabilization of synapses », *Proc Natl Acad Sci USA*, 1973 ; 70(10):2974-2978.

13. Rodgers J.-L., Rowe D.-C., Buster M., « Nature, nurture and first sexual intercourse in the USA : fitting behavioural genetic models to NLSY kinship data », *J Biosoc Sci*, 1999 ; 31(1):29-41.

14. Fillion T.-J., Blass E.-M., « Infantile experience with suckling odors determines adult sexual behavior in male rats », *Science*, 1986 ; 231(4739):729-731.

15. Lorenz K., *L'Année de l'oie cendrée*, Paris, Stock, 1978.

16. Klaus M.-H., Jerauld R., Kreger N.-C., McAlpine W., Steffa M., Kennel J.-H., « Maternal attachment. Importance of the first post-partum days », *N Engl J Med*, 1972 ; 286(9):460-463.

17. Bowlby J., *Attachement et perte : l'attachement, vol. 1*, Paris, PUF, 1992.

18. Bowlby J., *Attachement et perte : la séparation, vol. 2*, Paris, PUF, 1992.

19. Bowlby J., *Attachement et perte : la perte, vol. 3*, Paris, PUF, 2002.

20. Ainsworth M., Blehar M., Waters E., Wall S., *Patterns of Attachment : A Psychological Study of the Strange Situation*, N.J., Erlbaum, 1978.

21. Harlow H.-F., *Love created – love destroyed – love regained*, Paris, CNRS, 1972.

22. Keltikangas-Jarvinen L., Kivimaki M., Keskivaara P., « Parental practices, self-esteem and adult temperament : 17-years follow-up study of four population-based age cohorts », *Personality and individual differences*, 2003 ; 34(3):431-447.

23. Freud S., *Les Théories sexuelles infantiles*, Paris, PUF, 1970.

24. Cyrulnik B., *Sous le signe du lien*, Paris, Hachette, 1989.

25. Cyrulnik B., *Les Vilains Petits Canards*, Paris, Odile Jacob, 1997.

26. Piazza P.-V., Deroche V., Rougé-Pont F., Deminière J.-M., Maccari S., Le Moal M., Simon H., « Individual differences in the sensitivity to corticosterone's reinforcing effects and in corticosterone-induced dopamine release may be a biological basis for sensibilization-seeking », *Soc Neurosci*, 1992 ; 18:1076.

27. Parker K.-J., Lee T.-M., « Central vasopressin administration regulates the onset of facultative paternal behavior in microtus pennsylvanicus (meadow voles) », *Horm Behav*, 2001 ; 39(4):285-294.

28. Kaufmann J.-C., *Sociologie du couple,* Que sais-je n° 2787, Paris, PUF, 1993.

29. Girard A., *Le Choix du conjoint*, Paris, PUF, 1988.

30. Mascie-Taylor C.-G., « Spouse similarity for IQ and personality and convergence », *Behav Genet*, 1989 ; 19(2):223-227.

31. Garcia S., Khersonsky D., « They are a lovely couple : further examination of perceptions of couple attractiveness », *Journal of Social Behavior and Personality*, 1997 ; 12(2):367-380.

32. Berscheid E., Dion K., Walster E., Walster G., « Physical attractiveness and dating choice : a test of the matching hypothesis », *Journal of Experimental Social Psychology*, 1971 ; 7:173-189.

33. Simmons R.-A., Gordon P.-C., Chambless D.-L., « Pronouns in marital interaction », *Psychol Sci*, 2005 ; 16(12):932-936.

34. Udry J.-R., Talbert L.-M., Morris N.-M., « Biosocial foundations for adolescent female sexuality », *Demography*, 1986 ; 23(2):217-230.

35. Bernstein I.-S., Rose R.-M., Gordon T.-P., « Behavioral and environmental events ınfluencing primate testosterone levels », *J Human Evol*, 1974 ; 3:517-525.

36. Provost M.-P., Kormos C., Kosakoski G., Quinsey V.-L., « Sociosexuality in women and preference for facial masculinization and somatotype in men », *Arch Sex Behav*, 2006 ; 35(3):305-12.

Deuxième partie

Petit précis de la vie à deux

CHAPITRE VI

L'art de la séduction

Parmi les spectateurs venus admirer la chorégraphie de Nijinski dans *L'Après-midi d'un faune*, un soir de 1912, se trouvaient à n'en pas douter deux catégories d'observateurs. Ceux qui s'extasiaient devant la grâce de l'étoile des ballets russes, son interprétation, son sens artistique. Et ceux, plus techniciens, qui décortiquaient l'adage, épiaient le petit dégagé en quatrième, l'arabesque, le port de bras, le soubresaut, les jetés et les bonds aériens. Les uns comme les autres n'étaient pas déçus.

Il n'en est pas autrement de la danse de la séduction. Tandis que d'aucuns, troubadours éthérés, regardent cet exercice d'un œil naïf et charmé, comme une activité naturelle, spontanée, chaque fois renouvelée, d'autres ont échafaudé le projet d'éclaircir le mystère de l'attraction des âmes, d'en identifier les ressorts, d'en distinguer les étapes. Éthologues [1], anthropologues [2], biologistes [3], psychologues [4], psychiatres [5] ont mobilisé les troupes de leurs laboratoires afin de comprendre le fonctionnement de la drague. En observateurs méthodiques et cartésiens, ils se sont attelés à des travaux de description objective et scientifique du processus de séduction jusque dans ses arcanes les plus impénétrables.

« Hier soir, on est sortis. J'ai rencontré quelqu'un. Je crois que j'ai fait une touche*. » Cette succession de trois phrases relativement communes, et par leur vocabulaire, et dans leur phrasé, et quant à la réalité de la scène à laquelle elles se rapportent, produisent chez nous tous un écho familier. Mais arrêtons-nous un instant seulement sur le détail de la chose, observons avec un peu de minutie les pliés, les jetés et les glissades… et la scène subitement prend un relief insoupçonné, dévoile des nuances sophistiquées, révèle au final un jeu de rôles plus subtil qu'il n'y paraît. Pendant des centaines d'heures, les scientifiques, postés, qui dans un bar de centre-ville, qui dans une boîte de nuit, qui à la table d'un dîner mondain, qui sur les parquets des bals de débutantes, qui dans le vestibule d'un cabaret russe, ont observé la formation des couples. Résultat des études : un habile ralenti du spectacle de la séduction filmé à la dérobée révèle une pièce en cinq actes auxquels s'ajoute un prologue [6].

La séduction en cinq actes

Prologue – Réussir son entrée

L'arrivée dans un lieu de rencontre doit être à la fois brillante – il s'agit de faire bonne impression or, comme chacun sait, la première est souvent la bonne – mais aussi rusée : il faut évaluer sur-le-champ la qualité des membres de l'assemblée. Quoi de plus douloureux que de repérer, avec un temps de retard fatal, une belle plante qu'un autre aura pris soin d'asseoir à sa droite ? On se retrouve le

* Le lecteur pourra ici remplacer à sa convenance l'expression « Je crois que j'ai fait une touche » par la proposition « Je crois que j'ai un ticket » sans nuire au sens général de la phrase.

temps d'un dîner interminable, vissé à côté d'une potiche alors que trois places plus loin s'épanouit une splendeur qui se fait courtiser avec bonheur par un autre. Voilà comment on passe à côté de l'aubaine. Pour éviter ce genre de bévues, le coureur de jupons aguerri se livre à un repérage actif. Jumelles en bandoulière, aussi éveillé qu'un consommateur le premier jour des soldes, il est à l'affût, il chasse. La femme, elle, en ces quelques minutes de prélude, adopte la mécanique huilée du sous-marin. L'air de rien, elle sait développer un regard circulaire expert lui offrant une observation périphérique aussi stratégique que discrète. Ce talent giratoire hautement technologique la fait accéder aux informations nécessaires en un rien de temps et lui permet de choisir son partenaire tout en lui donnant l'illusion que c'est lui qui mène la danse [7].

Acte I – Attirer son attention : le coq et la panthère

Une fois le partenaire de jeu judicieusement sélectionné, reste à attirer son attention avec doigté. Boris Cyrulnik énumère un certain nombre de comportements répandus au sein du genre mâle de l'espèce humaine : « Ils battent des bras, font des blagues bruyantes, cherchent à impressionner, montrent qu'ils existent et qu'ils sont importants. » [8] Comment sortir du lot ? Le séducteur, dressé sur ses ergots, énoncera d'emblée, mais finement, la litanie de ses talents : son courage physique hors du commun, ses prises de position iconoclastes, son sens de l'humour aiguisé. Il saura au besoin mettre en avant la possession d'un ranch dans les montagnes rocheuses ou d'une fazenda dans le Mato Grosso, notes exotiques de bon aloi, et déclinera avec modestie des chiffres astronomiques en hectares. Au même moment, les panthères alanguies dans le quartier cherchent à se faire remarquer. Elles s'étirent, déployant un corps souple et harmonieux, regardent en coin, se balancent et, dignes descendantes de Brigitte Bardot, croisent les jambes plus haut que l'Annapurna. Au royaume des femmes, le signe non verbal est roi.

Acte II – Soutenir son regard

Cette étape est aussi fugace qu'incontournable. Voici une épreuve brève et déterminante, à ne manquer sous aucun prétexte. Pour comprendre l'importance de ces quelques secondes, de ce sas perdu dans les méandres de l'aventure amoureuse, il faut se figurer un portique détecteur de métal dans un aéroport. C'est un passage obligé. Si l'alarme se déclenche, retour à la case départ. Si vous passez l'épreuve, le ciel est à vous. Une œillade est un visa pour l'avenir. Quand les regards se croisent, tout est dit. Si une femme plonge le flambeau de ses yeux dans votre prunelle allumée, vous avez parcouru une bonne partie du chemin [9]. Quelques secondes suffisent pour faire passer le message : un regard soutenu, de façon consciente ou non, est implicitement compris comme le premier signe autorisant la poursuite de la parade [10]. Ne parlons pas du clin d'œil, plus positif qu'un oui, et si explicite qu'il n'est pas loin d'être tenu pour vulgaire et réservé aux filles de rue.

Acte III – Palabres anodines

L'homme étant humain – et par le fait doté d'un cerveau élaboré qui lui donne accès au langage –, il occupe son temps en conversations. La bienséance ayant décidé une fois pour toutes que celles-ci – les conversations –

devaient précéder l'acte, il n'y a plus qu'à en déterminer la bonne teneur. On sera surpris d'apprendre que le contenu du propos, dans ce contexte, est très secondaire. Tout est dans la forme. Tout est dans l'intention. Tout est dans l'émotion véhiculée par le discours, l'ivresse sentimentale qu'il saura susciter. Voix langoureuses, douces et rassurantes font l'affaire et peuvent habiller les pires banalités [11]. L'objectif, c'est le roucoulement, le bercement, le doux bruit des vagues de dialogues, et vogue le navire enchanteur.

Ceci posé, pour qui voudrait mettre un peu de fond, les préceptes en la matière se déclinent ainsi : faire sourire est toujours bon, émouvoir est excellent, désarçonner peut être payant, à condition de débarrasser son discours de toute agressivité. Ne pas effrayer la biche, elle prendrait la fuite. Éviter également les sujets qui fâchent. Privilégier les passions neutres. On compte peu de pasionaria anti-philatélie. Le risque encouru à aborder le sujet est mince. En revanche, développer avec la plus sincère conviction son admiration pour la tauromachie, tresser des couronnes d'émotion autour de la force du spectacle d'une oreille coupée, à l'intention de la directrice de l'alliance anti-corrida peut produire un effet mitigé. Confier son dégoût architectural pour la pyramide du Louvre à la nièce de Ming Pei, déclarer son mépris pour le théâtre de rue à un cracheur de feu intermittent, révéler ses soupçons sur la mémoire de l'eau à un accro de l'homéopathie, susurrer qu'on est définitivement rétif à l'opéra dans l'oreille d'une cantatrice du dimanche : autant de faux départs. Méfiance, à ce stade. Quand on ne sait pas précisément à qui l'on s'adresse, mieux vaut rester vague. Pour ce qui est des sujets précités, c'est quitte ou double. Une erreur et c'en est fini pour toujours. En revanche, celui qui tape juste a toutes les chances de passer une bonne soirée. Dans les deux cas, l'objectif visé est le partage d'émotions.

Acte IV – Contact fortuit

L'art du crescendo prend ici tout son sens. Avant de toucher, il est de bon ton d'effleurer. L'effet peut être gigantesque. Un battement d'ailes de papillon peut provoquer un séisme. Selon le même principe, une caresse bien amenée fait trembler les cœurs. Le premier contact physique ouvre le chemin de l'intimité. Après avoir palpé du regard les appâts d'une jolie blonde, qui n'a pas rêvé d'y tâter. Il faut soigner l'entrée en scène du toucher. Un gant qui tombe et que le soupirant, chevaleresque, ramasse en effleurant un genou. Deux épaules qui se frôlent à l'arrière d'un taxi. Deux coudes qui se coudoient sur le zinc. C'est une première approche. On peut aussi s'ébahir, tâtonnement à l'appui, devant la texture d'un chemisier, cotonnade rarissime manufacturée sur les rives du Mékong par une Moï menue couverte de bracelets jusqu'aux coudes. On peut, au restaurant, tendre sa fourchette à son invitée l'enjoignant de goûter un plat régional savoureux, manière de toucher ses lèvres de loin. Un avant-goût du mélange des salives espéré, un pas décisif vers l'intimité (la technique est éprouvée chez les merles ; le mâle sait que si le ver proposé à l'oiselle courtisée est accepté, l'affaire est dans le nid). Imperceptiblement, les corps se rapprochent. Tout l'art est de provoquer sans forcer sans quoi la mécanique se grippe. Entrer dans l'intimité sans effraction.

Acte V – La synchronisation des âmes passe par la synchronisation des corps

Ils « …marchaient du même pas sans être étonnés d'un accord qui paraissait avoir existé dès le premier jour où ils marchèrent ensemble ; ils obéissaient à une même volonté, s'arrêtaient, impressionnés par les mêmes sensations ; leurs regards, leurs paroles correspondaient à des pensées mutuelles *. » Ces deux jeunes gens décrits par Balzac ne sont pas indifférents l'un à l'autre. En plein labeur de séduction, ils ont franchi les premières étapes et en arrivent à ce point où tout s'accorde. Un pas de plus et c'est l'étreinte. L'émotion provoquée par la personne désirée conduit à une synchronisation des sentiments comme des mouvements corporels. Les éthologues notent que les couples sur le point de se former adoptent des positions symétriques, parlent à la même vitesse. L'harmonisation des émotions suscite une harmonisation des corps et vice versa. Les rires se mêlent, les plaisirs s'entrelacent, les démarches se coordonnent, les cœurs battent ensemble.

Arrêt sur image : comment ça marche ?

La feuille de route

Le pire, dit-on, n'est pas l'absence de moutarde, c'est qu'elle arrive après le dîner. Il en est de l'amour comme de la gastronomie : le timing prévaut. On peut toujours rêver d'accoster une jolie fille sur le parvis de l'hôtel de ville puis, par quelque ruse, la conduire sur-le-champ à

* Balzac, *La Femme de trente ans.*

quelques millimètres d'un sommier, lui faire furieusement l'amour et, dans un quatrième temps seulement, l'inviter à refaire le monde autour d'un souper magistral. On peut... Le scénario ne manque pas de charme. Hélas ! ça marche une fois sur cent [12]. Le monde est ainsi fait que les projets les plus audacieux sont souvent accueillis par une paire de gifles. Normalement, on dîne d'abord. Prendre les choses à l'envers, c'est s'exposer à l'échec. Le dragueur qui hèle les filles en voiture rentre souvent bredouille. Mieux vaut se soumettre à la syntaxe des échanges hommes/femmes. Folie que de brûler les étapes. Le plus sage est encore de se plier au cycle des planètes. Une bonne maîtrise de chacune des séquences du ballet de la séduction évoqué ci-dessus, conjuguée avec un saint respect de l'ordre d'enchaînement, favorise le succès de l'aventure amoureuse [13].

Le premier pas

Mais comment savoir qu'on peut passer à l'étape suivante ? Comment deviner la maturité du fruit avant d'y avoir touché ? Comment décoder correctement ce langage de la séduction à l'alphabet incertain ? La plainte de Claude-Michel Schönberg n'a pas cessé de résonner depuis plus de trente ans qu'elle a été poussée : « Le premier pas, j'aimerais qu'elle fasse le premier pas... » Pas simple de prendre les devants quand on est dans le brouillard, paralysé par le doute. Les hommes croient faire le premier pas. Amusant d'observer que 90 % d'entre eux sont convaincus d'avoir déclenché une relation. Or les scientifiques, après avoir filmé des rencontres, ont observé que les femmes envoient en réalité une batterie de « signaux non verbaux » auxquels les hommes ne font que répondre [1]. Claude-Michel Shönberg s'est inquiété pour rien…

Dysfonctionnements et quiproquo

Les registres des observateurs scientifiques consignent de nombreuses erreurs d'interprétation. Prenez un non pour un oui et tout fout le camp. Une femme qui a accepté d'aller se promener bras dessus bras dessous avec un ami, qui a ensuite accepté de prendre un café, qui a enfin proposé de passer chez lui prendre un dernier verre et poursuivre la conversation n'est pas encore dans son lit. Rien n'est gagné. Il faut savoir faire la part de l'oie blanche et de l'allumeuse. L'oie blanche, un peu naïve, peut, par ingénuité, suivre un loup aux dents aiguisées, prêt à bondir, sans jamais lui signifier qu'elle ne veut pas être croquée car jamais elle ne devine qu'il n'a que cette idée en tête. Celle-ci n'est pas faite du même bois que l'allumeuse un brin hystérique qui envoie par pelletées des messages encourageants aux hommes qui l'entourent. Aguicheuse de métier, elle voudrait qu'ils soient tous candidats. Pour arriver à ses fins, elle enclenche tous les clignotants, ne lésine sur aucun artifice, utilise un arsenal fourni de leurres, d'appeaux, de faux-semblants pour séduire alentour. Las, ils finissent tous dans sa besace mais aucun dans son lit.

Néanmoins, il est moins dramatique pour une alarme à incendie de détecter de la fumée là où il n'y en a pas que de passer à côté d'un feu. En d'autres termes, mieux vaut se déplacer pour rien que de perdre une occasion. Les hommes le savent. Voilà pourquoi ils ont plutôt tendance à voir des signes d'encouragement là où il n'est question que de courtoisie ou d'amabilité, à prendre un *peut-être* pour un *oui*. Il est avéré qu'ils interprètent comme une invite des gestes purement amicaux cinq fois plus souvent qu'ils ne manquent une opportunité d'aller plus loin [14]. Sans compter que certaines aiment qu'on leur force la main. Celles-là se gardent bien d'envoyer des messages qui éclaireraient le courtisan sur leurs intentions et lui faciliteraient la tâche. Elles en appelleraient volontiers à la télépathie dont le fonctionnement est, comme chacun sait, parfois aléatoire... Celles-là n'en font pas assez. D'autres en font trop. Les troisièmes font exactement ce qu'il faut. Allez comprendre ! On mesure là toute la complexité des échanges : il faut conquérir sans forcer, savoir interpréter, comprendre les « non » qui veulent dire « peut-être », les « peut-être » qui veulent dire « oui ».

Quelques repères peuvent aider tout de même. Bâillements, faux sourires, bras croisés, rigidité du tronc, évitement du regard sont autant de comportements qui signaleront au postulant qu'il n'a pas été retenu dans le cœur de celle qu'il courtise [4]. Si au contraire votre partenaire vous sourit, plonge son regard dans le vôtre de façon appuyée, en un mot ne voit plus que vous, si elle se rapproche et assouplit son corps... vous êtes sur un boulevard. Tout signe de lascivité (sourires [15], cheveux rejetés, lèvres humectées, inclinaison de la tête, rapprochement des genoux) est à prendre pour une invite.

Mirages et faux-semblants : méfions-nous de l'oiseau satin

L'oiseau satin est un prince. Pour accueillir ses conquêtes, ce passereau bâtit des palais. Aux premiers jours d'avril, il se lance dans la construction d'un nid princier : sur une plateforme de brindilles, deux rangées parallèles de petit-bois se rejoignent en une arche, sorte de voûte gothique de quarante centimètres de haut. Une cathédrale, à l'échelle d'un ovipare de cent cinquante grammes. Une fois la construction élevée, un morceau d'écorce dans le bec en guise de pinceau, l'oiseau artiste enjolive les parois de sa galerie d'une peinture bleu Titien, savant dosage de jus de baie et de salive. Le décor lui va bien au teint, met en valeur son plumage noir à reflets bleus. Enfin, l'élégant prend soin de décorer l'entrée de ce berceau pharaonique d'éléments sélectionnés alentour, tous dans un camaïeu de bleus : plumes, cailloux, coquilles, morceaux de métal ou de verre brillant assortis à son plumage. Ces préparatifs achevés, voilà de quoi en mettre plein la vue à la première Cléopâtre qui passe. Celle-ci marquera son intérêt par une approche prudente. Le mâle entame alors la parade en une variété stupéfiante de chants. Il sait tout faire : sifflements, bourdonnements, chuintements ainsi qu'un répertoire étendu d'imitations de ses congénères. Apogée de ce parcours sans fautes, il offre alors un présent à l'oiselle et l'invite à pénétrer dans le berceau pour s'accoupler. La femelle peut rester indécise plusieurs semaines. Le mâle n'en prend pas ombrage. Pensez ! Une décision mûrement réfléchie vaut mieux qu'une tocade à l'emporte-pièce. Enfin, pour signifier qu'elle est prête à s'accoupler, la femelle s'accroupit.

Mais voilà qu'à peine fécondée, elle quitte le berceau fastueux et s'en va modestement fabriquer pour ses œufs un nid beigeasse à plusieurs centaines de mètres de là. Elle est seule pour défendre le nid et nourrir les poussins pour la simple raison que le prince, lui, continue son manège à l'adresse de nouvelles conquêtes. Pas de suivi chez l'oiseau satin. Moralité, prenez garde aux don Juans qui déroulent le tapis rouge. Ils vous traitent en reine, sont prêts à tout pour une nuit d'amour et vous abandonneront au petit matin. Méfiez-vous de l'oiseau satin [16].

Le calvaire des jolies femmes

Savoir décrypter les intentions de son partenaire, lire entre les lignes, n'est pas toujours simple quand le message est opaque. Mais il y a pire : parfois, celui-ci pèche par transparence. Certains surjouent, ils « surséduisent ». La comédienne Katharine Hepburn atteste qu'elle n'a jamais connu le bonheur paisible d'être courtisée par un homme « normal ». Sa grâce, son élégance et sa notoriété paniquaient ses soupirants qui, craignant la concurrence, se persuadaient qu'il fallait en rajouter pour épater la star. Point trop n'en faut… « Je me trouvais entraînée par des fous furieux qui croyaient nécessaire de me promener sur des hors-bord avec des pointes à trois cents kilomètres à l'heure. Le propriétaire poussait les moteurs pour m'impressionner. J'étais paralysée par la peur. Le plus souvent, je n'ai été draguée que par des clowns qui parlaient trop fort, se mettaient à glousser à tous propos ou à chanter dans la rue. » Moyennant quoi Mme Hepburn concluait avec dépit que les plus jolies femmes n'ont pas accès à la réalité [16].

Speed dating à la lisière du Sahara

Pour s'y retrouver, rien de tel qu'un rituel immuable comme la parade d'amour des Peuls Wodabee du Niger. Ces éleveurs nomades se rencontrent une fois l'an à la fin de la saison des pluies pour une fête prodigieuse. C'est l'heure des mariages, séance de *speed dating* organisée à la lisière du Sahara. Cette cérémonie permet, en seulement sept jours, d'agglomérer des couples entre les membres de lignées différentes. Les jeunes prétendants, minces et élancés, se maquillent dans l'optique d'éblouir par leur beauté. Une pâte jaune claire allonge leur visage, arête du nez et courbure du menton sont soulignés d'un trait, paupières et lèvres ourlées de khôl noir pour mieux faire éclater la blancheur de leurs yeux et de leur sourire. Ils rasent une rangée de leurs cheveux pour s'agrandir le front et paradent, vêtus de tuniques brodées de couleurs vives, et coiffés d'un turban surmonté de plumes d'autruche. La danse Geerewol est un concours de beauté et d'endurance. Les hommes, tout en roulant des yeux, sautillent sur la pointe des pieds jusqu'à l'aube. Lorsqu'une femme est séduite par un danseur, elle fait courir sa main dans son dos tandis qu'il continue de danser et tourne discrètement la tête pour lui indiquer où se retrouver. « Les mariages se font à la force des yeux », dit-on là-bas. Les signaux sont parfaitement reçus et compris selon un code ancestral transmis de génération en génération [4].

La parade nuptiale : expériences

De l'effet miraculeux d'un regard profond

Si les Peuls roulent des yeux, c'est que les ravissantes nomades n'y sont pas insensibles. Tout comme les citadines post-modernes, d'ailleurs. Desmond Morris l'a établi dès les années 70 : un sujet séduit manifeste son intérêt par une dilatation pupillaire, sorte de signal réflexe émis à l'intention de l'objet désiré [17]. L'éthologue britannique a soumis au jugement d'un échantillon d'hommes le portrait de la même jeune femme. À certains, il avait présenté une version retouchée du portrait, sur laquelle il avait élargi le diamètre pupillaire de la jeune femme. C'est cette photo retouchée qui remportait tous les suffrages. Pourquoi ? Tout simplement parce que la jeune femme aux prunelles épanouies, donnait le sentiment à celui qui la regardait, qu'elle était séduite, quand celle aux prunelles minimales semblait afficher une indifférence en toute logique beaucoup moins flatteuse.

La mesure précise, au millimètre près, d'une pupille, aisée en laboratoire, s'avère impossible « à l'œil nu ». Autrement dit, incapables de l'observer, nous *percevons* la dilatation pupillaire, nous la ressentons, et en déduisons notre empire sur notre partenaire de jeu [18]. Ce signe non verbal n'est pas consciemment perceptible et pourtant il est ressenti. Voilà comment un regard profond et intense opère dans le manège de la séduction [19].

L'expérience de Morris a été renouvelée à l'envi, sous des formes variées : un auto-stoppeur qui fixe du regard le chauffeur d'une voiture qui passe par là a deux fois plus de chance que le véhicule providentiel s'arrête. Et plus le regard est appuyé, plus il opère [9]. Une jeune femme prend un café avec une amie dans un lieu public. Un homme traverse son champ de vision. Un regard de moins d'une seconde d'une des jeunes femmes sur l'homme qui passe n'est d'aucun effet. Le regard s'attarde seulement deux secondes et l'effet est assuré : sur cent garçons, douze d'entre eux lui sourient. Si le regard languit cette fois quatre secondes, 30 % des hommes lui sourient [20]. L'œillade, voilà un effort mince et du meilleur effet ! Il va sans dire qu'un sourire accompagnant un regard mettra toutes les chances de votre côté [4].

Des bénéfices d'un contact corporel dans l'élaboration d'un carnet de bal

Les effets d'un certain nombre de signes non verbaux caractéristiques de la phase de séduction ont ainsi été dûment testés, mesurés, calculés. Un chercheur installé in situ, dans une discothèque, fait des avances aux jeunes femmes en présence. Aux unes, il propose une danse, aux autres il demande leur numéro de téléphone. Dans chaque configuration, il effleure, ou non, l'avant-bras, très furtivement, pendant une à deux secondes. 60 % des femmes auxquelles il propose un slow sans les toucher déclinent l'offre. 40 % seulement lorsqu'elles ont été effleurées. Quant au numéro de téléphone : 12 % des jeunes femmes acceptent de le communiquer lorsque le chercheur appuie sa demande d'un contact physique. Elles ne sont plus que 6 %, moitié moins, lorsqu'il ne les touche pas [21]. Le rapport ne précise pas si le numéro communiqué est un faux… En tout cas, le contact multiplie par deux les réponses et exerce un effet bénéfique dans le processus de séduction. Le fait pour une femme d'être touchée par un homme qui l'aborde est associé intuitivement à une idée de dominance, de force de caractère et de virilité, qualités fort appréciées.

De l'influence du décolleté sur le temps d'abordage

L'attraction exercée par un corps sur un autre est inversement proportionnelle au carré de la distance qui les sépare. Ça, on le savait depuis les travaux de Képler sur la gravitation universelle, formulés par Newton. Ce qu'on savait moins, c'est le modèle mathématique qui relie la profondeur du décolleté au temps qui va s'écouler entre le moment où une femme entre dans un bar, et le moment où un homme va l'aborder sous un prétexte fallacieux. Au temps T_0, une jeune femme pénètre, seule, dans un lieu public. Au temps T_1, un homme vient lui demander du feu, l'heure ou son pronostic pour la météo du lendemain. Pas encore de modèle mathématique sûr, mais des chiffres éloquents. La variable $T(T_1\text{-}T_0)$ s'établit à huit minutes quand la jeune femme porte un décolleté plongeant. Installez la même jeune femme dans la même situation, vêtue cette fois d'un col roulé, il lui en coûtera 18 minutes d'attente fiévreuse – ou de tranquillité, pour celles qui n'aiment pas être abordées par un inconnu. Une tenue sexy (minijupe et corsage plongeant) multiplie par 8 la vitesse d'abordage. 16 minutes d'attente pour une femme en jean avec un pull large. 2 minutes pour une femme qui exhibe jambes et gorge [22-23].

De l'impact du maquillage sur les mêmes mesures

Des tests sur photos montrent que le maquillage des lèvres a moins d'impact que celui des yeux ou du teint. Le temps dit « d'interaction verbale » (le T évoqué au point précédent) est de 6 minutes pour une femme maquillée, de 8 minutes pour une femme nature [24].

Essayons maintenant de conjuguer les paramètres. Le résultat est sans équivoque : une femme maquillée, en minijupe, arborant un décolleté plongeant, multiplie par 16 les chances de se faire aborder. Comme quoi, les recettes millénaires demeurent les plus éprouvées.

Raffinements chez le homard

Jean-Pierre Otte, dans son très poétique traité sur *La Sexualité d'un plateau de fruits de mer*, évoque la parade nuptiale du homard. Au tableau divers de la sexualité universelle, celle du grand crustacé se pose là, et surpasse en créativité tout ce que les espèces ont jamais pu concevoir. Pour se séduire dans les profondeurs ombragées des océans, les homards ont conçu un spectacle sonore, coloré, athlétique, qui brille par sa délicatesse. Nous ne résistons pas à citer Jean-Pierre Otte : « C'est en ayant recours encore aux signaux sonores que les mâles, explorant le territoire à la recherche des femelles, les convient à sortir de leur refuge rocheux et à les rejoindre. Ils lancent des appels sûrs, plus insistants et aigus, des frottis plus subtils, presque implorants, des glissements qui semblent ceux d'un archet sur une scie musicale. [...] Le homard se produit en une danse bizarre de séduction, capte toute l'attention de la femelle et emplit toute la vision qu'elle peut avoir de lui. Il se démène, se soulève, remue en angles ses pattes, ses antennes ou ses pinces, bondit par des claquements de queue, tantôt à reculons, tantôt en avant, dans une audace de l'approche. [...] L'exhibition se prolonge en une chorégraphie compliquée, qui a quelque chose des créations contemporaines, avec des élans brisés, des prises que l'on dirait d'assaut, des jeux de pinces qui semblent des menaces, et des tortillements sur soi-même. [...] Il s'est rapproché, proche à la toucher, à l'effleurer, à la frôler, pour éveiller partie par partie toutes les zones sensibles de sa partenaire, tandis qu'il varie constamment de coloris, devenant à chaque revirement, à chaque secousse de l'abdomen, une sorte de homard kaléidoscopique. Les antennes et les pattes commencent à jouer par tâtons un rôle important dans l'enlacement. Il arrive parfois que le mâle la soulève et la porte sur lui, en manière de triomphe, et dans l'agrément pour cette fiancée du moment d'être portée, enlevée, conduite comme une reine à travers les vitres mouvantes de la mer, les lueurs ivoirines de la lune. Ses organes génitaux sont logés sur la face ventrale, au dernier anneau du thorax, tandis que son fiancé porte ses orifices sexuels à l'attache des dernières pattes thoraciques. Comme ils sont dépourvus de pénis, ce sont les pattes qui jouent le rôle d'organes copulateurs*... » Au fond, l'étreinte sexuelle n'est pas bien loin de la nôtre. La femelle est allongée sur le dos. Les homards se font l'amour dans la position du missionnaire, en se regardant...

Elle choisit ; il fait le premier pas

De cette description quasi onirique de la rencontre entre deux homards, il ressort que le mâle, très actif dans la parade de séduction, est passif dans le choix. Le mâle propose, la femelle dispose. Il n'en va pas autrement chez l'humain. Nous l'avons dit, transposant le schéma reproductif, un ovule versus des millions de spermatozoïdes, la femme se montre sélective quand l'homme, lui, explore tous azimuts. Il faut se figurer une sorte de chasse inversée dans laquelle la proie choisit son prédateur. L'objectif de la séductrice est subtil : être choisie par celui qu'elle a sélectionné.

L'observation de séances de *speed dating* illustre parfaitement cet état de fait. On remarque que 45 % des femmes décident en 30 secondes si elles reverront le candidat avec lequel elles se sont entretenues ; 22 % seulement des hommes sont capables d'une telle célérité [4]. Un sondage effectué dans les boîtes de nuit enfonce le clou. Cette fois, tout le monde a le temps. Les danseuses se livrent à leur travail de sélection et renoncent si elles ne

---

* Jean-Pierre Otte, *La Sexualité d'un plateau de fruits de mer,* Julliard, 1999.

trouvent pas de partenaire à hauteur de leurs ambitions. Les hommes, eux, révisent leurs prétentions à la baisse. Et plus on avance dans la nuit, plus ils sont indulgents. Les critères s'assouplissent. Comme si un charme opérait, à chaque heure qui passe, les femmes apparaissent à leurs yeux de plus en plus désirables. À l'aube, ils sont prêts à se précipiter dans les filets de la première contadine venue, fût-elle très éloignée, en mensurations, de la splendeur à laquelle le dragueur aspirait quelques heures plus tôt [4]. Adieu les exigences de début de soirée, la subjectivité masculine s'arrange de tout !

Les ressorts de la séduction

L'attirance vers le meilleur père

Les femmes, plus sélectives, donc, s'accordent sur un certain nombre de critères. Parmi eux, l'humour. *Femme qui rit, à moitié dans son lit*, assure le dicton. Un examen attentif des petites annonces matrimoniales sur Internet montre que cette qualité est requise par la majorité des auteures des annonces. C'est que le sens de l'humour est tenu pour un atout social chez l'homme [25]. L'humour s'accorde avec une certaine aisance ; un partenaire drôle est à coup sûr un mari qui s'adaptera bien en société, saura réussir dans la vie et pourra en conséquence – objectif ultime, rappelons-le – subvenir aux besoins de sa famille. Sans compter que la vie à deux sera bien plus rigolote !

Tenue pour un atout chez l'homme, la capacité à faire rire n'est pas forcément séduisante chez une femme. On attend d'elle qu'elle s'abandonne et rie plaisamment aux bons mots de son compagnon ; on n'appréciera pas toujours qu'elle « fasse le clown », activité jugée peu féminine et qui peut faire fuir [4].

Les émotions fortes stimulent le désir

Les éthologues l'ont noté : l'apparition d'un prédateur entraîne une activité sexuelle frénétique chez les oiseaux. Chez l'humain, « animal à deux pieds sans plumes et sans prédateur * », une émotion forte attise le désir et favorise le rapprochement. Ce phénomène n'aura pas échappé à l'ex-espion Ian Fleming, auteur des aventures de James Bond 007, qui n'hésite pas à infliger à son héros quelques belles émotions, partagées avec une créature de rêve, avant de le récompenser d'une nuit d'amour avec sa nouvelle conquête. Une mygale mal intentionnée sous son oreiller ; l'irruption, dans sa chambre d'hôtel, d'une femme de chambre armée de lames à cran d'arrêt dûment recouvertes de poison ; un séjour sur la table à découper au laser du féroce Goldfinger, etc., sont les préludes amoureux de 007.

Quelques sceptiques objecteront que James Bond a tout pour lui, l'élégance, le sens de l'humour, une musculature parfaite, un sang-froid inégalé, un courage légendaire, une intelligence hors du commun. Que l'ensemble de ces atouts suffirait à conquérir les plus séduisants top models. Que, surtout, tout être normalement constitué n'a besoin d'aucun stimulus particulier pour tomber dans les bras de Diana Rigg ou Ursula Andress. Qu'une scène de frayeur introductive est donc parfaitement superflue. C'est pour répondre à cette objection qu'une équipe de psychologues a voulu tester l'effet des émotions fortes sur des hommes plus communs face à des femmes plus anodines. C'est l'expérience dite « du pont suspendu » [26]. Les scientifiques ont réuni un échantillon d'hommes ordinaires, célibataires entre dix-huit et trente-cinq ans, au

* Platon.

physique quelconque et à l'intelligence moyenne (incapables, par exemple, de calculer de tête combien de camions sont nécessaires pour transporter tout l'or de Fort Knox). Ne figurent donc, dans le groupe, ni Sean Connery, ni Roger Moore, ni Daniel Craig.

Première épreuve : le groupe d'hommes traverse une passerelle en dur genre passerelle des Arts, qui, pour avoir été entièrement refaite, ne présente aucun danger. À l'issue de cette promenade, une jeune femme engage la conversation avec les hommes en présence, se montre sous son meilleur jour et propose de leur communiquer son numéro de téléphone.

Épreuve numéro 2 : on emmène les mêmes cobayes dans un parcours qui comporte la traversée d'un pont suspendu particulièrement vertigineux. De l'autre côté du pont suspendu attend la même jeune femme qui réitère ses appels charmeurs, à l'adresse cette fois d'hommes qui viennent donc de vivre une aventure. Au moment stratégique où elle propose son numéro de téléphone, les réponses positives triplent.

Rencontrez quelqu'un après une émotion forte, et cette personne vous paraîtra plus séduisante. Celui qui frôle la mort est prêt à fricoter avec la première venue ! Reste à trouver le bon équilibre entre la prudence et l'audace. Tout l'art de la séduction consiste à susciter ce contexte émotionnel. Dans la vraie vie, emmenez-la faire un tour en moto, du saut à l'élastique, du parapente ou plus simplement au cinéma, voir un film chargé d'émotions...

Les attraits du mystère

Nous l'avons vu au chapitre II, la biologie a permis d'identifier la dopamine, molécule du désir et du plaisir. L'analyse de la sécrétion de cet acide aminé transformé est édifiante. Plus on ressent de plaisir, plus on sécrète de dopamine. Mais aussi plus on aspire au plaisir, autrement dit plus on éprouve de désir, et plus on sécrète de dopamine. En conséquence, l'acquisition précoce d'une récompense sous la forme d'un baiser ou d'une partie fine, réduit la durée et l'intensité de la stimulation dopaminergique et avec elle le plaisir ressenti. Une conquête facile apporte moins de plaisir qu'une conquête acquise de haute lutte. Il faut savoir se faire désirer, cultiver l'incertitude chez l'autre, et le plaisir recueilli s'en trouve sublimé. Ça n'est pas là une vue de l'esprit un peu prude ou un conseil récupéré dans un poussiéreux guide des bons usages, c'est tout bonnement une réalité physiologique ! Ce qui charme, c'est l'incertitude. [27]

L'émotion précède la sensation

La question, d'ordre philosophique, est limpide sur le plan neurobiologique. Est-ce l'émotion qui précède l'action ou la sensation qui entraîne l'émotion ? Aime-t-on parce qu'on ressent du plaisir ou ressent-on du plaisir parce qu'on aime ? La fierté de l'humain passe aussi par là : il a besoin d'être en accord avec lui-même et d'assumer ses choix. Dans ces conditions, son système cognitif se met au service des émotions ressenties au plus profond de lui-même, et lui permet de traduire en actes ce qu'il a ressenti presque malgré lui. L'émotion est reine. Elle nous submerge. Après quoi notre intelligence se met en route pour donner un sens à cette émotion. L'intendance suit… L'observation du cerveau humain tend à prouver que les choses se passent dans cet ordre-là. D'où l'importance de susciter des émotions chez celui que l'on veut séduire. Les sensations suivront allègrement, nos émotions déclenchant toute une série d'actions, sources de plaisir. Nous allons voir comment…

1. Buss D.-M., *Les stratégies de l'amour : comment hommes et femmes se trouvent, s'aiment, et se quittent depuis 4 millions d'années,* Paris, InterEditions, 1994.

2. Giddens A., *Modernity and self-identity. Self and society in the late modern age.* Stanford, Stanford University Press, 1991.

3. Perper T., *Sex Signals : the Biology of Love*, ISI Press, 1985.

4. Gueguen N., *100 petites expériences de psychologie de la séduction pour mieux comprendre tous nos comportemants amoureux*, Paris, Dunod, 2007.

5. Lemoine P., *Séduire*, Paris, Robert Laffont, 2004.

6. Garcia S., Khersonsky D., « They are a lovely couple : further examination of perceptions of couple attractiveness », *Journal of Social Behavior and Personality,* 1997 ; 12(2):367-380.

7. Gangestad S.-W., Thornhill R., Yeo R., « Facial attractiveness, developmental stability, and fluctuating asymmetry », *Ethology and Sociobiology*, 1994 ; 15:73-85.

8. Cyrulnik B., *Sous le signe du lien*, Paris, Hachette, 1989.

9. Renninger L.-A., Wade J.-T., Grammer K., « Getting that female glance : patterns and consequences of male nonverbal behavior in courtship contexts », *Evolution and Human Behavior,* 2004 ; 25:416-431.

10. Mason M.-F., Tatkow E.-P., Macrae C.-N., « The look of love : gaze shifts and person perception », *Psychol Sci*, 2005 ; 16(3):236-239.

11. Collins S.-A., Missing C., « Vocal and attractiveness are related in women », *Animal Behaviour,* 2003 ; 65:997-1004.

12. Clark R.-D., Hatfield E., « Gender differences in receptivity to sexual offers », *Journal of Personality et Human Sexuality,* 1989 ; 2(1):39-55.

13. Buss D.-M., « The evolution of human intrasexual competition : tactics of mate attraction », *J Pers Soc Psychol*, 1988 ; 54(4):616-628.

14. Abbey A., « Misperception of friendly behavior as sexual interest : a survey of naturally occuring incidents », *Psychology of Women Quaterly*, 1987 ; 11:173-194.

15. LaFrance M., Hecht M.-A., Paluck E.-L., « The contingent smile : a meta-analysis of sex differences in smiling », *Psychol Bull*, 2003 ; 129(2):305-334.

16. Robinson R., *Pourquoi ça ne marche (presque) jamais en amour*, Paris, Dunod, 2007.

17. Morris D., *Le Singe nu*, Paris, Grasset, 1968.

18. Tombs S., Silverman I., « Pupillometry : a sexual selection approach », *Evolution and Human Behavior*, 2004 ; 25:221-228.

19. Hess E.-H., « The role of pupil size in communication », *Sci Am*, 1975 ; 233(5):110-112, 116-119.

20. Walsh D.-G., Hewitt J., « Giving men the come-on : effect of eye contact and smiling in a bar environment », *Perceptual and Motor Skills*, 1985 ; 61:873-874.

21. Ebesu Hubbard A.-S., Tsuji A., Williams C., Seatriz V., « Effects of touch on gratuities received in same-gender and cross-gender dyads », *Journal of Applied Social Psychology*, 2003 ; 33:2427-2438.

22. Barber N., « Women's dress fashions as a function of reproductive strategy », *Sex-Roles*, 1999 ; 40(5/6):459-471.

23. Edmonds E.-M., Cahoon D.-D., « Female clothes preference related to male sexual interest », *Bulletin of the Psychonomic Society*, 1984 ; 22(3):171-173.

24. Mulhern R., Fieldman G., Hussey T., Lévêque J.-L., Pineau P., « Cosmetics : they influence more than Caucasian female attractiveness », *Journal of Applied Social Psychology*, 2006 ; 36(2):493-504.

25. Brody A.-L., Mandelkern M.-A., Lee G., Smith E., Sadeghi M., Saxena S., Jarvik M.-E., London E.-D., « Attenuation of cue-induced cigarette craving and anterior cingulate cortex activation in bupropion-treated smokers : a preliminary study », *Psychiatry Res*, 2004 ; 130(3):269-281.

26. Dutton D.-G., Aron A.-P., « Some evidence for heightened sexual attraction under conditions of high anxiety », *J Pers Soc Psychol*, 1974 ; 30(4):510-517.

27. Fiorillo C.-D., Tobler P.-N., Schultz W., « Discrete coding of reward probability and uncertainty by dopamine neurons », *Science*, 2003 ; 299(5614):1898-1902.

Chapitre VII

Faire l'amour

De l'approche séductrice au désir sexuel impérieux, il n'y a qu'un pas. Aucun personnage mieux que le loup de Tex Avery n'a si bien incarné ce débordement du désir charnel qui vous envahit tout entier. Le loup séducteur, dans la tradition hollywoodienne la plus maîtrisée, commence par déployer le grand jeu avec la classe d'un Humphrey Bogart : chapeau, smoking et nœud papillon, berline stretch, grands restaurants. Mais à l'apparition de *Red Hot Riding Hood* – la version sexy du petit chaperon rouge qui se produit sur scène en robe bustier et escarpins vermillon –, le loup perd les pédales. Sa mâchoire tombe à terre, sa langue se déroule à l'infini, ses yeux se projettent vers l'avant, il pousse un long hurlement. Le désir monte.

Le grand plongeon

Il me la (le) faut

Ce phénomène d'activation de l'appétit sexuel, fulgurant chez le loup de Tex Avery, se manifeste – faut-il le préciser – de façon variable selon les individus. La mise en route du désir dépend entre autres de l'activité sexuelle du moment. Elle est plus lente chez celui qui traverse une période d'abstinence, comme chez celui dont le lit est encore chaud et la faim orgasmique apaisée. Mais qu'elle soit prompte ou lente à venir, arrive un moment où la volupté s'impose. Chez tous, il existe un seuil à partir duquel se déclenche une cascade d'événements physiologiques. Le feu prend [1].

L'embrasement sensuel active dans notre organisme une machinerie complexe [2]. Le système cérébral de récompense s'emballe [3]. La dopamine, chef d'orchestre neurobiologique du plaisir, est à l'œuvre. Ce neurotransmetteur (molécule relayant l'information d'un neurone à l'autre) entame sa course folle : sécrété par le cerveau pulsionnel ou reptilien, il rejoint le cerveau limbique ou sentimental, et termine sa course dans le néocortex, zone « intellectuelle » du cerveau [4].

Concomitamment, intervient toute une batterie de neurotransmetteurs impliqués directement ou indirectement dans l'activité sexuelle : le GABA (le Gamma Amino Butyric Acid module l'activité de la dopamine), la noradrénaline (elle agit sur l'attention, les émotions, le sommeil, le rêve et l'apprentissage), l'acétylcholine (impliquée dans le fonctionnement de la mémoire et capable de transmettre des informations à nos muscles), les opioïdes endogènes (endorphines, enképhalines et dynorphine adaptent nos réactions aux stimuli douloureux, régulent les fonctions vitales comme la faim ou la soif, influencent notre humeur ; elles transmettent également, et c'est ici essentiel, les signaux du bien-être et du plaisir) [5-7].

Les neuro-hormones, elles aussi, participent au ballet général. L'ocytocine, hormone de l'attachement [6], libérée au moment de l'orgasme, rapproche les individus [8].

La lulibérine (hormone du désir), la prolactine (impliquée dans la satiété sexuelle), l'œstradiol et la testostérone agissent sur la libido. L'œstradiol, hormone œstrogène féminine, est sécrétée par l'ovaire mais également [9], en moindre quantité, chez l'homme, par les testicules. La testostérone, hormone androgène sécrétée par les testicules est également synthétisée, en plus petite quantité, par les ovaires [10]. Ainsi, un peu comme dans une saynète sophistiquée d'automates du XIXe siècle, une foule de mécanismes physiologiques se met en route dans un ordre précis et conduit notre activité sexuelle [11].

French kiss et autres réjouissances

« Tu contiens dans ton œil le couchant et l'aurore/Tu répands des parfums comme un soir orageux/Tes baisers sont un philtre et ta bouche une amphore/Qui font le héros lâche et l'enfant courageux *. » Qu'est-ce qui, du regard, du parfum, ou du baiser, nous trouble le plus sûrement ? « Le seul vrai langage au monde est un baiser », tranche Alfred de Musset. Que dit le baiser ? Il exprime tendresse, amour ou passion, selon qu'il est plus ou moins appuyé. « Le plus lent des baisers est encore trop hâtif », affirmait à raison Thomas Middleton, ce dramaturge contemporain de Shakespeare. Point trop n'en faut. Quatre cents ans plus tard, en 2001, Rich Langley et Louisa Almedovar, citoyens du New Jersey, résolurent d'appliquer à la lettre l'axiome de Middleton, s'abouchant 30 heures, 59 minutes et 27 secondes durant. Ce fut le plus long baiser de l'histoire de l'humanité. *Le livre des records* ne précise pas si l'idylle survécut à cette épreuve.

* Charles Baudelaire, *Les Fleurs du mal*, « Hymne à la beauté ».

Le terme provient du latin *basium* et sonne comme une onomatopée reproduisant le bruit de lèvres qui s'ouvrent. Le mot de six lettres a fait des petits : bécot, bisou, galoche, pelle, patin, poutou... C'est qu'il en existe une infinie variété, depuis la bise anodine jusqu'au *french kiss* pénétrant. Quel que soit le nom qu'on lui prête, la pratique remonterait à la Préhistoire, époque à laquelle la gastronomie n'en était qu'à ses balbutiements. Les mères, pour pallier la coriacité de la viande crue qu'elles servaient à leurs petits, avaient pour habitude de la mâcher préalablement afin de l'assouplir, avant de la glisser directement de leur bouche à celle de l'enfant, faisant du même coup l'économie d'une flopée de tâches ménagères empoisonnantes, comme de mettre la table, de couper la viande, de débarrasser, ou encore de faire la vaisselle. Des vertus du baiser... Celui-là est nourricier. Celui du prince charmant est miraculeux. Il ranime la Belle au bois dormant, la libérant du mauvais sort qui l'avait frappée. Le baiser du secouriste est vital, le bouche-à-bouche sauve des vies.

En amour, le baiser est un prélude. « Un jeune amant me rencontra/Seulette dans la prairie,/Et tout d'abord il m'embrassa/D'une façon jolie/Me disant : Belle c'est par là/Que le plaisir commence/Tra la la la la la la la/Et toujours va qui danse [13]. » Tout est dit. Le baiser amorce le jeu sexuel. Le *Kama-sutra* et les contes érotiques des *Mille et Une Nuits* déclinent ses techniques. Y sont évoqués le baiser incliné, le baiser direct, le baiser appuyé, le baiser tordu [14]. De l'avis général, un baiser profond et long attise le désir. La langue est un organe hautement érotique qui semble conçu pour l'amour. L'appendice charnu long d'une dizaine de centimètres et constitué de pas moins de dix-sept muscles est capable des contorsions les plus acrobatiques. Parfaitement mobile, la langue exécute des mouvements précis et éclaire à merveille le langage du baiser. Sans compter qu'elle est l'organe du goût. L'amoureux déguste son partenaire. Le goût d'un sexe. La saveur d'une salive. « L'élixir de ta bouche où l'amour se pavane*. »

Si le baiser allume la mèche d'un feu ardent, c'est que les lèvres sont une zone particulièrement érogène. Seul le clitoris rivalise avec elles en terminaisons nerveuses. La médecine ayurvédique relie entre eux lèvres, mamelons et clitoris, toutes éminences vouées au plaisir. L'amoureux embrassera sa compagne sur ce périmètre sensible situé entre l'attache du nez et la bouche, glissera vers les lèvres, puis quittera son visage pour couvrir son corps entier de baisers.

La main baladeuse

Selon Pierre Louÿs, « l'amour humain ne se distingue du rut stupide des animaux que par deux fonctions divines : la caresse et le baiser »[15]. La caresse stimule le corps, l'éveille au désir. Aussi aérienne que les pas d'une araignée d'eau à la surface d'un étang ou plus profonde que les mouvements d'un masseur hardi qui vous pétrit comme un loukoum, elle est un préalable capital dont la portée sensuelle est incalculable. L'effet est bilatéral, le bénéfice est double. Car la caresse n'opère que lorsqu'elle est consentie.

Une peau soyeuse, satinée, veloutée, tendre, sucrée, fine ou grenue… il y a des amateurs pour toutes, encore faut-il s'y arrêter. En amour, même les épidermes s'accordent. « J'aime ta peau », dit-on, évoquant un grain, un teint, un parfum. Du sommet du crâne à l'extrémité des orteils, il s'agit d'appréhender les

* Baudelaire, *Les Fleurs du mal*, « *Sed non satiata* ».

contours du corps dans tous ses recoins, par le moyen d'une exploration minutieuse et patiente. On s'attardera sur l'arête d'un nez, l'arrondi d'un menton, la dépression d'une nuque, la déclivité d'une clavicule, la topographie d'une omoplate, le galbe d'une hanche, la finesse d'un poignet, les ondulations des côtes, l'architecture d'une cheville, le rebondi d'un mollet. Frôler l'arrière d'un genou s'avère parfois plus érotique que de se précipiter pour jauger la densité d'un sein. Une approche timide peut provoquer l'extase.

Tout homme normalement constitué apprécie qu'on lui saute au cou. En revanche, il est souvent désarçonné lorsqu'on lui saute dessus. Virilité et sensibilité ne sont pas antinomiques. Il paraît que même les gaillards les plus robustes apprécient tout à fait de se faire picorer par une oiselle pleine de bonnes intentions. Ils sortent de cette expérience parfaitement ébahis et tout disposés à poursuivre la séance. La caresse est d'autant plus délicieuse qu'elle avance masquée, jouant la pudeur, sans dévoiler d'emblée ses visées. Par où commencer ? Éveiller la sensualité d'un homme en effleurant des lèvres ou du bout des doigts les plis intérieurs du coude ou du poignet, peau glabre et fine, très réactive. Quid des zones les plus stratégiques ? Pour parler cru : trente à cinquante pour cent des hommes déclarent aimer se faire mordiller les tétons. Cette zone, moins riche en terminaisons nerveuses que chez la femme, manque parfois de répondant et certains sont rétifs à ce genre d'attouchements. Ils sont une minorité. La plupart ne demanderont pas mieux que de réveiller une zone endormie. La caresse ultime supporte elle aussi tous les atermoiements, toutes les inventions, toutes les géométries. Se rapprocher du sexe d'un homme par cercles concentriques, atteindre le ventre, l'intérieur des cuisses. On peut établir une carte de sensibilité au plaisir du sexe masculin : le frein du gland, riche en capteurs de volupté en est la zone la plus sensible, puis viennent la couronne du gland, le gland lui-même, la tige du pénis et les bourses. Quant au sexe féminin, il déteste être « agressé » et apprécie l'approche graduée. Le sexe faible aime se faire courtiser [16].

Petite leçon d'anatomie

La trique et le gourdin (la carte du membre)

L'histoire de l'art regorge de phallus peints, sculptés, traités en motifs décoratifs sur des vases ou des stèles antiques, « tagués » à l'envi sur des murs en béton. Conquérant, amical, drôle ou solennel, l'organe roi a été représenté sous tous les angles. Cette partie externe de l'appareil génital masculin comprend la verge (ou pénis), le scrotum (ou bourses, sac de peau qui enveloppe les testicules) et les testicules (glandes sexuelles qui produisent les spermatozoïdes et sécrètent la testostérone). La partie interne de l'organe génital masculin est, elle, constituée de la prostate (glande qui intervient dans l'éjaculation), de l'urètre prostatique, des canaux déférents, et des vésicules séminales (réservoirs dans lesquels s'accumule le sperme avant l'éjaculation) [17].

Le pénis est composé d'un corps (hampe et base) qui se termine par un gland de forme conique, lisse et rosé. La hampe constitue les deux tiers du pénis et contient trois corps érectiles (les corps caverneux et le corps spongieux). La base du pénis, son troisième tiers, est située entre le pubis et l'anus. Cette racine pénienne invisible mais palpable s'insère sur les muscles abdominaux et sur l'os pubien. Le gland est recouvert d'un tissu très fin d'où sa coloration rouge pendant l'érection lorsque le sang afflue. Le gland, sa couronne et son frein sont riches en récepteurs sensitifs, les corpuscules de la volupté, encore appelés corpuscules de Krause (on retrouve les mêmes corpuscules sur le clitoris féminin). Le frein relie le prépuce (petit capuchon cutané) à la face inférieure du gland. On n'insistera jamais assez sur la sensibilité à la caresse et aux baisers de la jonction du frein et de la couronne. Au repos, la longueur moyenne de la verge s'établit entre 8 et 10 centimètres et sa circonférence autour de 9 centimètres. En érection, sa longueur moyenne est de 15 cm avec une circonférence de 12 cm.

Le scrotum permet de maintenir les testicules à une température inférieure à celle du corps (35 degrés), propice à la production de spermatozoïdes. Pour ce faire, il est équipé de deux muscles dont l'action rapproche ou éloigne les bourses du corps. Le dartos, mince membrane de tissu musculaire, sépare les testicules droit et gauche. Un autre muscle appelé crémaster trouve ses insertions du pôle supérieur des testicules au périnée. Il permet une contraction et une remontée des testicules (signe d'une éjaculation imminente). Le froid, la peur, l'excitation sont des causes de stimulation dartosienne et crémastérienne. Les testicules, se rapprochant du corps, se réchauffent. Pour baisser leur température, le muscle se détend, les éloignant de la chaleur corporelle [18].

Remise en cause de certains a priori coriaces

Il n'est pas rare de se demander si la nature vous a bien doté. Chez l'homme, la réponse se décline souvent en centimètres. En 2003, David Frederick, professeur en psychologie à l'Université de Californie, décide d'en avoir le cœur net. Qu'est-ce qu'un pénis séduisant ? Qu'est-ce qui fait la supériorité d'une verge sur une autre ? L'étude porte sur cinquante mille adultes âgés de trente-trois à trente-six ans et nous apprend que 45 % des hommes interrogés rêvent d'avoir un pénis plus imposant. D'où il ressort que les hommes sont inquiets des dimensions de leur sexe. Ils ont tort. Car selon la même étude, 85 % des femmes interrogées se disent satisfaites du sexe de leur partenaire, quelles qu'en soient les mensurations [19].

Russel Eisenman a souhaité affiner les questionnaires. Son travail sur un échantillon de cinquante femmes sexuellement actives a pour objectif de classifier les qualités d'un pénis. Qu'est-ce qui, de la largeur ou de la longueur, prévaut ? 90 % des femmes interrogées disent accorder plus d'importance à – et retirer plus de plaisir de – la circonférence du sexe de leur partenaire plutôt que de sa longueur.

On se permettra de fermer le dossier en affirmant que ce qui importe n'est pas la taille de l'outil mais le talent dont on fait preuve pour s'en servir [20].

Voir sous les jupes des filles…

« Entre les poils frisés comme la chair est belle : sous cette broderie bien partagée par la hache amoureuse, amoureusement la peau apparaît pure, écumeuse, lactée. Et les plis joints d'abord des grandes lèvres bayent. Charmantes lèvres, votre bouche est pareille à celle d'un visage qui se penche sur un dormeur, non pas transverse et parallèle à toutes les bouches du monde, mais fine et longue … » Cet hommage d'Aragon au sexe féminin [21] est une invite à s'y attarder. À peine dissimulée à l'ombre d'un halo de poils pubiens, la vulve, organe génital externe, est constituée des grandes lèvres, des petites lèvres (situées autour de l'entrée du vagin), du clitoris et du méat urinaire. Le vagin, partie génitale interne, relie l'utérus à l'extérieur du corps. Le clitoris, situé sous la symphyse pubienne et masqué par les grandes lèvres, est l'équivalent anatomique féminin du pénis. Exactement comme cet organe, il comprend un gland, un prépuce, un frein et un corps. Le corps du clitoris n'est pas visible, il est formé par l'union de deux piliers. Les corps clitoridiens droit et gauche sont centrés par une artère caverneuse (équivalent des corps caverneux de l'homme). À leur extrémité, ces corps se réunissent en un raphé médian suivi du gland. Le gland du clitoris en est l'extrémité visible et renflée. Il est partiellement recouvert par le prépuce. Doté de huit mille terminaisons nerveuses (le gland du pénis masculin n'en compte que six mille) et d'une vascularisation abondante, le gland clitoridien est l'organe du corps humain le plus sensible [22]. Sous l'effet de l'excitation sexuelle il se réveille grâce aux corpuscules de la volupté (dits corpuscules Krause-Finger). Au repos, le clitoris mesure 0,6 cm pour le gland, 2,5 cm pour le corps et 0,7 cm de diamètre. En érection, ses dimensions varient peu [23].

Pleins feux sur le point G

C'est dans le vagin que se tapit le mystérieux point G, outil de plaisir dont seules les maîtresses les plus expertes détiendraient les secrets. Son existence est établie dans la littérature de sexologie indienne la plus ancienne. Pañcasayaka au XIe siècle, Jayamangala et Ratirahasya au XIIIe siècle, Smaradipika et Anangaranga dans leurs travaux sur le Kama-sutra réalisés au XVIe siècle, mentionnent son existence et évoquent l'éjaculation féminine induite par sa stimulation [14]. Au XVIIe siècle, l'anatomiste hollandais Regnier de Graaf, à son tour, fait la lumière sur une zone érogène située dans la cavité vaginale, qu'il tient pour l'équivalent féminin de la prostate. En 1950, le gynécologue allemand Ernst Gräfenberg, pionnier dans l'étude du plaisir féminin, lui donne son nom : point G ou zone de Gräfenberg. Au début des années 80, les psychologues américains Ladas, Whipple et Perry lui consacrent un ouvrage : *The G-Spot and other discoveries about human sexuality* [24]. Et depuis, le point G ne cesse de susciter recherches et interrogations. De quoi est-il fait ? Où est-il ?

Sa géographie est peu ou prou la suivante. L'objet de tant de convoitises, le lieu qui agite les esprits, couvre un périmètre qui varie entre 0,75 et 3 centimètres de diamètre. Son signalement le plus fidèle, pour emprunter au vocabulaire naturaliste, serait le suivant : c'est une petite groseille à la fois ferme et moelleuse lovée sous la paroi antérieure du vagin [25].

Comment l'identifier ? Dans ces questions, les travaux pratiques s'envisagent à l'horizontale. Prosaïquement parlant, un amant de bonne volonté pénétrera amoureusement le sexe de sa partenaire d'un doigt lubrifié, courbé, dirigé vers le nombril de celle-ci. Cet exercice le conduira en profondeur, à une distance d'environ trois à cinq centimètres de l'entrée de la vulve. Une bienveillante exploration de la face antérieure basse du vagin selon la procédure précitée devrait le mener tout droit au point G et réserver à sa partenaire quelques plaisirs extrêmes. Celle-ci peut avantageusement participer à l'exercice. Grâce à une habile contraction des muscles du plancher pelvien, les corps clitoridiens appuient sur le point G dont le relief est ainsi plus explicite [26].

La zone étant très érogène, car richement vascularisée, sa stimulation digitale ou pénienne conduit à des orgasmes répétés parfois accompagnés d'éjaculations. Certaines femmes ont pu être surprises voire inquiètes par la constatation d'une émission importante de liquide à l'occasion d'un rapport sexuel. Les médecins eux-mêmes mirent un certain temps à éclaircir ce phénomène physiologique [27], certains le tenant à tort pour un problème d'incontinence urinaire. En réalité, aucune espèce de pathologie là-dessous, bien au contraire [28]. Ces femmes, baptisées « femmes-fontaines », présentent simplement une aptitude à l'orgasme plus importante que la moyenne de leurs congénères [26]. Qui s'en plaindrait ?

Il n'y a pas de lien établi entre la superficie du point G et l'accroissement du plaisir. Cependant, une étude a montré que la régénération par chirurgie plastique de cette zone chez des femmes souffrant de dysfonctionnements sexuels avait pour résultat une augmentation du nombre d'orgasmes d'environ 50 % [28]. L'opération consiste, après avoir identifié sous échographie le point G de la patiente, à injecter à cet endroit de l'acide hyaluronique *, afin de le rendre plus proéminent. Cette « opération », à l'origine thérapeutique, se fait désormais pour accroître le plaisir.

Environ 20 % des femmes déclarent ignorer l'emplacement de leur point G, soit qu'elles en soient dépourvues (c'est le cas d'une minorité de femmes, chez qui la paroi postérieure du vagin est plus sensible), soit qu'elles en soient dotées sans le savoir. Faute d'exploration, peut-être. « Connais-toi toi-même », disaient les anciens…

Clitoridienne ou vaginale… et vice versa ?

Ces deux zones érogènes, clitoris et point G, communément évoquées comme opérant de façon autonome, sont en réalité interdépendantes [29]. L'imagerie médicale locale

* Le produit modifie le relief de la paroi vaginal. L'acide hyaluronique est également utilisé en chirurgie plastique pour combler les rides.

a permis de mieux comprendre la sexualité des femmes, et notamment les interactions entre clitoris et vagin. Une étude clinique a été menée sur un groupe de femmes volontaires, en bonne santé, âgées de trente-huit à quarante-huit ans, sans antécédent chirurgical. L'observation par IRM (Imagerie par Résonance Magnétique) et par échographie du clitoris montre clairement que les corps clitoridiens, pendant le rapport sexuel, descendent et s'adossent au point G lors des contractions du plancher pelvien. Les pressions sur le point G entraînent en retour un afflux vasculaire important au niveau des corps clitoridiens. L'association de ces phénomènes vasomoteurs et neuromusculaires lors de la pénétration vaginale augmente l'excitation sexuelle. Comme des fleurs qui éclosent, les corps clitoridiens augmentent de volume et viennent appuyer sur le point G. L'érection clitoridienne participe à l'orgasme vaginal [30]. En somme, l'idée reçue selon laquelle la population féminine se scinde en deux groupes, « clitoridiennes » et « vaginales », est désormais caduque. Les frontières tombent…

L'assaut final

Prodiges de l'érection

Selon Master et Johnson *, célèbres sexologues américains, le rapport sexuel se divise en quatre phases : l'excitation, la phase en plateau, l'orgasme et la phase résolutive. Ces phases ne sont pas identiques chez l'homme et chez la femme [31].

* William Master (1915-2001), gynécologue, et Virginia Johnson (née en 1925), psychologue, sont connus pour leurs travaux sur la sexualité.

Chez l'homme, la période d'excitation se traduit par l'érection du pénis et l'ascension des testicules. Durant la phase en plateau l'érection se poursuit et conduit à l'orgasme, presque systématiquement matérialisé par l'éjaculation. La phase résolutive, ou période réfractaire, marque la fin de l'érection pénienne [11].

Le cycle sexuel féminin est plus sophistiqué, moins linéaire. Multidimensionnel, il met en jeu des facteurs morphologiques, psychologiques et biologiques. Le cycle sexuel féminin est néanmoins, comme chez l'homme, rythmé par des séquences morphologiques identifiées. L'excitation sexuelle entraîne la dilatation clitoridienne et un début d'expansion vaginale accompagné de sa lubrification. L'érection féminine interne est un prodige. Le mécanisme mis en route se révèle extraordinairement sophistiqué et sa description scientifique reste relativement récente. La dilatation vaginale se poursuit en même temps que se contractent les muscles releveurs périvaginaux. Sous ce double effet, la cavité vaginale, ovalisée, se mue en un canal parfaitement dessiné pour accueillir le pénis. Le vagin est désormais scindé en deux zones de pressions dissemblables : une zone de forte pression au niveau du tiers externe du vagin et une zone de faible pression au niveau des deux tiers internes les plus profonds. Par ces jeux de pression, le pénis se trouve comme aspiré par le vagin. Les gonflements internes induits par la dilatation vaginale lors de la pénétration ont pour effet d'intensifier l'érection pénienne qui, en retour, provoque par voie réflexe une contraction des muscles périvaginaux [1]. Ainsi, les manifestations de plaisir de l'un et l'autre s'alimentent mutuellement pendant la pénétration.

L'orgasme féminin se traduit par une rythmicité de ces contractions musculaire involontaires. Elles sont en moyenne au nombre de trois à cinq et surviennent toutes les 0,8 seconde. La phase résolutive entraîne un retour à la normale des organes génitaux féminins avec une période réfractaire fugace, beaucoup plus brève que chez l'homme [32].

C'est si bon !

L'ensemble de l'organisme participe à la réaction physiologique sexuelle (ou « réponse sexuelle naturelle ») sous la forme de gémissements (rauques ou aigus, c'est selon...), rougeur du thorax, du cou, des joues, hypersudation, accélération des battements cardiaques, augmentation de la pression artérielle et du rythme de la respiration.

Manifestation proprement féminine : lors de la phase d'excitation, les seins augmentent de volume et les mamelons se durcissent. L'ensemble des muscles squelettiques assurant l'excitation des zones érogènes reste longtemps sous le contrôle de la conscience. À l'approche de l'orgasme, survient une accélération automatique de la cadence de ces muscles jusqu'à immobilisation en un spasme tonique au moment précis de l'orgasme [32]. Muscles fessiers, adducteurs des cuisses et muscles abdominaux interagissent avec les muscles périnéaux (en particulier les pubococcygiens) pour renforcer leur action automatique pendant le coït.

Les exercices de Kegel, prescrits pour la rééducation périnéale post-partum*, permettent de raffermir les muscles pubococcygiens. Ils consistent à contracter puis relâcher ces muscles autour du doigt du kiné ou d'un objet dur, une quinzaine de fois et ce à raison de trois

* Après l'accouchement.

fois par jour pendant 10 à 15 minutes [33]. Accouchement ou pas, exercer les muscles pubococcygiens favorise l'intensité de l'orgasme chez la femme comme chez l'homme, permettant d'amincir l'entrée vaginale et offrant ainsi un doux obstacle à franchir. C'est le principe des Boules de Geisha, outil de plaisir mais aussi de renforcement musculaire. On introduit des petites masses ovoïdes de trois centimètres de diamètre, d'une lourdeur croissante ; l'exercice consiste à les retenir à l'intérieur du vagin. En contrôlant la contraction de ses muscles, la femme peut même stopper le réflexe d'expulsion du sperme…

Préliminaires nécessaires et parfois suffisants

Si Saint-Exupéry, Pierre Latécoère ou Jean Mermoz s'étaient bornés à exprimer leur désir le plus cher, sous une forme plus ou moins élaborée mais dont la substance eût été grosso modo : « Je veux voler », il y a tout à parier que l'effet de cette formulation eût été mitigé, voire dangereux. Grâce au ciel, quelques ingénieurs se sont penchés sur la question de l'aviation et ont rendu possible leur désir au prix d'une somme d'inventions techniques aussi précises que remarquables. En amour, c'est exactement l'inverse : peu importe la technique, tout est dans l'intention. Et par la magie de la science innée, toute âme sincèrement amoureuse inventera d'elle-même les méthodes les plus aptes à satisfaire les appétits sexuels de l'élu de son cœur. Les jeux inspirés par le désir sont divers, nombreux. On peut en recenser quelques-uns.

« La bouche sensuelle et l'air un peu canaille,/Elle sait, avec art, s'attacher un amant ;/Et, lorsqu'on parle d'elle, on dit élégamment :/C'est une femme qui prend l'homme par la taille »[34]. Délicate évocation du sexe que l'on qualifie d'« oral », non pas par opposition au sexe « écrit » mais par référence à la bouche, organe clef pour ce genre de récréation. La fellation – caresses buccales du sexe masculin – pratiquée avec douceur, gourmandise (l'intimité, portée à son maximum, soude le couple), effronterie (la jeune femme fixe du regard son partenaire), soumission, ou canaillerie (dans des positions incongrues, des lieux surprenants, des tenues excitantes) est un chemin assez sûr vers l'érection[16]. Les sexothérapeutes conseillent à longueur de consultations aux jeunes femmes venues les interroger de prendre le temps de dorloter, de titiller, de caresser ou lécher les testicules, le périnée, l'anus.

La fellation a ses variantes, qu'elle s'accompagne de la masturbation ou qu'elle se combine avec le cunnilingus (le langage vernaculaire parle alors du « 69 »). Position hautement fantasmatique, le 69 consiste à se stimuler mutuellement par caresses bucco-génitales. Ces attentions simultanées conduisent à une communion des sens et du plaisir[14]. Le 69 n'est pas du goût de tous. Difficile parfois de se dédier entièrement au plaisir de l'autre et concomitamment au sien propre.

Les adeptes du cunnilingus (caresses buccales du sexe féminin) sont légion[35]. Une étude récente réalisée auprès de mille étudiantes d'une université américaine révèle même qu'une écrasante majorité d'entre elles (96 %) préfèrent le cunnilingus à la pénétration[36]. Cette étude explique sans doute la popularité de *Mr Pussy* (M. Foufoune), personnage de la célèbre série télévisée *Sex and the City* qui étourdit un monde de New-Yorkaises branchées, célibataires et trentenaires…

Oui… mais dans quelle position ?

Dans le dernier film des frères Coen, *Burning after Reading**, George Clooney est un obsédé sexuel merveilleusement ringard. Il ne se promène jamais sans son *Liberator Ramp* violet, sorte de coussin en mousse d'un mètre carré, en forme de plan incliné. Cet accessoire idéal pour multiplier et perfectionner les positions sexuelles fait actuellement fureur chez les amateurs de *sex-toys.* La sortie du film a boosté les ventes de l'objet mis à prix à partir de cent dollars l'unité, selon les options (avec ou sans sangles pour immobiliser son partenaire, et autres trouvailles). Il existe une variété remarquable de positions possibles pour un rapport sexuel [14]. Plus de six cents, assurent les sexologues. Mettons de côté toute pudeur le temps d'évoquer les principales d'entre elles et les bienfaits qu'elles dispensent.

Le « missionnaire » est sans doute la plus chaste des postures sexuelles. L'homme, allongé sur sa partenaire, lui fait l'amour les yeux dans les yeux [37]. L'Église, la tenant pour la position la plus favorable à la procréation l'aurait chaudement recommandée par souci de prosélytisme aux missionnaires partis évangéliser les îles du Pacifique sud. D'où son nom. La position du missionnaire ne permet pas la meilleure stimulation du point G. L'impact est amélioré si la femme relève son bassin. Cette position, particulièrement répandue, suscita à la fin des années 80 l'intérêt des sexothérapeutes soucieux de perfectionner le plaisir féminin. En particulier, le psychothérapeute Edward Eichel, théorisa la « Technique d'alignement coïtal », connue sous l'acronyme TAC.

* *Burning after reading*, réalisé par Joel et Ethan Coen, avec George Clooney, Brad Pitt, Frances McDormand, 2008.

Eichel était formel : pas d'orgasme féminin sans stimulation clitoridienne. Les va-et-vient péniens, étant insuffisants lors du coït pour provoquer l'orgasme, il préconisa d'y adjoindre une masturbation clitoridienne grâce à des mouvements de bassin « en roulis simultané » permettant d'exercer une pression rythmée et contrôlée sur le clitoris [38]. Il paraît néanmoins plus simple de lever haut les jambes de sa fiancée et de caresser d'un doigt câlin le clitoris libéré.

Chaque position a ses variantes, aux appellations plus ou moins folkloriques. Les « neuvaines du sacristain » (neuf coups à la porte avant d'entrer soit neuf petites pénétrations stimulant les zones les plus érogènes, suivies d'une longue pénétration profonde) permettent une montée simultanée et contrôlée du désir.

La position d'Andromaque ou « missionnaire inversé » intervertit les places : la femme s'allonge cette fois sur son camarade, lui-même étendu sur le dos. La position autorise des auto-caresses clitoridiennes de bon aloi, effectuées contre le pubis de son partenaire et permet de contrôler également la profondeur, l'angle et le rythme de pénétration [37]. Cette figure, considérée comme idéale par les éjaculateurs précoces, est aussi très favorable à la stimulation du point G, sans compter que l'homme a les mains libres ce qui ouvre une somme de possibilités pour adjoindre d'autres plaisirs au coït.

Les « petites cuillères », sorte de lego sexuel, emmènent cette fois les partenaires en position fœtale, allongés sur le flanc, l'un derrière l'autre. Chacun dispose d'une main libre dont il saura faire bon usage. Cette position est tendre et sentimentale.

La position dite « en levrette » qui place l'homme derrière sa partenaire à quatre pattes, est, elle, plus animale. Également baptisée « position de la lionne », c'est la plus répandue dans la nature chez les mammifères. La levrette permet une pénétration vaginale profonde, génératrice de sensations fortes [37].

Le tout-venant des amants se cantonne à quatre ou cinq figures. 5 % seulement des couples utiliseraient vingt positions différentes lorsqu'ils font l'amour. Force est aussi de constater que certaines planches du Kamasutra peuvent laisser songeur. Les acrobaties suggérées requièrent en effet une souplesse de danseur étoile. Pour originales qu'elles soient, elles vous mèneront avec un peu de chance au septième ciel mais plus sûrement chez le kinésithérapeute afin de soigner un tour de reins.

La bonne utilisation des méthodes classiques, avec amour et tendresse, en alternant les positions et, surtout, en s'assurant d'être en harmonie avec son partenaire, suffit à remplir de bonheur. Rappelons que les sentiments intensifient les sensations sexuelles. Plus on aime, plus on jouit, et ce dans n'importe quelle position…

Sexe alternatif

La ville de Sodome fut détruite par la volonté divine, en châtiment des mœurs jugées perverses de ses habitants. Il n'en resta rien, pas une pierre, pas une âme, pas une herbe. Tout disparut, à jamais… sauf les pratiques incriminées qui renaquirent de leurs cendres. La cité avait légué son nom à la « pire » d'entre elles. Comme une fleur sauvage, celle-ci se propagea allègrement à travers l'espace et le temps. Elle est évoquée à longueur de pages dans les récits libertins. Elle inspira même à Paul Verlaine et Arthur Rimbaud, joignant leurs plumes, un *Sonnet du trou du cul*, composé vers 1871 : « Obscur et froncé comme un œillet violet / Il respire, humblement tapi parmi la mousse… » La libération sexuelle de la seconde moitié du XXe siècle aura définitivement écorné l'interdit qui pesait sur l'activité pécheresse, longtemps prohibée par la loi.

Sa pratique est-elle commune ? D'un sondage à l'autre, les chiffres fluctuent. Dans l'enquête américaine NHSLS (National Health and Social Life Survey) conduite en 1992, parmi les 18-44 ans, 5 % des femmes trouvent la sodomie attrayante, 14 % des hommes sont tentés par la sodomie active et 11 % par la sodomie passive [39]. Une enquête réalisée en 2001 par la Sofres nous dit que 29 % des femmes françaises interrogées l'ont pratiquée. Enfin, un sondage IFOP sur la sexualité des Françaises réalisé en 2004 indique que 9 % des femmes ont déjà goûté à la sodomie, dont 6 % avec bonheur. La même étude établit une corrélation entre sexualité précoce et pratique de la sodomie [40].

L'anus, particulièrement innervé, présente un fort potentiel érogène [14]. Comme le vagin, il se lubrifie spontanément sous l'effet de caresses buccales ou digitales. La compression du pénis lors de la pénétration anale n'est pas étrangère au plaisir éprouvé par l'homme, lequel, selon les témoignages recueillis, y voit une manifestation de sincère fusion amoureuse. Certains, au contraire, considèrent la sodomie comme une pratique avilissante. Comme pour tout comportement amoureux, sa signification est liée à la représentation mentale et affective que s'en font les intéressés.

Et la lumière fut : l'orgasme

Une définition est-elle nécessaire ?

Le terme vient du mot grec *orgân*, « bouillonner d'ardeur ». Comment décrire la jouissance sexuelle ? On l'appelle « la petite mort », sans doute parce que c'est la fin de quelque chose, l'acmé, l'apogée, le point culminant. Et puis l'orgasme a quelque chose de la syncope, de l'étourdissement, du grand frisson. L'orgasme donne des ailes, il est la porte ouverte vers un ailleurs, la clef pour quitter le monde ici-bas. On évoque aussi bien le septième ciel, l'extase, le paradis, un fabuleux pouvoir ascendant. Mille descriptions ferventes, mille odes. Mais concrètement ? L'équipe de Cindy Meston * a livré, en 2004, une définition la plus objective possible de ce zénith de l'excitation sexuelle, qui tient lieu de référence : « L'orgasme correspond à un pic variable de sensations de plaisir intense, créant un état altéré de la conscience accompagné habituellement de contractions pelviennes, vaginales, anales, induisant au final un état de bien-être et de contentement. » [32] Un voyage à soi tout seul…

Fonctionnement et fréquence : un mécanisme d'horlogerie

L'orgasme masculin se manifeste par l'éjaculation (même si la clinique rapporte quelques cas d'orgasme sans éjaculation ou d'éjaculation sans orgasme). Un homme peut éjaculer au bout d'une à quatre minutes en moyenne. L'orgasme féminin, lui, est plus long à venir, plus complexe, donc plus aléatoire [1, 18, 32]. Le plaisir, l'estime de soi, l'image de son corps, la qualité de la relation amoureuse : l'ensemble de ces ressentis participent de l'expérience sexuelle féminine. Le plaisir physique peut aussi bien s'auto-entretenir s'il est satisfaisant ou s'autodétruire s'il est laborieux, suivant une spirale positive ou négative, un cercle vertueux ou vicieux.

---

* Cindy Meston dirige le Laboratoire de psychophysiologie sexuelle de l'Université d'Austin, Texas.

Les témoignages féminins concordent sur plusieurs points. Toutes s'accordent à dire qu'une relation sexuelle de une à deux minutes est non satisfaisante. Pour 68 % d'entre elles, le délai avant d'obtenir un orgasme dépend du partenaire. Le *Journal of Sexual Medicine*, dans une étude publiée en 2008, nous apprend que, lors d'un rapport hétérosexuel, le plaisir féminin survient le plus souvent au bout de trois à treize minutes [41]. Pour certaines les « préliminaires » sont plus favorables à l'orgasme que la pénétration. Inutile, messieurs, de vouloir égaler les performances (artificielles) des stars du porno !

L'orgasme féminin se manifeste par des contractions du plancher pelvien qui peuvent se répéter trois à huit fois et sont suivies de contractions vaginales très douces de quelques secondes. L'orgasme clitoridien est intense, focalisé, vif. L'orgasme vaginal, lui, est plus diffus, les sensations qu'il procure sont plus prolongées. Dans les deux cas, le bien-être psychologique induit est considérable [32]. Enfin, la stimulation tactile des seins peut, a elle seule, provoquer la jouissance.

Quel est votre statut orgasmique ?

À chaque femme son profil orgasmique. Les phénomènes déclencheurs, le nombre, la durée, la fréquence, l'intensité de l'orgasme varient. L'Orgasmatron, machine futuriste imaginée en 1973 par Woody Allen pour son film *Sleeper* (en français : *Woody et les robots*), et censée délivrer instantanément, rapidement et sur commande un orgasme à toute personne l'utilisant, serait à n'en pas douter bien difficile à programmer. Car d'une personnalité à l'autre, les chemins varient du tout au tout. On comprend la panique qui traverse le regard de Woody

Allen lorsque Diane Keaton, dont il est en train de tomber amoureux, lui propose avec candeur un séjour de quelques minutes dans l'Orgasmatron…

L'orgasme, comme tous les réflexes du corps, présente des niveaux de réponse et un seuil de déclenchement différents selon les individus [42]. Il faut imaginer une courbe en forme de cloche. Les femmes situées au milieu de la courbe, et constituant la majorité de la population, ont besoin d'une stimulation génitale forte pour atteindre l'orgasme. D'un côté de la courbe on trouve une minorité de femmes qui ne connaissent que peu ou pas l'orgasme. De l'autre côté, on trouve une minorité de femmes pouvant atteindre l'orgasme via des fantasmes, des rêves et/ou une stimulation mammaire. Ces dernières sont pour la plupart sexuellement plus actives, aptes aux orgasmes multiples et ayant mené une vie sexuelle précoce.

Certaines femmes parviennent à ressentir une série d'orgasmes rapprochés [43] (plaisir interdit aux hommes). Les études sur ce phénomène indiquent qu'il concerne 15 à 42 % de la population féminine. En vertu de l'analyse du cycle sexuel de Master et Johnson, ces femmes « multi-orgasmiques » retournent après chaque orgasme à la phase de plateau du cycle (précédemment décrite) [31], à partir de laquelle elles progressent à nouveau vers la phase résolutive. Elles enchaînent les orgasmes sans passer par la période « réfractaire ».

Chez l'homme comme chez la femme, les caractéristiques psychosociales interagissent avec la complexité du plaisir. Un recensement des différents profils orgasmiques existants supposerait un tableau multi-entrées dans lequel figurerait une multitude de facteurs parmi lesquels l'âge des partenaires, l'intensité de l'amour qu'ils se portent, leurs caractéristiques génétiques, l'estime de soi, l'image de son corps, l'intimité émotionnelle dans le couple, la satisfaction relationnelle, les stimuli sexuels et les expériences amoureuses antérieures [43]. Une étude réalisée en 2000 a réuni les témoignages de 987 femmes américaines. Elle montre que le bien-être émotionnel et la qualité de la relation amoureuse ont des effets notables sur la sexualité. Leur influence est bien plus importante que l'âge du sujet [44]. Même si l'amour n'est pas une condition absolue pour atteindre l'orgasme, comme en témoignent les femmes « socio-sexuelles » multipliant des relations sexuelles satisfaisantes avec des partenaires variés. Enfin, il y a une part génétique de l'orgasme. Pour 30 à 45 % de la population féminine, ce facteur « héréditaire » influe sur la capacité à atteindre l'orgasme, sa qualité et sa fréquence [45].

Neuroscience de l'orgasme

« Le cerveau de l'homme est un maître ingénieux qui a su tirer d'organes sans supériorité bien évidente, les travaux les plus compliqués, les jouissances les plus aiguës. » [46] Travaux « compliqués », le mot est faible. L'orgasme déclenche une cascade d'événements psychologiques, physiologiques et émotionnels d'un raffinement inouï. Il constitue un véritable concert biopsychosocial dont le cerveau est le grand maître d'œuvre.

La complexité de l'orgasme féminin a suscité des recherches en neurosciences rendues possibles par les progrès de l'imagerie cérébrale. L'électroencéphalogramme, le scanner, l'imagerie par résonance magnétique (IRM) ou la tomographie par émission de positons (technique d'imagerie cérébrale fonctionnelle) permettent d'étudier l'anatomie, la neurochimie du cerveau[47] et d'identifier les modifications des systèmes de neurotransmission pendant l'orgasme[48-49].

Certaines femmes souffrant d'épilepsie rapportent connaître des orgasmes spontanés, déconnectés de toute activité sexuelle. Cette information a ouvert de nouvelles voies à la recherche. En effet, l'épilepsie se manifeste par une altération localisée du cerveau. Or chez les sujets qui témoignent d'orgasmes spontanés, cette altération cérébrale est située au niveau temporal droit[50]. Cette constatation a permis de localiser les phénomènes neurologiques impliqués lors de l'orgasme : ils se déclenchent dans l'hémisphère cérébral droit avant de se généraliser à l'ensemble du cerveau.

Une étude en IRM fonctionnelle (on visualise le cerveau en activité) a mis en évidence l'activation d'un réseau de neurones spécifiques de l'orgasme lorsque le vagin est stimulé[51]. Sont sollicités l'insula (zone cérébrale de décryptage des sensations corporelles et de leur prolongement émotionnel) mais aussi l'amygdale (structure cérébrale située en profondeur dans la région temporale du paléocortex, cerveau émotionnel). Comme pour le sentiment amoureux, l'imagerie cérébrale permet de dessiner un chemin neurologique du plaisir sexuel. Il traverse les mêmes zones cérébrales que le sentiment amoureux *. Les neurotransmetteurs voyagent depuis le cerveau archaïque (point de départ : le *nucleus accumbens*) jusqu'au cerveau « intellectuel » dit néocortex (avec l'activation du cortex préfrontal), en passant par le cortex cingulaire du cerveau émotionnel.

En somme, l'orgasme s'accompagne au niveau cérébral, d'une dissémination spatio-temporelle de l'activation neuronale. Cette propagation des réactions dans l'ensemble du cerveau est extrêmement rapide ; elle dure

* Voir chapitre II.

entre une dizaine et une centaine de millisecondes. La signature électrophysiologique de l'orgasme est formidablement fugace, mais la traduction clinique de cet embrasement peut durer et durer encore [48, 49, 52, 53].

L'orgasme féminin, une affaire de cœur

« Femme : une âme dans un corset », note Jules Renard dans son *Journal*. Cette phrase évoque assez joliment la différence de fonctionnement cérébral des deux sexes. Le corset doit être compris ici comme un emblème féminin, en aucun cas comme un motif dont les contours limiteraient la sexualité féminine, vaste continent aux nombreuses contrées encore inexplorées. Dans chacune des zones cérébrales (archaïque, émotionnelle, intellectuelle) traversées par les neurotransmetteurs, les emplacements du cerveau sollicités au moment de l'orgasme ne sont pas les mêmes chez l'homme et chez la femme.

L'activation de l'amygdale (située dans le paléocortex [*]) durant l'orgasme féminin a fait couler beaucoup d'encre ; elle est la preuve par l'image que la jouissance est émotionnelle. Dans une étude utilisant la tomographie par émission de positons, douze femmes âgées de vingt et un à quarante-sept ans ont été soumises à quatre conditions expérimentales : le repos, la stimulation digitale clitoridienne par leur partenaire mais sans orgasme, la stimulation clitoridienne menant à l'orgasme et même la simulation d'un orgasme [54]. Les régions cérébrales activées lors de ces différentes expériences varient.

— Lors de la stimulation sans orgasme (montée du plaisir), l'activité cérébrale est importante au niveau de

* Le cerveau émotionnel, ou paléocortex, est également appelé cerveau limbique.

l'amygdale et de l'hippocampe, régions impliquées dans la mémoire et les émotions, très proches, géographiquement, au niveau temporal.

— Lorsque survient l'orgasme, certaines régions du néocortex, cerveau de contrôle intellectuel *, sont désactivées. En d'autres termes, l'orgasme s'accompagne d'une perte de contrôle et d'une prépondérance des émotions sur l'intellect. La jeune femme est « désinhibée ». Les fonctions cognitives ** sont mises au repos. Le déclenchement de l'orgasme féminin s'appuie sur l'absence d'anxiété, un état de profonde relaxation, de détente et d'abandon.

Une expérience menée par IRM fonctionnelle apporte des éléments de réponse quant à la corrélation de l'orgasme féminin aux facteurs émotionnels. Après avoir été interrogées sur l'amour qu'elles ressentent pour leur partenaire, vingt-neuf femmes, volontaires, en bonne santé, sont exposées de manière subliminale *** (inconsciente) au prénom de leur partenaire en même temps qu'elles se masturbent jusqu'à l'orgasme. L'expérience terminée, on les interroge sur la qualité de l'orgasme obtenu. En croisant les données, il s'avère que les femmes les plus amoureuses sont aussi les plus satisfaites de l'orgasme obtenu. Se trouve corroborée la notion

* Plus précisément : la zone orbitofrontale latérale gauche (ayant pour fonction d'intégrer les informations émotionnelles et motivationnelles) et la zone temporale (inférieure et antérieure). La désactivation cérébrale au niveau temporal est le signe d'un fort éveil sexuel.

** Les fonctions cognitives encore appelées fonctions supérieures sont l'ensemble des fonctions intellectuelles qui forgent notre conscience : apprentissage, langage, mémoire, attention, concentration, jugements, inhibition des réponses, contrôlées par la conscience de soi, la culture et la morale. Ce que la théorie freudienne désignait par le terme « surmoi ».

*** Parmi un foisonnement d'images, on projette, à leur insu, aux jeunes femmes choisies, le nom de leur partenaire.

selon laquelle l'accès à l'orgasme est étroitement lié à la qualité de la relation amoureuse [51]. Fallait-il une étude pour démontrer cela ? Mais un autre élément intéressant est le fait que la satisfaction obtenue n'est pas liée au nombre d'orgasmes, mais à la qualité perçue de la relation amoureuse. En somme, la jouissance est une notion subjective. À chacun son échelle de plaisir.

Le rôle des fonctions cognitives

L'émotion est au centre du dispositif mais l'imagerie cérébrale observe la mise en route simultanée d'autres zones impliquées, elles, dans les fonctions cognitives. L'insula et le cortex cingulaire sont des régions cérébrales sollicitées par le plaisir mais également par la douleur, l'empathie, le désir irrépressible, la sélection du partenaire, la reconnaissance de signaux sociaux provenant de l'expression des visages [43]. Ces deux zones sont activées pendant l'orgasme féminin [42]. En d'autres termes, au moment de la jouissance, une femme est particulièrement sensible aux sentiments qu'exprime son partenaire sur son visage ou par son attitude générale. Elle imagine son ressenti émotionnel, auquel est inféodé son propre plaisir. On retrouve là le fonctionnement des neurones miroirs décrit au chapitre III. Le déclenchement de l'orgasme féminin est en partie tributaire de la mise au diapason des sentiments ressentis par les deux partenaires. Les désirs mutuels doivent être accordés.

Enfin, sont activées lors de l'orgasme féminin des régions * intervenant dans la prise de décision, l'intégration des informations sensorielles (vision, toucher,

* Situées au niveau préfrontal et pariétal, structure voisine de la région frontale.

audition), la prise de risque, l'image de soi, l'intégration de représentations abstraites, la gestion du temps et les perspectives d'avenir. Le plaisir sexuel est donc influencé par les perspectives d'avenir, le bien-être du moment au sein du couple et la nature de l'attachement qui lie les deux partenaires [43, 55].

Des images compromettantes

Comme chacun sait, la femme peut faire preuve d'une terrible duplicité en simulant un orgasme, capacité dont sont privés les hommes. Le message, mensonger, n'en est pas moins flatteur pour le partenaire. Il peut néanmoins induire un malentendu sexuel de part et d'autre et, à terme, une somme de frustrations.

La simulation est clairement révélée par l'imagerie médicale. Nous avons vu plus haut que la désinhibition comportementale et un éveil sexuel important se manifestaient par la désactivation de certaines régions cérébrales (orbitofrontale et temporale) pendant l'orgasme. Lorsque l'orgasme est simulé, cette désactivation n'a pas lieu [54].

Le cerveau est sexué

On l'a vu : l'orgasme féminin met en route un chemin neuronal cérébral extrêmement sophistiqué [32]. Celui-ci est sans doute un peu plus simple chez l'homme. Globalement, les réseaux neuronaux activés sont les mêmes avec des différences subtiles entre les deux sexes. Chez la femme, l'orgasme implique spécifiquement le noyau *accumbens*, le cingulum antérieur, l'hippocampe, l'hypothalamus et les aires préoptiques [53, 56] quand chez l'homme, il s'agit de l'aire tegmentale ventrale, du thalamus et du cortex visuel [57-58].

L'imagerie médicale met en lumière trois spécificités de l'orgasme masculin.

— Le cervelet, zone cérébrale située dans la nuque, qui n'est pas impliqué dans l'orgasme féminin, est sollicité au moment de l'éjaculation masculine. Preuve supplémentaire que cette zone, principalement impliquée dans les fonctions motrices et notamment la coordination des mouvements, assure également des fonctions cognitives (planifier, raisonner, mémoriser) et émotionnelles (régulation des comportements, déshinibition, irritabilité, impulsivité) [59].

— Par ailleurs, il n'y a pas, lors de l'éjaculation, d'augmentation de l'activation de la région hypothalamique chez l'homme telle qu'on la trouve chez la femme [60]. Rappelons que l'hypothalamus appartient au système limbique et intervient dans la régulation des fonctions autonomes et comportementales (sexuelles, alimentaires, de défense, de stress, de thermorégulation, du rythme cicardien).

— Enfin, la particularité la plus étonnante de l'orgasme masculin est l'implication du cortex visuel traduisant l'importance des stimuli visuels dans le déclenchement de l'excitation masculine [58]. Même les yeux fermés, l'homme sollicite ses fonctions visuelles [60]. Et la boucle est bouclée. Grâce à l'imagerie médicale, on comprend mieux maintenant pourquoi l'apparition d'un joli cœur en talons aiguilles et robe fourreau vermillon rend fou le loup de Tex Avery… Tout est dans le regard !

1. Lopès P., Poudat F., *Manuel de sexologie*, Paris, Masson, 2007.

2. Brenot P., *Le sexe et l'amour*, Paris, Odile Jacob, 2003.

3. Pfaus J.-G., « Neurobiology of sexual behavior », *Curr Opin Neurobiol*, 1999 ; 9(6):751-758.

4. Wise R.-A., « Neurobiology of addiction. », *Curr Opin Neurobiol*, 1996 ; 6(2):243-251.

5. Kalivas P.-W., Churchill L., Klitenick M.-A., « GABA and enkephalin projection from the nucleus accumbens and ventral pallidum to the ventral tegmental area », *Neuroscience*, 1993 ; 57(4):1047-1060.

6. Nelson E.-E., Panksepp J., « Brain substrates of infant-mother attachment : contributions of opioids, oxytocin, and norepinephrine », *Neurosci Biobehav Rev*, 1998 ; 22(3):437-452.

7. Sinchak K., Micevych P.-E., « Progesterone blockade of estrogen activation of mu-opioid receptors regulates reproductive behavior », *J Neurosci*, 2001 ; 21(15):5723-5729.

8. McGregor I.-S., Callaghan P.-D., Hunt G.-E., « From ultrasocial to antisocial : a role for oxytocin in the acute reinforcing effects and long-term adverse consequences of drug use », *Br J Pharmacol*, 2008 ; 154(2):358-368.

9. Pfaff D.-W., Vasudevan N., Kia H.-K., Zhu Y.-S., Chan J., Garey J., Morgan M., Ogawa S., « Estrogens, brain and behavior : studies in fundamental neurobiology and observations related to women's health », *J Steroid Biochem Mol Biol*, 2000 ; 74(5):365-373.

10. Handa R.-J., Burgess L.-H., Kerr J.-E., O'Keefe J.-A., « Gonadal steroid hormone receptors and sex differences in the hypothalamo-pituitary-adrenal axis », *Horm Behav*, 1994 ; 28(4):464-476.

11. Argiolas A., Melis M.-R., « The neurophysiology of the sexual cycle », *J Endocrinol Invest*, 2003 ; 26(3):20-22.

13. Goujon J., « Poème anonyme de 1739 », *Anthologie de la poésie érotique française*, Paris, Fayard, 2004.

14. Vatsyayana, *Les Kama-Sutra,* Paris, LGF, 2002.

15. Louys P., Goujon J., *Aphrodite*, Paris, Gallimard, 1992.

16. Leleu G., *L'art de la fellation / L'art du cunnilingus : Un acte d'amour, un plaisir exquis*, Paris, Leduc S., 2008.

17. Netter F., Kamina P., *Atlas d'anatomie humaine*, Paris, Masson, 2007.

18. Virag R., *Le sexe de l'homme*, Paris, Le livre de Poche, 2005.

19. Lever J., Frederick D., Peplau L., « Does size matter ? Men's and women's views on penis size across the lifespan », *Psychology of Men & Masculinity*, 2006 ; 7(3):129-143.

20. Eisenman R., « Penis size : survey of female perceptions of sexual satisfaction », *BMC Womens Health*, 2001 ; 1(1)10.1186/1472-6874-1181-1181.

21. Aragon L., *La Défense de l'Infini*, Paris, Gallimard, 2002.

22. Zwang G., *Atlas du sexe de la femme*, Paris, La Musardine, 2008.

23. O'Connell H.-E., Sanjeevan K.-V., Hutson J.-M., « Anatomy of the clitoris », *J Urol*, 2005 ; 174(4.1):1189-1195.

24. Whipple B., Perry J.-D., Kahn Ladas A., *The G Spot and Other Discoveries About Human Sexuality*, Holt Rinehart and Winston, 2005.

25. Hines T-.M., « The G-spot : a modern gynecologic myth », *Am J Obstet Gynecol*, 2001 ; 185(2):359-362.

26. Sundahl D., Kosman M., *Tout savoir sur le point G et l'éjaculation féminine*, Paris, Éditions Tabou, 2005.

27. Darling C.-A., Davidson J.-K., Conway-Welch C., « Female ejaculation : perceived origins, the Grafenberg spot/area, and sexual responsiveness », *Arch Sex Behav*, 1990 ; 19(1):29-47.

28. Rabinerson D., Horowitz E., « G-spot and female ejaculation : fiction or reality ? », *Harefuah*, 2007 ; 146(2):145-147, 163.

29. Foldes P., Buisson O., « Clitoris and G spot : an intimate affair », *Gynecol Obstet Fertil*, 2007 ; 35(1):3-5.

30. Mimoun S., « Clitoris and G spot : a fatal connection », *Gynecol Obstet Fertil*, 2007 ; 35(9):923.

31. Masters W., Johnson V., *Human Sexual Response*, Boston, Little Brown, 1966.

32. Meston C.-M., Levin R.-J., Sipski M.-L., Hull E.-M., Heiman J.-R., « Women's orgasm », *Annu Rev Sex Res*, 2004 ; 15:173-257.

33. Kegel A.-H., « Sexual functions of the pubococcygeus muscle », *West J Surg Obstet Gynecol*, 1952 ; 60(10):521-524.

34. Goujon J., « Familiarité, poème anonyme de 1927 », *Anthologie de la poésie érotique française*, Paris, Fayard, 2004.

35. Blue V., *Tout savoir sur le cunnilingus*, Éditions Tabou, 2004.

36. Cox T., *Sexus Feminitus*, Paris, Larousse, 2008.

37. Crepault C., *Les fantasmes, l'érotisme et la sexualité*, Paris, Odile Jacob, 2007.

38. Eichel E., Nobile P., *The Perfect Fit : How to Achieve Mutual Fulfillment and Monogamous Passion Through the New Intercourse*, Donald I Fine, 1992.

39. Edward O., Laumann J., Gagnon H., Michael R., Michaels S., *The Social Organization of Sexuality In the United States*, Chicago, University of Chicago Press, 1994.

40. INSERM, Enquête CSF, « Contexte de la Sexualité en France », INSERM, 2007.

41. Corty E.-W., Guardiani J.-M., « Canadian and American sex therapists' perceptions of normal and abnormal ejaculatory latencies : how long should intercourse last ? », *J Sex Med*, 2008 ; 5(5):1251-1256.

42. Ortigue S., Bianchi-Demicheli F., « The neurophysiology of the female orgasm », *Rev Med Suisse*, 2006, 2(58):784-788.

42. Ortigue S., Bianchi-Demicheli F., « The neurophysiology of the female orgasm », *Rev Med Suisse*, 2006, 2(58):784-788.

43. Bianchi-Demicheli F., Ortigue S., « Toward an understanding of the cerebral substrates of woman's orgasm », *Neuropsychologia*, 2007 ; 45(12):2645-2659.

44. Bancroft J., Loftus J., Long J.-S., « Distress about sex : a national survey of women in heterosexual relationships », *Arch Sex Behav*, 2003 ; 32(3):193-208.

45. Dunn K.-M., Cherkas L.-F., Spector T.-D., « Genetic influences on variation in female orgasmic function : a twin study », *Biol Lett*, 2005 ; 1(3):260-263.

46. De Gourmont R., *Physique de l'amour*, Paris, Les éditions 1900, 1989.

47. Weng X., Ding Y.-S., Volkow N.-D., « Imaging the functioning human brain », *Proc Natl Acad Sci USA*, 1999 ; 96(20):11073-11074.

48. Komisaruk B.-R., Whipple B., « Functional MRI of the brain during orgasm in women », *Annu Rev Sex Res,* 2005 ; 16:62-86.

49. Maravilla K.-R., Yang C.-C., « Sex and the brain : the role of fMRI for assessment of sexual function and response », *Int J Impot Res,* 2007 ; 19(1):25-29.

50. Janszky J., Ebner A., Szupera Z., Schulz R., Hollo A., Szucs A., Clemens B., « Orgasmic aura : a report of seven cases », *Seizure,* 2004 ; 13(6):441-444.

51. Ortigue S., Grafton S.-T., Bianchi-Demicheli F., « Correlation between insula activation and self-reported quality of orgasm in women », *Neuroimage,* 2007 ; 37(2):551-560.

52. Arnow B.-A., Millheiser L., Garrett A., Lake Polan M., Glover G.-H., Hill K.-R., Lightbody A., Watson C., Banner L., Smart T. (et al.), « Women with hypoactive sexual desire disorder compared to normal females : a functional magnetic resonance imaging study », *Neuroscience,* 2008.

53. Mah K., Binik Y.-M., « Are orgasms in the mind or the body ? Psychosocial versus physiological correlates of orgasmic pleasure and satisfaction », *J Sex Marital Ther,* 2005 ; 31(3):187-200.

54. Georgiadis J.-R., Kortekaas R., Kuipers R., Nieuwenburg A., Pruim J., Reinders A.-A., Holstege G., « Regional cerebral blood flow changes associated with clitorally induced orgasm in healthy women », *Eur J Neurosci,* 2006 ; 24(11):3305-3316.

55. Komisaruk B.-R., Whipple B., Crawford A., Liu W.-C., Kalnin A., Mosier K., « Brain activation during vaginocervical self-stimulation and orgasm in women with complete spinal cord injury : fMRI evidence of mediation by the vagus nerves », *Brain Res,* 2004 ; 1024(1-2):77-88.

56. Rowland D.-L., « Neurobiology of sexual response in men and women », *CNS Spectr,* 2006 ; 11(8/9):6-12.

57. Tiihonen J., Kuikka J., Kupila J., Partanen K., Vainio P., Airaksinen J., Eronen M., Hallikainen T., Paanila J., Kinnunen I. (et al.), « Increase in cerebral blood flow of right prefrontal cortex in man during orgasm », *Neurosci Lett,* 1994 ; 170(2):241-243.

58. Bocher M., Chisin R., Parag Y., Freedman N., Meir Weil Y., Lester H., Mishani E., Bonne O., « Cerebral activation associated with sexual arousal in response to a pornographic clip : A 15O-H2O PET study in heterosexual men », *Neuroimage*, 2001 ; 14(1.1):105-117.

59. Schmahmann J.-D., Sherman J.C., « The cerebellar cognitive affective syndrome », *Brain*, 1998 ; 121(4):561-579.

60. Holstege G., Georgiadis J.-R., Paans A.-M., Meiners L.-C., van der Graaf F.-H., Reinders A.-A., « Brain activation during human male ejaculation », *J Neurosci*, 2003 ; 23(27):9185-9193.

Chapitre VIII

Fantasmes

Le fantasme, dans son acception contemporaine, appartient au vocabulaire psychanalytique. Ce sont les traducteurs de Freud qui ont remis l'expression au goût du jour. *Fantasme* leur parut le terme le plus adapté pour transposer le *Phantasie* allemand, expression se rapportant aux productions de l'imagination et notamment aux rêves éveillés. Le mot *fantasme*, qui désignait jusque-là les phénomènes d'hallucinations – images offertes à l'esprit par un mécanisme extraordinaire – était tombé en désuétude. Il a repris toute sa vigueur au XXe siècle de sorte que le langage contemporain est merveilleusement émaillé de fantasmes en tous genres [1]. On est loin de la définition timide inscrite dans le *Nouveau Larousse illustré* de 1906 : « Chimère qu'on se forme dans l'esprit. » Il faut désormais y adjoindre la dimension de désir, indissociable du fantasme.

La capacité à fantasmer est signe de vitalité psychique. Un esprit structuré est en mesure d'utiliser ses souvenirs sexuels pour inventer des situations nouvelles, génératrices de désir. On ne l'a pas toujours pensé. Longtemps, les fantasmes étaient considérés comme déraisonnables. Les fantasmes féminins, tenus pour les plus coupables, étaient, eux, tout bonnement occultés. En 1973, le livre de l'Américaine Nancy Friday fit l'effet d'un coup de tonnerre. *My Secret Garden* (*Mon Jardin secret*), compilation d'interviews de femmes qui évoquaient sans fard leurs lubies, choqua l'Amérique vertueuse [2]. Impensable qu'une femme honnête s'occupât de sexualité. Sans doute enhardie par le scandale provoqué, Nancy Friday enfonça le clou deux ans plus tard avec *Forbidden Flowers : More women's sexual fantaisies* (*Fleurs interdites : d'avantage de fantasmes sexuels féminins*) [3]. Le ton était donné... Depuis, *Les Monologues du vagin*, la pièce d'Eve Ensler, créée en 1996 à Broadway et traduite en vingt-six langues, a fait le tour du monde. Le texte s'inspire des témoignages de plus de deux cents femmes sur leur vie sexuelle. Le principe : « *Si votre vagin pouvait parler, en deux mots, qu'est-ce qu'il dirait ?* »

Le fantasme, au carrefour de la biologie, de la psychologie et de la sociologie

Les fantasmes sont la représentation mentale d'images ou d'idées relatives à une expérience spécifique, déjà vécue ou simplement souhaitée. Le fantasme érotique engendre désir et excitation sexuelle [1]. Source de plaisir intarissable, il n'est jamais aussi opérant que lorsqu'il flirte avec l'interdit. Voilà pourquoi il s'accompagne parfois d'un sentiment de culpabilité. Le fantasme sexuel est parfois assumé, parfois pas, parfois même inconscient. Réalisable ou non, réalisé ou simplement chuchoté d'une voix humide et gourmande dans le creux d'une oreille amoureuse, il fait partie intégrante de notre univers érotique [4].

Comment se construit-il ? L'imaginaire sexuel est le fruit d'influences croisées ; il résulte de facteurs biologiques, psychologiques, individuels et environnementaux. Les fantaisies de chacun s'élaborent depuis l'enfance et tout au long de l'existence. Les psychanalystes Jean Laplanche et Jean-Bertrand Pontalis accréditent même l'existence de fantasmes intra-utérins [5]. Une chose est sûre, ils évoluent avec l'âge et sont modulés par l'expérience. Nos rêveries sexuelles sont pétries de nos représentations mentales et de notre registre affectif. La tonalité de nos fantasmes dépend à la fois de notre culture, de notre éducation, de nos croyances religieuses, et de l'époque dans laquelle nous vivons, faisceau de contextes qui engendrent interdits et tabous et, avec eux, tentations et désirs [6].

Chaque individu produit sa propre grille d'interdits et de saveurs, bâtit son propre imaginaire à partir de ce qui le constitue profondément. D'où la soif de découvrir les fantasmes des autres, monde par définition étranger. L'univers fantasmatique est intrigant. Accéder à celui d'un autre, c'est connaître son intimité. L'apparence extérieure ne livre pas grand-chose des penchants fantasmatiques. Parmi les exemples extrêmes, les faits divers font parfois la lumière sur des hommes à haute position sociale qui aiment se travestir et se frotter à des milieux marginaux. Ou encore, ces dernières décennies, sont apparus les bébéphiles – quinqua ou sexagénaires mariés, pères de famille, cadres supérieurs très « comme il faut » –, sexuellement hantés par la lubie de « faire l'enfant ». Ceux qui passent à l'acte se rendent, après le travail et avant de réintégrer le foyer familial, chez leur « nounou » qui leur donne le bain, les talque, les lange… Les fantasmes de régression infantile, de transvestisme ou de masochisme ne s'annoncent pas ; ils émergent et croissent dans l'univers très opaque du for intérieur, au fin fond de soi-même, et se déploient dans les alcôves à l'abri du qu'en-dira-t-on [7].

Le lit des fantasmes

Les fantasmes cueillent leurs motifs au jardin des perversions sexuelles. Façon d'y goûter sans y toucher… ou en effleurant seulement. Voyeurisme, exhibitionnisme, sadisme, masochisme, bondage *, transvestisme ** alimentent l'imaginaire érotique [8].

Comme le naturaliste suédois Carl von Linné avait entrepris de classifier le monde végétal et de nommer toutes les plantes qui agrémentent notre paysage, le psychiatre austro-hongrois Richard Von Krafft-Ebing, en 1886, consacra plusieurs années de son existence à recenser l'ensemble des perversions sexuelles qui assaisonnent notre quotidien. Il en fit un volume intitulé *Psychopathia Sexualis : Étude médicolégale à l'usage des médecins et des juristes*. Ce traité livre une description objective de tout ce que la sexualité peut emprunter comme chemins détournés. L'auteur s'appuie sur des cas cliniques présentés avec minutie : cent quatre vingt dix-huit patients, parmi lesquels plusieurs dizaines d'homosexuels mariés à une femme (autres mœurs, autres temps…), racontent leurs expériences sexuelles, leurs inclinations et leurs souffrances. La classification de Krafft-Ebing retient quatre catégories de perversions sexuelles : la paradoxia (libido intempestive chez le jeune enfant ou la personne âgée), l'anesthésia (absence de libido), l'hypersthesia (libido exacerbée), la paraesthesia

* Du mot anglais *bondage*, asservissement : pratique érotique qui consiste à immobiliser le corps de son ou sa partenaire en totalité ou en partie.

** L'homme s'habille en femme et se maquille.

(libido dévoyée incluant l'homosexualité, le fétichisme, le sadisme, le masochisme, la pédérastie). Si le psychiatre a choisi pour son ouvrage un titre savant, c'est pour « décourager les profanes ». Certains passages scientifiques sont même rédigés en latin, façon de les rendre opaques aux béotiens. Mais rien n'y fait. L'ouvrage fait à son époque un malheur, il est maintes fois réédité et traduit dans le monde entier[9]. Comment expliquer un tel engouement ? C'est que les perversions sexuelles font le lit des fantasmes, elles sont le terreau sur lequel ils germent, leur source d'inspiration, leur matière première. La perversion (ou paraphilie), qui résulte d'une pulsion sexuelle, dépasse par sa portée le fantasme et peut induire des comportements pathologiques. Une perversion est tenue pour une déviance dès lors qu'elle survient de façon répétée et prolongée (pendant au moins six mois) et qu'elle est l'unique source d'excitation sexuelle du sujet. La perversion pathologique engendre souffrances et altération de l'insertion sociale[10-11]. Le fantasme, lui, ne suit pas la même pente. Et s'il cousine avec la perversion, il n'en prend que les bons côtés.

Typologie

Faisant appel à l'imaginaire, à la pensée symbolique et au langage, le fantasme se conçoit au niveau des centres cérébraux supérieurs. On en distingue deux grandes catégories : les fantasmes libres et les fantasmes actifs.

Le fantasme libre

Il surgit spontanément, dans les situations les plus prosaïques. Une pensée rose peut vous traverser l'esprit au moment le plus incongru. Vous attendez à la caisse d'un supermarché et, selon un mécanisme insondable, vos préoccupations s'évadent momentanément vers d'autres lieux. Vous repensez à ce moment affolant que vous a offert votre compagne en vous donnant rendez-vous au beau milieu de l'après-midi dans un petit hôtel du centre-ville. Le fantasme libre peut aussi bien être déclenché par une image. Vous apercevez la cheville d'une ravissante trentenaire qui descend de voiture. À la faveur d'un coup de vent, une robe dessine la chute de reins de sa propriétaire. Une seule vision, si fugace soit-elle, peut déclencher un torrent de pensées inavouables. Même si ça n'est pas le moment, même si vous vous dirigez à cette heure-là vers le fauteuil de votre dentiste pour un détartrage de routine ou une méchante extraction, même si votre enfant est concomitamment en train de vous raconter sa journée à l'école. Le fantasme libre est aérien, il suspend la marche du quotidien pour quelques instants, il émerge de façon aléatoire et totalement déconnectée de la réalité ambiante.

Le fantasme actif

Il s'envisage, lui, « en situation ». Il agit comme un catalyseur. Cette fois, le moment est érotique. Ancré dans une réalité tangible, il a pour effet de l'améliorer, de la colorer différemment, de la parfumer d'interdits imaginaires. Par la magie de l'autosuggestion, la lubie sexuelle vient intensifier l'excitation. Une épouse modèle se trouve dans les bras de son mari que, dans son esprit, elle remplace avantageusement par un collègue de bureau auquel elle n'est pas indifférente. Façon vénielle d'épicer la routine… Un mari rangé, en même temps qu'il honore sa femme avec tout le respect qui s'impose, ferme les yeux et se figure qu'on les regarde. Une employée de bureau, après une dure journée de labeur, passe un moment voluptueux avec son concubin. En même temps qu'elle s'offre, elle transpose la scène dans un palais vénitien, ou alors sous les cocotiers de trente mètres de haut d'une plage tropicale déserte, et quitte ainsi à peu de frais son deux-pièces sis à quelques minutes de la porte de la Chapelle et éclairé à ce moment précis par la lumière blafarde d'un mois de novembre typiquement parisien. Le fantasme ouvre mille portes. On peut se convaincre qu'on est une étrangère pour la première fois dans les bras de son partenaire. On peut envisager l'intervention d'un troisième acteur. Le fantasme actif octroie une autre dimension à l'expérience érotique, la pimente à souhait et fait flamber les cœurs [1, 5, 12].

De quelques motifs récurrents

La rêverie sexuelle s'arrime à des images plus ou moins typées. On rêve à un certain profil de femme, à un certain profil d'homme. De fait, plus le portrait est caricatural et plus le fantasme est porteur de désir, s'appuyant sur une référence d'autant plus inspirante qu'elle est forte et marquée, donc évocatrice. On peut les classer selon une grille qui mêle critères morphologiques et corps de métiers. Dans le joyeux cirque fantasmatique, on croise une foule de personnages : la blonde platine, forcément pulpeuse, qui affiche la souplesse d'une danseuse du Crazy Horse ; la souris de bibliothèque studieuse qui se révèle brûlante dans l'intimité ; la jeune fille diaphane et angélique avide de découvertes sensuelles ; la veuve éplorée en demande de consolations charnelles (« la veuve et l'orphelin, quoi de plus émouvant/Un vieux copain d'enfance étant mort sans enfant/Abandonnant au monde une épouse épatante*... ») ; la brune épicée, lascive et sensuelle ; la chef d'entreprise en tailleur strict, à tendance dominatrice ; la catwoman féline toute de vinyle vêtue [7] ; le jeune étudiant timide et rose ; le maître nageur tout en muscles et son frère jumeau le moniteur de ski que l'on suit à la trace ; le garagiste aux mains noires, archétype viril ; le représentant de commerce en costard-cravate ; le secrétaire d'État tout puissant, etc. Nec plus ultra, les galons assoient une posture et le prestige de l'uniforme continue d'opérer pour le plus grand bonheur du pompier, du militaire, du pilote de ligne, de l'amiral ou de l'agent de circulation [13].

D'une époque l'autre, les stars de cinéma, également vecteurs de fantasmes sexuels, alimentent l'imaginaire. L'accent allemand devint érogène, dès l'après-guerre, dans la bouche de Romy Schneider. Jane Birkin transmit à des générations d'hommes le goût des femmes aux seins minimum. Vint ensuite Monica Bellucci qui inversa les valeurs et déplaça radicalement le curseur vers un 95 D. À la galerie des hommes, l'intellectuel gringalet est désormais un objet de désir car on lui prête d'emblée toutes les qualités de Woody Allen : humour, intelligence, finesse, empathie. L'archéologie, discipline pointue et rébarbative de prime abord, n'a jamais été aussi sexy que depuis *Indiana Jones* et par la grâce d'Harrison Ford. En tête de liste des acteurs les plus désirables, on trouve aujourd'hui George Clooney. 23 % des Françaises de plus de dix-huit ans rêvent de partager son lit, ce qui totalise plusieurs millions de candidates. Le comédien a bâti cette popularité dans le costume du

* Georges Brassens, *La Fessée.*

docteur Ross de la série *Urgences.* Les séries télévisées ont ainsi porté aux nues le corps médical qui a désormais ses sex-symbols. Parmi eux, le docteur Burke (Isaiah Washington), médecin dans *Grey's Anatomy*, et, évidemment, l'incontournable docteur House (alias Hugh Laurie). Cet Anglais qui frise la cinquantaine fait, avec sa barbe de trois jours, fondre tout ce que la surface de notre planète compte de féminin. Grâce à lui, l'archétype du médecin est pour toujours appétissant, et les auteurs de ce livre n'y trouvent rien à redire.

Jeux de rôles

Les fantasmes s'articulent autour de quelques thèmes majeurs.

La dialectique dominant/dominé

Elle domine, justement. Les études l'attestent, plus de la moitié de la population féminine est affriolée par la perspective d'un rapport sexuel imposé, sorte de mise en scène fictive d'un viol. En 1954, paraît *Histoire d'O*, petit roman pornographique signé Pauline Réage (nom de plume de Dominique Aury), qui exalte les plaisirs de l'obéissance, des sévices physiques et de la soumission sexuelle. L'héroïne est emmenée les yeux bandés par son amant dans un château. Un valet attache les pensionnaires dans d'étroites cellules. Elles se soumettront au gré des demandes de leurs « maîtres » à des pratiques sadomasochistes douloureuses. Le roman ne reflète pas autre chose que la volonté de Dominique Aury d'« appartenir » à son amant, l'éditeur Jean Paulhan, preuve que le fantasme de soumission repose sur un socle affectif. Le désir de posséder l'autre ou celui de lui appartenir sont des manifestations de la passion amoureuse. Ils s'expriment, sur le plan fantasmatique, par des objets qui symbolisent la contrainte : menottes, corde, fouet ou foulard pour bander les yeux. À en croire ses ventes, *Histoire d'O* a visé juste [14]. Fessées et punitions en tous genres se muent, dans certains contextes, en récompenses fort appréciées.

Le même fantasme de soumission occupe l'esprit des hommes, en des termes un soupçon nuancés [4]. Rien de tel que la soumission à une femme experte et sans tabou par laquelle on se laisse dévorer, se transformant avec bonheur en un objet sexuel consentant. Il n'y a pas plus roboratif pour la virilité. Dans la même veine, quel jeune homme n'a pas rêvé d'être initié à l'art de l'amour par une femme mûre, comme Julien Sorel par Mme de Rénal dans *Le Rouge et le Noir*, comme Dustin Hoffman par Anne Bancroft dans *Le Lauréat*, comme Harold par Maude, dans le film éponyme de Hal Ashby ?

La saveur de l'inconnu

Elle est incomparable [4]. 30 % des hommes s'imaginent volontiers les acteurs d'une chorégraphie aussi érotique qu'acrobatique dans les bras d'une inconnue. En forçant un peu le trait, c'est tout le chemin qui sépare l'image, familière, de la mère, de celle, étrangère, de la prostituée. D'un point jusqu'à l'autre, l'érotisme va croissant.

Les femmes ne sont pas en reste qui expriment volontiers le désir de « s'offrir à un inconnu » [15]. Dans *Intimité*, le film de Patrice Chéreau*, une Londonienne

* *Intimité* (*Intimacy*), film franco-britannique réalisé par Patrice Chéreau (2001).

quarantenaire fait l'amour tous les mercredis à un barman qui ignore tout d'elle jusqu'à son prénom. La relation, affranchie de tout contexte social ou sentimental, n'en est que plus intense.

Le bal masqué ne repose pas sur une autre logique. Dissimuler son identité ou au contraire s'exhiber aux regards inconnus, voilà les deux facettes du même fantasme qui gravite autour du mystère. Une élégante qui sort sans sous-vêtements, mettant son partenaire dans la confidence, répond à son penchant exhibitionniste, sans réellement passer à l'acte. Sharon Stone s'y était prêtée dans *Basic Instinct*. À son effarement, les journalistes s'étaient précipités pour publier dans leurs tabloïds des photos en gros plan d'un goût douteux. Le fantasme exhibitionniste [15] réalisé avec son partenaire choisit pour décor des lieux publics variés depuis le très romantique porche d'un immeuble en pierre de taille jusqu'aux toilettes exiguës d'une rame de TGV en passant par les salles obscures, les clubs échangistes ou les loges d'opéra. Le plaisir tient au risque de se faire surprendre dans des postures artistiques… Les progrès de la technologie, qui métamorphosent notre quotidien, se mettent tout aussi bien au service des lubies sexuelles. Et il n'a pas fallu longtemps aux internautes pour trouver une fonction érotique à la Webcam. Sûr que l'exhibitionnisme, depuis chez soi, présente moult avantages logistiques…

L'interdit

Il démultiplie le plaisir. Les règles morales sont un outil formidable pour bâtir des fantasmes : elles permettent la transgression. Bafouer les sanctuaires par exemple en est une : « Elle voudrait savoir si j'ai déjà fait l'amour dans un confessionnal, peut-être qu'elle n'oserait pas, ça dépend, si quelqu'un la poussait dans la boîte, qu'il la prenne sans la laisser réfléchir, le temps de tirer un coup, ça ne lui déplairait pas… » Louis Calaferte va ici au plus évident [16]. Les films X des années 70 mettaient en scène nonnes et prêtres. La référence est aussi classique qu'évocatrice.

Dévorer des yeux

L'expression « dévorer des yeux » a son prolongement fantasmatique. On rêve de dévorer son partenaire, lécher une jeune fille de bas en haut comme une glace italienne, mêler la gastronomie et le sexe. Mickey Rourke et Kim Basinger, il y a vingt ans déjà, présentaient dans *Neuf semaines et demie*, une démonstration particulièrement aboutie de l'utilité d'un frigidaire bien rempli dans l'entretien d'une relation sexuelle torride. Dans un genre plus spartiate, Marlon Brando, dans *Le Dernier Tango à Paris*, se contentait en 1972 d'une plaque de beurre… Crème, miel ou chocolat appuient la volupté. L'industrie du sexe ne s'y est pas trompée qui a imaginé une flopée de produits ad hoc répondant à ce type de fantasme.

Plus on est de fous…

Le fantasme orgiaque glorifie l'opulence et le nombre [17]. Il assouvit le besoin de nouveauté et actionne les fantaisies don juanesques de tableau de chasse. Mille trois femmes (*mille tre)* : c'est la performance du don Juan de Lorenzo Da Ponte dans le livret de l'opéra de Mozart. Multiplier les partenaires, c'est une chose ; les fréquenter concomitamment, c'est assaisonner encore le mets. Qui n'a pas envié le comédien Javier Bardem dans le lit duquel Woody Allen a généreusement glissé la plus jolie blonde (Scarlett Johansson) et la plus ravissante brune (Pénélope Cruz) ?

L'amour à plusieurs est poussé à son comble par la pratique du « gang bang » qui confine à l'abattage. Dans la même pièce se réunissent une femme et quinze ou vingt hommes auxquels elle s'offre successivement. L'activité est jugée illégale lorsqu'elle est monnayée*. Mais il est permis d'en rêver.

Amis au lit

L'amour morcelé, partiel, sans avenir est, lui aussi, source de fantasme. Ce qu'autrefois on appelait une amitié amoureuse a été rebaptisé – preuve que la pratique est vivace – par la magie d'une expression américaine comme il se doit. Les « *fuck friends* » sont deux personnes liées par des relations amicales et entretenant des rapports sexuels en marge de leur vie amoureuse. La relation est sexuelle et amicale mais sans lendemain et dénuée de toute attente ou engagement conjugal pour l'avenir.

De la nuque à la pointe du sein

« Elle raffole des chaussures, qu'elle passe des heures à contempler dans les vitrines des magasins sans que, la plupart du temps, ses moyens l'autorisent à l'achat qu'elle envierait.

— Le pied, c'est l'amour.

Les jambes croisées, elle balance l'un des siens.

---

* Voir chapitre XIV.

— Si on me caresse les pieds, je deviens électrique. »[16]

Le pied, la hanche, le dos, le coude… le fantasme s'accroche partout. Toutes les parties du corps ont un jour été érotisées : une boucle de cheveux (on ne parle pas par hasard d'accroche-cœur), un nombril laiteux parfaitement dessiné, le lobe d'une oreille, un grain de beauté dont on est seul à connaître l'emplacement et vers lequel on se dirige les yeux fermés. Les magazines glosent à l'infini sur ces sujets. Quelle est la partie du corps la plus excitante chez l'homme ? Tout y passe. La variété des réponses justifie la banalité de la question.

La garde-robe sexuelle est, elle aussi, étendue à l'infini. D'un côté de la gamme, la guêpière de dentelle rouge, et de l'autre la culotte blanche couvrante 100 % coton, très « jeune fille ». Entre les deux, la panoplie tout cuir d'Emma Peel, le chemisier de soie bon chic bon genre, le look garçonne… Au rayon chaussures, c'est l'orgie. À croire que les stylistes travaillent pour les fétichistes du pied. Les escarpins se juchent au choix sur des aiguilles ou des plateformes. Les bottes varient la hauteur de leur tige. La cuissarde, la plus couvrante, est paradoxalement la plus lubrique, la botte de cheval conduit droit à la cuisse, sa cadette se porte mi-mollet comme les bottes de pluie d'une gironde paysanne, les bottines exposent la jambe [1] et, plus récemment, la « *low boot* » révèle l'architecture de la cheville.

Les fantasmes ont-ils un sexe ?

Les fantasmes masculins prennent leur source, pour leur grande majorité, dans des séquences visuelles, des détails, l'image d'un décolleté, d'un porte-jarretelles, d'un dos cambré, d'une femme offerte. Ils sont charnels, physiques, volontiers pornographiques [7]. Les fantasmes non sentimentalisés sont les plus fréquents et fonctionnent selon un cycle fermé s'appuyant sur la puissance phallique, l'absence d'attachement affectif, le voyeurisme non pathologique. Les fantasmes sentimentalisés émergent chez l'homme passionnément amoureux [17].

L'éjaculation sur le corps d'une femme, dispensée à longueur de films porno, symbolise l'ascendant, l'empire du partenaire sur « sa chose ». « Il n'est point d'homme qui ne veuille être despote quand il bande », résume de façon lumineuse le marquis de Sade. Les fantasmes masculins sont à l'image de l'érection : flamboyants, triomphants, dominateurs. Leurs équivalents féminins se mâtinent de sentiments. La femme érotise la relation amoureuse. L'émotion s'immisce dans le fantasme féminin ; l'être désiré et l'être aimé ne font qu'un. Être follement aimée est une source de plaisir sexuel. Schématiquement, c'est l'apparence contre le ressenti. Lorsque l'homme rêve de conquérir une créature aux mensurations précises, la femme, elle, rêve à un partenaire protecteur, tout puissant, dévoué, aimant.

Il est amusant de constater que cette réalité s'inverse quelques secondes avant l'orgasme. Le fantasme préorgasmique présente cette particularité d'intervertir les rôles. L'homme animé par des velléités bestiales de domination, des rêves sadomasochistes ou des projets échangistes, quelques secondes avant de jouir, se focalise sur des pensées d'ordre plus romantiques. La tendresse le gagne. À l'inverse, la femme, qui a stimulé sa libido à force de pensées fusionnelles et idylliques, au moment de jouir, n'est plus qu'objet sexuel. Laissant de côté son penchant fleur bleue, elle est, pendant quelques instants, focalisée sur son plaisir physique quitte à mettre en route des fantasmes de transgression, de viol, d'orgie, de parties de jambes en l'air particulièrement dévergondées. La combinaison sexuelle et sentimentale s'enclenche selon un processus inverse. Mais les chemins, un temps divergents, se réuniront à n'en pas douter, et le bonheur induit par la fusion dans le fantasme, qu'il soit pré-orgasmique ou pas, laisse des traces émotionnelles et mnésiques indélébiles qui intensifient d'autant la relation sexuelle [17].

Entre rêve et réalité

Si la frontière est ténue entre l'imaginaire et la réalité, le passage à l'acte n'en est pas moins, psychologiquement, un pas de géant. Doit-on réaliser ses fantasmes ? Une enquête Sofres, menée en 2000 pour le magazine *Marie Claire*, nous apprend que la majorité des hommes y sont favorables. 60 % d'entre eux assurent qu'il faut réaliser ses fantasmes pour mener une vie sexuelle épanouie. Ils ne sont que 20 % à penser qu'il faut s'en tenir à la rêverie. Voilà pour l'opinion. Il n'est pas anodin d'apprendre que parmi les hommes interrogés, 47 % avaient déjà réalisé l'un de leurs fantasmes et 41 % n'étaient jamais passés à l'acte. Les femmes sont plus circonspectes. Selon une enquête CSA de septembre 2006 pour la chaîne Foxlife, seules 8 % des femmes considèrent qu'un fantasme doit être absolument assouvi. La question reste ouverte. Les combinaisons sont infinies et, fort heureusement, en la matière, aucune recette n'est universelle.

Fantasmes

1. Sprengler F., Love B., Etienne L., Marie P., Olivier P, *Dictionnaire des fantasmes, perversions et autres pratiques de l'amour*, Paris, Blanche, 2006.

2. Friday N., *My Secret Garden : Women's Sexual Fantasies*, Simon & Schuster, 1973.

3. Friday N., *Forbidden Flowers : More Women's Sexual Fantaisies*, Paris, Pocket, 1991.

4. Khar B., Demarty P., *Le Livre des fantasmes*, Paris, Grasset et Fasquelle, 2008.

5. Laplanche J., Pontalis J., *Fantasme originaire, fantasmes des origines, origines du fantasme*, Paris, Hachette Littérature, 1998.

6. Lopès P., Poudat F., *Manuel de sexologie*, Paris, Masson, 2007.

7. Friday N., *Les fantasmes masculins*, Paris, Robert Laffont, 1992.

8. Imbert J., Allilaire J.-F., *Sexuality and problems in sexuality*, *Rev Prat*, 2004 ; 54(20):2287-2293.

9. Von Krafft-Ebing R., *Psychopathia Sexualis : étude médico-légale à l'usage des médecins et des juristes*, Paris, Payot, 1931.

9. Von Krafft-Ebing R., *Psychopathia Sexualis : étude médico-légale à l'usage des médecins et des juristes*, Paris, Payot, 1931.

10. *OMS : Classification Internationale des Maladies. Critères diagnostiques pour la recherche. Dixième révision. CIM-10/ICD-*10, Trad. par C.-B. Pull, Paris, Masson, 1994.

11. *DSM-IV : Text Revision – Manuel diagnostique et statistique des troubles mentaux*, Paris, Masson, 2005.

12. Carnes P., *Out of the shadows – Understanding Sexual Addiction*, New York, Hazelden Publishing, 2001.

13. Collectif, *Fantasme de femmes*, Paris, Pocket, 2003.

14. Réage P, Paulhan J., *Histoire d'O*, Paris, Eds LGF – Livre de Poche, 1977.

15. Cadalen S., *Rêves de femmes : faut-il oser les fantasmes ?*, Paris, Leduc S., 2005.

16. Calaferte L., *La Mécanique des femmes*, Paris, Gallimard, 1994.

17. Crepault C., *Les Fantasmes, l'érotisme et la sexualité*, Paris, Odile Jacob, 2007.

CHAPITRE IX

Pour le meilleur et pour le pire

Rien n'échappe à la sanction du temps. Les amitiés s'encombrent de ressentiments ; le bois joue et les placards ferment mal ; les pivoines pourrissent ; les falaises s'écroulent, soumises à l'inexorable érosion ; sur les visages de nos proches, les fronts se burinent, les joues se creusent. Rien n'échappe à la sanction du temps, ni les objets, ni la roche, ni les plantes, ni les sentiments. Et l'amour moins qu'un autre. Hier despotique, le désir s'assagit. La passion, état exceptionnel…, s'avère transitoire. Les coups de boutoir du quotidien frappent avec constance. Ils ternissent le tableau, coupent les élans, découragent les emportements. La vie palpitante des premiers jours se normalise.

« Tu t'laisses aller », chante Charles Aznavour. Son personnage regrette les débuts, rêve de tout recommencer, de remonter le temps : « Redeviens la petite fille/ Qui m'a donné tant de bonheur. » La déception est sévère car l'amour se veut éternel. Les amants entonnent par pelletées des serments d'éternité : « Je suis à toi pour toujours », « Mon cœur t'appartient à jamais », « Nous serons ensemble pour le meilleur et pour le pire »,

« Unissons-nous à la vie, à la mort ». La tâche n'est pas mince…

Le calme après la tempête

Changement de régime

« L'amour rend aveugle, le mariage vous rend la vue », dit la maxime. L'imagerie médicale confirme la chose : le cerveau amoureux est indulgent. La passion éteint tous les voyants de l'esprit critique [1]. L'enthousiasme se nourrit d'un portrait idéalisé de l'autre, tout est merveilleux, exacerbé, maximum, sans frein ni limite. On est prêt à brûler le monde pour un baiser. Le regard d'une femme peut infléchir les résolutions les plus fermes. Celui qui est mordu par la passion dort peu. C'est épuisant d'être amoureux !

Ce surrégime est invivable à long terme. Il va bien falloir calmer le jeu. Ensemble, entamer une vie plus sereine. Bientôt le ventre conjugal s'arrondit, il faut s'occuper de la maison, le baiser machinal remplace l'étreinte extatique [2]. La routine guette. La cohabitation amène à mieux se connaître, elle lève le voile sur les petites marottes, les habitudes singulières, les défauts et les faiblesses. Cette manie d'être en retard, cette fâcheuse constance à se montrer grincheux au réveil, cette incapacité à changer une ampoule, cette opiniâtreté à ne pas entendre son portable sonner, cette propension à rêvasser au moment où il faut habiller le petit pour l'emmener à la crèche.

Dans ces conditions, que peut devenir une passion enfiévrée, agitée, frénétique, hérissée ? Comment lui apporter le calme et le poli d'un lac de montagne, tout en lui conservant toute sa saveur ? S'alarmer du changement de rythme, s'accrocher bec et ongles au paradis perdu, au temps révolu de la passion à tous crins, c'est aller droit dans le mur. L'amour se transforme. Le tout est d'habilement prendre le tournant. Les psychologues, s'appuyant sur les récits de leurs patients, ont pu analyser cette transition délicate qui se joue en plusieurs temps.

Pas de fumée sans feu

La passion est l'étincelle qui déclenche la vie en couple. C'est elle qui met le feu aux poudres, elle aussi qui permettra de franchir des montagnes, de trouver au plus profond de soi-même des trésors de patience, de persévérance et de volonté. Le mariage de raison a vécu, on lui préfère désormais le mariage d'amour, façon de mettre toutes les chances de son côté. Car s'il est difficile de faire perdurer une relation amoureuse, la créer à partir de rien relève du miracle.

Quand on aime, on est prêt à tout. La passion est un tremplin indispensable pour se lancer dans une histoire d'amour appelée à durer [3]. L'attachement se construit sur la base de cet emballement affectif et sexuel. Les étapes de l'amour sont comparables à celles qui ponctuent la relation mère/enfant. Un nourrisson qui vient de naître entretient avec sa mère un rapport fusionnel [4]. Elle est son univers, sa raison d'être, son unique recours. Elle est, à elle seule, une source intarissable de joie, de bien-être et d'apaisement. Cela ressemble à la passion. Vers l'âge d'un an, l'enfant commence à percevoir sa mère comme un être indépendant, ayant une existence propre. Elle est amenée à disparaître et à réapparaître, elle peut manquer, elle a d'autres préoccupations. Fort de cette découverte, l'enfant construit une relation qui n'est plus fondée sur la recherche de fusion mais sur l'échange : il adapte son comportement à l'autre [5]. Et cela commence à ressembler à une relation de couple.

« C'est drôle c'que t'es drôle à regarder… »
(Charles Aznavour)

Le moment est venu d'ouvrir les yeux et de regarder en face, avec courage et clairvoyance, celui qu'on a choisi pour la vie. Quitte à s'étonner. Les surprises sont de tous ordres. Les bonnes compensent les mauvaises. Certes il est incapable de rédiger une liste de courses, mais ce talent pour préparer les œufs pochés ! Certes elle n'est pas une obsessionnelle du rangement, mais cette façon de vous surprendre avec de nouveaux dessous renversants au moment où vous vous y attendez le moins ! Certes elle n'est pas non plus un crack pour remplir une feuille d'impôts, mais quel rossignol quand elle chante sous la douche !

« Je l'aimais pour son mystère ; je l'aime pour ses faiblesses, sa fragilité et sa vérité », note André Comte-Sponville. L'amour s'enracine au fil de l'exploration. Hier attiré par ce qu'on s'est imaginé de l'autre, on le découvre peu à peu. Au fil des conversations, des épreuves traversées ensemble, le couple se développe. On a accès à des détails circonstanciés de son existence, à des révélations piquantes sur son passé, on l'observe au jour le jour. La confiance émerge, on se comprend, on s'aime pour ce qu'on est. On est ému par les imperfections de l'autre. On développe de l'affection, ciment précieux pour traverser le temps. À ce stade, l'arbre de la passion donne des rameaux de tendresse. D'un être rêvé et idéalisé, l'autre devient un être imparfait mais réel.

La capacité à voir son partenaire tel qu'il est, amène aussi à l'accepter ainsi. On ne l'aime plus uniquement pour ce qu'il nous apporte mais également pour tout ce qu'on peut lui apporter. L'amour gagne en substance, en épaisseur. La sauce prend…

Les poupées russes

Et si la passion n'était pas cette flamme fragile et fugace, vouée à disparaître ? Et si elle était pérenne, toujours là, comme le noyau terrestre au cœur de la planète, et qu'elle se manifeste différemment selon le niveau de maturité du couple ? Personne n'est d'un seul tenant. Nous avons nos traumatismes enfouis, nos blessures oubliées, nos envies, nos lubies cachées. Dans la vie d'un couple, chacun se dévoile à son rythme, au gré des opportunités. On met en sommeil ses exigences puis, un beau jour, on impose ses particularités. On s'adapte à l'autre mais les vraies natures ressortent immanquablement. Comme la marée qui monte et qui descend, l'amour procède par vagues. La vie à deux, à marée descendante, laisse apparaître le substrat, divulgue le bon et le mauvais. À marée montante, on est à nouveau submergé d'amour. Et l'on peut filer la métaphore à l'envi : les écueils cachés, les grandes et les petites marées…

En même temps que l'autre nous devient indispensable, chaque décennie révèle des pans nouveaux de sa personnalité, de sorte qu'au fil du temps, on a le sentiment de changer de partenaire. Un peu comme dans un jeu de poupées russes, chaque fois qu'on ouvre une boîte, on découvre un être d'essence différente. On peut tomber amoureux plusieurs fois de la même personne.

Au jour, le jour

Le couteau à beurre dans le pot de confiture

Prenons un banquet de mariage à la tombée de la nuit et le même banquet, quelque cinq heures plus tard, au lever du jour. Au départ le champagne pétille, les bougeoirs portent haut, les buffets débordent de canapés, les fleurs s'épanouissent dans les vases, les invités brillent. La nuit avançant, les nappes tout à l'heure immaculées se sont couvertes de miettes et de taches de vin, les carafes sont vides, les assiettes se chevauchent, les cendriers débordent, les robes sont froissées, les fleurs fanées. En une seule soirée les jeunes amants auront eu un avant-goût assez fidèle de ce qui les attend : les avatars de la vie de couple.

La vie à deux est pavée de désillusions. On se donne du mal, on y met du sien, on se coupe en quatre pour que ça marche. Et on découvre un beau matin qu'il plonge paisiblement le couteau à beurre dans le pot de confiture. En quelques secondes, tout s'écroule, le désespoir métaphysique le plus profond vous ceint. Et pourtant… on s'aime.

Un couple, c'est la confrontation de deux univers, deux façons de vivre. Pas simple. Mieux vaut s'armer d'abnégation. On n'est jamais à l'abri de déconvenues majeures. D'autant que, comme chacun sait, les hommes sont menteurs, tricheurs, lâches, lourdauds, terre à terre, dénués d'imagination, insensibles, et plus éloignés du moindre esprit d'initiative que la Sibérie de la Terre de Feu. Quant aux femmes, c'est bien connu, elles sont cyclothymiques, maniaques, changeantes, besogneuses, susceptibles, chipoteuses, incapables de hauteur de vue. À partir de là, allez construire un monde harmonieux !

Chouchou et Loulou (alias Jean Dujardin et Alexandra Lamy) incarnent un jeune couple dans *Un gars, une fille.* La série télévisée décline à l'infini les saynètes du quotidien. Toutes les affres de la vie à deux sont passées en revue. Chouchou et Loulou ne sont d'accord sur rien, ni sur l'endroit où il faut ranger le sel, ni sur la destination des prochaines vacances, ni sur le menu du dîner, ni sur le film qu'ils iront voir ensemble samedi soir, ni sur la façon dont il faut couper les tomates quand on les sert en salade. D'épisode en épisode, tous les sentiments émergent, la passion, le désir, la tendresse, et aussi l'agacement, la frustration, la suspicion, l'incompréhension. Comment se dépêtrer de ces accidents de parcours ?

Chacun son rôle

Après l'épisode biblique du péché originel, la Genèse évoque le châtiment divin. Dieu promet à Ève l'enfantement dans la douleur et à Adam la peine du travail quotidien. Il distingue clairement leurs destins. Pourtant, quelques siècles plus tard, Eve s'est mis en tête de travailler tandis qu'Adam insiste pour prendre un congé de paternité à l'arrivée du bébé. Bref, rien n'est plus comme avant. Le patriarcat de nos ancêtres prend des allures de matriarcat. Il faut tout repenser.

Autrefois, les tâches domestiques étaient clairement divisées entre les deux sexes : l'une préparait à souper pendant que l'autre charpentait les étagères. Aujourd'hui que les cartes sont redistribuées, plus rien ne va de soi, tout est possible. Ce nouvel état de fait est source de richesse (la créativité est de bon aloi en la matière) et de conflits (l'improvisation entraîne souvent incompréhensions et divergences de vues). Les sociologues n'en finissent pas de s'interroger sur le rééquilibrage des tâches domestiques[6]. On a même vu apparaître sur le marché de l'électroménager une machine à laver le linge qu'on ne pouvait mettre en route qu'en indiquant son code personnel. Facile ensuite de faire les comptes à la fin de la semaine et d'établir qui, dans le couple, en a fait le plus pour la maisonnée…

Sans nécessairement faire appel à la robotique, on peut imaginer d'aménager le quotidien de façon à éviter chamailleries et frustrations. Vaisselles, enfants, courses, cuisine… on a facilement l'impression d'être celui qui en fait le plus. Les petits ajustements sont récurrents dans une vie de couple. Indispensables, ils évitent l'accroissement du ressentiment. D'autant que les irritations du quotidien sont souvent l'expression d'un malaise plus profond. Faire les courses quatre fois la semaine, être à tous les coups celui qui descend la poubelle ou qui se lève la nuit quand le bébé pleure, là n'est pas le problème. Les ennuis surgissent dès lors que se développe le sentiment de ne pas être reconnu à la hauteur de ses qualités, de ne pas être valorisé pour ce qu'on donne. Dans les couples qui se portent mal, on reproche à l'autre ses critiques ou son indifférence.

Des vertus de la scène de ménage

Le long fleuve tranquille n'a pas que du bon. Une franche scène de ménage peut remettre un couple d'aplomb à condition d'être jouée de bout en bout[7]. Inutile d'éviter le conflit. Mieux vaut résoudre le problème au moment où il se présente que de jeter un voile pudique sur les dysfonctionnements et de collectionner soigneusement les griefs.

La dispute, pour désagréable qu'elle est, n'en est pas moins un moment passé ensemble, en tête à tête, les yeux dans les yeux. Autant la scène de ménage en public multiplie les blessures et les humiliations, autant le conflit à huis clos peut améliorer la relation. À condition, bien sûr, de boire le calice jusqu'à la lie. Pas de retour en arrière possible. Il faut aller au bout de ses pensées, ne pas se laisser marcher sur les pieds, intimider par une grosse voix, dissuader par une fréquence haut perchée qui vous agresse les tympans… et la scène de ménage promet d'être constructive.

Le conflit est source de souvenirs communs, il est générateur de complicité. Le temps passant, on se rappellera à quel point on était hors de soi, chacun était sorti de ses gonds, c'en était gênant et particulièrement mal pratique dans la salle à manger exiguë de cette pension de famille auvergnate où l'on était venu passer quelques jours pour se détendre… Les disputes ont ceci de particulier qu'elles surgissent à des moments inattendus.

Il arrive que le ton monte à partir d'un détail anodin, prétexte pour ouvrir des dossiers plus lourds : « Tu ne m'écoutes pas quand je te parle », « Tu ne t'intéresses pas à mon travail », « Tu n'as jamais un mot tendre », « Tu ne te soucies pas de me surprendre », « Tu ne penses qu'à toi, tu es d'un égoïsme sans fond », etc.

Une scène de ménage, c'est l'occasion rêvée pour se parler, l'occasion aussi de se réconcilier. C'est tout un art que de se disputer. On n'a pas si souvent l'occasion de dire à son partenaire ce qu'on pense de lui. Le salon familial ne doit pas nécessairement se transformer en bureau des plaintes. Éviter le chantage du genre : « Puisque c'est comme ça, je te quitte », argument stérile. On formule ce qui ne va pas mais rien n'empêche d'en profiter pour dire ce qui va. La réconciliation n'a de saveur que lorsqu'on a le sentiment d'avoir dénoué le conflit. Elle est un bain de jouvence pour le couple. Après avoir frôlé la rupture, on s'aime plus qu'au premier jour.

Aimer et se laisser aimer

Le sentiment amoureux dans le couple a besoin d'être entretenu autant qu'un feu de cheminée. Souffler sur les braises, ajouter une bûche, remettre du petit-bois… rien n'est superflu. Laissez le feu de joie à l'abandon un peu trop longtemps et vous vous retrouvez avec pour toute source de chaleur des cendres grises et froides.

« Cesse de me demander si je t'aime. Je te l'ai déjà dit il y a six ans quand nous nous sommes mariés », n'est probablement pas la bonne réplique pour rassurer une femme inquiète. Ce genre de remarque suscitera, à n'en pas douter, chez celle à qui elle est adressée, un sentiment de perplexité voire de sévère panique. « La passion a besoin d'être parlée », écrit Montherlant. On peut se dire et se redire qu'on s'aime, on peut aussi le montrer par de petites attentions. L'amour est un ouvrage de maçon. Pierre après pierre, l'édifice se construit. Tant que le couple demeure au centre des préoccupations de chacun, on peut tout imaginer : aménager des moments d'intimité, des surprises, des mises en scène variées mais aussi penser aux petits gestes quotidiens qui permettent de rappeler à l'autre, sans grandiloquence ni effets de manche, qu'on tient à lui, à elle, comme à la prunelle de ses yeux.

L'amour a quelque chose d'exceptionnel et d'unique qui se marie mal avec le fardeau du quotidien. Quand on doit sortir le chien, faire la vaisselle, trier les chaussettes propres, on s'éloigne à marche forcée des *Contes des Mille et Une Nuits.* On n'a « pas la tête à ça ». On a vite fait de renoncer aux billets doux. Pourtant, rien n'empêche d'instiller un peu de romance dans les scènes les plus prosaïques. Demain, elle part en mission pour la journée. Elle quittera la maison à six heures du matin. Lui se lèvera avec elle, juste pour le plaisir de l'embrasser et de lui préparer son café… La galanterie et les petites attentions annihilent toutes les laideurs de l'existence.

Égalité et respect, équilibre et réciprocité, capacité à donner à l'autre et à prendre des risques pour lui sont les gages d'une relation durable et positive.

La psychologie de l'attachement appliquée au couple

Quand le modèle d'attachement brouille la relation amoureuse

Les thérapeutes de couple ont pu déceler en filigrane, un peu comme le sous-texte de l'histoire d'un couple, les mécanismes d'attachement propres à chacun. De la même façon qu'on reproduit un modèle de robe à partir d'un patron, certains types d'attachement vécus par l'enfant opèrent comme une empreinte sur la vie sentimentale adulte. Chacun est marqué par ses premières expériences affectives qu'elles soient d'ordre familial ou amoureux. Elles le mettent en confiance ou au contraire l'insécurisent. Celui qui, enfant, fut couvé de tendresse n'aborde pas sa vie amoureuse comme celui qui a grandi dans un environnement familial froid et distant.

Les quatre types d'attachement – attachement sûr, anxieux, anxieux ambivalent, désorganisé * – déterminent le mode de relation amoureuse que l'on a tendance à reproduire. Ils agissent comme une grille de lecture et de compréhension de l'autre [8]. Mais la connaissance de

---

* Voir chapitre V.

ce schéma, qui reflétait une première relation amoureuse ou une relation enfant/parents, le plus souvent, ne suffira pas à comprendre la personne avec laquelle on vit. L'aptitude à voir son partenaire tel qu'il est consiste justement à s'affranchir d'un mode d'attachement trop prégnant. Ce mode d'attachement pourra même parfois compliquer ou empêcher la relation avec son partenaire amoureux. L'attachement anxieux conduit à se méfier de l'autre et peut se révéler un obstacle à la construction d'un couple. Nouer une relation suppose de se débarrasser des comportements réflexes dans ses relations avec autrui – les psychanalystes parleraient de se libérer de sa névrose.

Le moule familial

De même, la construction d'un couple ravive les schémas de relations familiales vécues par chacun, que ceux-ci soient agréables et paisibles ou au contraire conflictuels et inquiétants. Un mode de fonctionnement très intériorisé, qui semblera naturel aux uns, paraîtra alarmant aux yeux des autres. Les codes diffèrent. Certaines familles multiplient les gestes d'affection, les démonstrations de tendresse, d'autres sont plus réservées, plus retenues. La rencontre de ces deux mondes suscitera des incompréhensions, une période d'adaptation, un fonctionnement hasardeux de la communication au sein du couple. Il faut savoir se libérer de ses références familiales, se montrer capable de construire quelque chose de singulier, d'inédit, éviter de parasiter la nouvelle vie avec des réflexes anciens.

Oser

Construire une vie ensemble, c'est prendre des risques. On se déshabille dans tous les sens du terme. Le vrai courage de la vie à deux, c'est de se rendre vulnérable. On dit de quelqu'un qui vit en couple qu'il est « casé », comme si tout était définitivement réglé du jour où on s'installe ensemble. C'est pourtant l'inverse qui se produit. De ce jour, tout est à inventer. Le couple est un ogre insatiable qui ingurgite tout ce qu'on lui sert. On n'est pas trop de deux pour le nourrir. Chaque initiative est une prise de risque. Est-ce que cela plaira ? Est-ce qu'on se montrera sous un jour favorable ? Se laisser aimer, accepter que l'autre se rapproche, oser la frivolité, frôler l'interdit, tenter des choses…

Le mystère et le manque

Mais en amour il y a toujours un « mais ». Tout l'art consiste à savoir se dévoiler *mais* tout en conservant minutieusement une part de mystère pour rendre l'autre curieux de soi. Rien n'est simple. Garder le mystère tout en se dévoilant, la belle affaire ! Un amant volage qui passe d'une conquête à l'autre n'aura aucun mal à surprendre ses partenaires, quitte à user inlassablement des mêmes recettes. Mais surprendre quelqu'un que l'on connaît depuis vingt ans, le voilà, le vrai défi.

Le manque est l'antidote parfait à ce poison qu'est l'érosion du désir. « Il y a désir de ce qui manque, et il n'y a pas désir de ce qui ne manque pas […] Est-ce qu'un homme qui est grand souhaiterait être grand, est-ce qu'un homme qui est fort souhaiterait être fort ? * » Il

* Socrate

n'y a pas plus désirable que quelqu'un d'inaccessible. A contrario, celui dont on sait à coup sûr qu'on le retrouvera sous sa couette tous les soirs que Dieu fait perd de ses attraits. À trop se rapprocher, on risque bien de se confondre. À devenir trop familier, difficile de rester excitant et sulfureux. Se méfier de l'accoutumance. Comme pour les drogues, vient un temps où les mêmes doses ne produisent plus les mêmes effets. Les sensations recueillies s'amenuisent et disparaissent comme peau de chagrin. Se refuser, disparaître, être désiré ailleurs, jouer avec la relation de couple comme si rien n'était jamais gagné, comme si tout pouvait être remis en cause du jour au lendemain, tels sont les soucis qui occupent les esprits amoureux.

La qualité de la relation sexuelle

Sur le long terme, la qualité de la relation sexuelle dépend plus de la qualité de la relation affective que de l'utilisation de techniques amoureuses sophistiquées. Même si un peu de piment, ou de surprise, ne nuit pas. Ce sont essentiellement les compliments, la reconnaissance et la complicité qui permettent au désir de durer.

Y a-t-il une biologie du couple ?

Ocytocine et vasopressine, outils biologiques de l'attachement

Ocytocine et vasopressine, à la fois hormones et neuromédiateurs, influent sur l'attachement entre deux conjoints. L'ocytocine, sécrétée lors d'un rapport sexuel et plus particulièrement au moment de l'orgasme, intensifie la relation affective [9]. Elle rapproche les amants, déclenchant un cercle vertueux : plus on fait l'amour, plus on s'attache et plus on s'attache, plus on fait l'amour. Même celui qui cultive des relations sexuelles volontairement dénuées de sentiments risque un jour ou l'autre de se faire prendre au piège de l'ocytocine.

Voilà pour l'attachement induit par les relations sexuelles. Or l'analyse biologique de la relation amoureuse montre que la simple proximité physique, les gestes de tendresse, une caresse, quelques pas ensemble main dans la main, des mots doux, provoquent également la sécrétion d'ocytocine et de vasopressine [10]. En somme, se montrer prévenant et attentionné ne relève pas seulement des règles de savoir-vivre dispensées dans quelque désuet manuel de bons usages, mais présente aussi des vertus physiologiques objectives. La biologie le prouve : la tendresse, au même titre qu'une vie sexuelle épanouie, engendre la production d'ocytocine et de vasopressine et au final, soude les couples [11-12-13].

Existe-t-il un fondement génétique aux problèmes conjugaux ?

Restaient à identifier les gènes qui permettent la fabrication des récepteurs de ces deux substances. C'est désormais chose faite. Un gène est formé de plusieurs allèles. Une découverte récente a montré que les hommes porteurs de l'allèle 334 du gène codant pour le récepteur à la vasopressine tissent un réseau moins dense de récepteurs à cette hormone. En conséquence, chez eux, la vasopressine opère moins. Or, statistiquement, plus la sécrétion de vasopressine dans le cerveau est importante, plus un homme est prompt à développer des liens forts avec sa partenaire. Dans ces conditions, tout porte à penser que les hommes porteurs de l'allèle 334 du gène codant pour le récepteur à la vasopressine sont plus exposés à des problèmes de couple [14].

Il y aurait ainsi un fondement génétique de la qualité de la relation conjugale. Certains individus seraient génétiquement moins aptes que les autres à développer une vie de couple épanouie et pérenne. Certains hommes sont sujets à des relations de couple houleuses et pour certains d'entre eux, c'est génétique ! Cet allèle 334 aurait tendance à produire des célibataires endurcis, ou en tout cas des hommes plus distants, moins enclins à la tendresse au long cours, moins impliqués dans la construction d'un couple solide.

La découverte est importante. Elle n'est pas décisive pour autant. L'effet de cette variante du gène est modeste et en aucun cas systématique. Inutile d'analyser l'ADN de son fiancé avant de se marier, il ne vous donnera que des tendances mais ne vous dira pas plus que le marc de café, si vous avez choisi le bon mari !

L'engagement ringardisé ? Voire...

La psychanalyse a germé sous l'ère de la névrose et de la culpabilité. Les patients de Freud croulaient sous le poids du devoir, ployaient sous le joug de la morale collective. Il fallait s'affranchir du carcan conservateur, conquérir sa liberté, braver les interdits, s'émanciper de son *surmoi*. Les psychologues aujourd'hui s'attellent à un travail bien différent. Dans une société du « tout, tout de suite », du « droit à », de l'injonction au développement personnel, une époque à dominante égocentrique, sous contrôle quasi-dictatorial du *ça*, ils tentent de réhabiliter les notions de partage et de don de soi.

Les mêmes patients qui se plaignaient autrefois de pathologies de la contrainte et de l'inhibition se plaignent aujourd'hui de pathologies de l'excès et aspirent à la stabilité rassurante d'une existence en couple, sans comprendre pourquoi ils courent de relation en relation et d'échec en échec.

Par manque de valeurs comme de repères, les couples peinent à s'agréger. À titre d'exemple, les statistiques montrent que les unions dans lesquelles les conjoints partagent des convictions religieuses sont plus pérennes. Même sans références morales et religieuses, la volonté d'engagement avec ce qu'elle implique en termes de devoirs et de responsabilités partagées est sans aucun doute un des outils les plus opérants dans la construction d'un couple. À perdre de vue cet objectif d'engagement, fondé sur des valeurs partagées et un désir commun de construire, les unions se dissolvent.

Plutôt que d'appréhender l'engagement comme un motif de contraintes, on peut tout aussi bien l'envisager comme le début d'une rêverie à deux. Dès lors, toutes les libertés sont concevables. C'est une façon d'opter pour une forme de dépendance, choisie et assumée, dans laquelle les liens à l'autre se veulent une source intarissable de plaisirs. Les joies de la famille, l'accompagnement des enfants, les plaisirs intellectuels, les échanges d'émotions et de souvenirs, les bouleversements partagés et la construction d'une identité sociale où chacun renforce l'autre, constituent le ciment de la maison d'amour commune.

L'amour est un travail de maçon, disait-on…

1. Bartels A., Zeki S., « The neural basis of romantic love », *Neuroreport*, 2000 ; 11(17):3829-3834.

2. Gray P.-B., Kahlenberg S.-M., Ellison P.-T. (et al.), « Marriage and fatherhood are associated with lower testosterone in males », *Evolution and Human Behavior*, 2002 ; 23:193-201.

3. Tucker P., Aron A., « Passionate love and marital satisfaction at key transition points in the family life cycle », *Journal of Social and Clinical Psychology*, 1993 ; 12(2):135-147.

4. Klaus M.-H., Jerauld R., Kreger N.-C., McAlpine W., Steffa M., Kennel J.-H., « Maternal attachment. Importance of the first post-partum days », *N Engl J Med*, 1972 ; 286(9):460-463.

5. Frith U., Frith C.-D., « Development and neurophysiology of mentalizing », *Philos Trans R Soc Lond B Biol Sci*, 2003 ; 358(1431):459-473.

6. Kaufmann J.-C., *Sociologie du couple*, Que sais-je n° 2787, Paris, PUF, 1993.

7. Kaufmann J.-C., *Les Petites Guerres du couple*, Paris, Armand Collin, 2007.

8. Pierre Humbert B., *Le premier lien, théorie de l'attachement*, Paris, Odile Jacob, 2003.

9. Vincent L., *Comment devient-on amoureux*, Paris, Odile Jacob, 2004.

10. Lund I., Ge Y., Yu L.-C., Uvnas-Moberg K., Wang J., Yu C., Kurosawa M., Agren G., Rosen A., Lekman M. (et al.), « Repeated massage-like stimulation induces long-term effects on nociception : contribution of oxytocinergic mechanisms », *Eur J Neurosci*, 2002 ; 16(2):330-338.

11. Uvnas-Moberg K., « Oxytocin may mediate the benefits of positive social interaction and emotions », *Psychoneuroendocrinology*, 1998 ; 23(8):819-835.

12. Parker K.-J., Lee T.-M., « Central vasopressin administration regulates the onset of facultative paternal behavior in microtus pennsylvanicus (meadow voles) », *Horm Behav*, 2001 ; 39(4):285-294.

13. Kosfeld M., Heinrichs M., Zak P.-J., Fischbacher U., Fehr E., « Oxytocin increases trust in humans », *Nature*, 2005 ; 435(7042):673-676.

14. Walum H., Westberg L., Henningsson S. (et al.), « Genetic variation in the vasopressin receptor 1a gene (*AVPR1A*) associates with pair-bonding behavior in humans », *PNAS*, 2008 ; 05(37):14153-6.

Chapitre X

Jalousie, infidélité : métamorphoses d'un battement de cœur

On dit de son amant qu'il est sa chose. Mon amour, ma vie, mon cœur, mon trésor, mon ange, ma muse, ma puce, mon canard, mon loup, mon rossignol, mon bébé... peu importe le sobriquet, ce qui compte au-delà de tout, c'est l'article possessif placé devant.

Jaloux comme un tigre

Pas d'amour sans jalousie

« Tes paupières de fièvre/sont à moi, sont à moi/Tes frayeurs, tes rêves/Sont à moi, sont à moi, sont à moi *. » L'instinct de propriété inhérent à l'amour n'aura pas échappé à Julien Clerc. Lorsqu'on tient à quelque chose, il est tout naturel de le protéger jalousement des convoitises. Pas de partage envisageable. Impensable d'être entiché, sans être un tant soit peu tourmenté par

* Julien Clerc, *Jaloux de tout*.

le souci de garder celui qu'on aime. Un amoureux placide, tranquille comme Baptiste, qui dormirait sur ses deux oreilles, ne ressemblerait à rien. L'inquiétude – traduction inévitable de la peur du manque – est une preuve d'amour et un de ses moteurs les plus puissants : elle attise le désir et focalise l'attention. L'amour est source de jalousie. Et inversement. Les deux sentiments sont aussi liés que le bleu cyan et le rouge magenta dans le violet.

Mobiles de la jalousie

Et à propos de couleurs, quelles sortes de pensées agitent le plus sûrement le chiffon rouge ? La réponse diffère selon le sexe. Le psychologue américain David Buss a étudié le sujet de fond en comble, analysé la jalousie sous toutes ses coutures, interrogé des milliers de couples à travers le monde [1]. Il ressort de ses questionnaires deux tendances dominantes. Le pire cauchemar d'un homme est d'imaginer sa femme dans le lit d'un autre. La hantise d'une femme est de se figurer son homme entretenant une relation romantique avec une maîtresse. À une femme adultère, son compagnon demandera : « Est-ce qu'il t'a fait jouir ? » À un homme infidèle, sa compagne demandera : « Tu l'aimes ? » La jalousie masculine est d'abord sexuelle, sa version féminine est plus sentimentale.

L'instinct de propriété s'entend différemment. C'est le ventre de sa femme qu'un homme surveille avec la plus grande vigilance. Comme si, inconsciemment, il était torturé par la crainte de se retrouver, sans le savoir, à élever un enfant qui n'est pas le sien [2]. Pénélope, elle, n'a qu'une frayeur, c'est qu'Ulysse quitte le foyer conjugal. Il peut bien aller disséminer ses gamètes sur tous les rivages de la Méditerranée, du moment qu'il rentre à la maison. Les siècles d'histoire laissent leur trace dans les esprits. Ce qui pouvait arriver de pire à une femme au foyer, était sans doute que son mari la quitte et qu'elle perde, du même coup, rang et statut social. À croire que les frayeurs s'impriment dans l'inconscient collectif et survivent aux changements de mœurs…

En 2006, une étude en imagerie médicale est venue confirmer l'observation clinique [3]. À l'idée de l'infidélité de leur partenaire, les cerveaux féminin et masculin réagissent différemment. Dans le crâne de l'homme s'activent l'amygdale et l'hypothalamus, zones du cerveau archaïque impliquées dans les comportements impulsifs de peur et de colère. Le cerveau d'une femme jalouse sollicite, lui, des zones temporales impliquées dans l'expression des émotions. C'est ainsi : le mâle jaloux, chez l'humain, reproduit, pour le moins en pensées, des réflexes belliqueux proprement animaux. Comme le cerf, le kangourou, le zèbre, ou le gorille, il se livre volontiers à des démonstrations d'intimidation pour éloigner ses rivaux. Sans aller jusqu'aux coups de cornes ou aux ruades, il adopte une agressivité proprement virile tandis que sa femme, dans la même situation, tend à réagir sur un mode plus émotionnel. Il est impulsif ; elle est bouleversée par ses émotions, par le remue-ménage de ses sentiments.

Désir mimétique

Il est édifiant d'observer le quotidien d'un couple de pigeons en cage. Coulant apparemment des jours heureux, ils mènent ensemble une vie sexuelle épanouie, ponctuée de tendres roucoulements. Le temps passant, les accouplements s'espacent, le désir s'émousse. Comment tromper l'ennui d'une existence monogame confinée à quelques décimètres carrés ceints de barreaux ? Il suffit qu'un pigeon mâle volette alentour, tourbillonne avec concupiscence ou s'introduise dans la cage conjugale, pour que le pigeon, tout à l'heure blasé, retrouve une envie gourmande de sa partenaire. Mêmes causes mêmes effets chez le chimpanzé, la belette, l'écureuil persan ou le cercopithèque [4]. La femelle semble-t-elle attirer le regard d'un intrus ? Le mâle lui trouve illico mille attraits et l'honore plus superbement qu'au premier jour, comme pour s'assurer de son influence. L'émergence de la jalousie opère comme un coup de fouet et réveille les couples les plus sages.

Voilà pour les animaux. L'humain – un peu plus subtil – obéit à la loi du désir mimétique théorisée au début des années 1960 par René Girard [5]. Selon lui, le désir ne suit pas un chemin linéaire sujet-objet, mais s'appuie sur l'intervention d'un troisième élément : l'autre. Nous désirons ce que l'autre désire. C'est bien connu : l'herbe est toujours plus verte chez le voisin. La valeur d'un objet ou d'une personne s'établit à l'aune du désir que celui-ci suscite autour de lui. Le « star-system » ne fonctionne pas autrement. Installez un être un peu falot sur la scène d'un Zénith de province et faites-le applaudir par un parterre de dix mille personnes. Il se transforme à tous coups en l'homme le plus désirable de son temps. Le désir circule. Les désirs des uns et des autres interagissent entre eux. En somme, être jaloux, c'est désirer davantage.

Un fantasme

L'humain est en cela supérieur à l'animal qu'il sait écrire des poèmes, marcher sur la lune et… concevoir des fantasmes. Le seul fait de se figurer sa femme dans les bras d'un autre est en soi excitant. Dans une vie de couple, l'imaginaire peut faire des miracles. Susciter la jalousie de son partenaire stimule son désir. La mécanique est implacable. Avez-vous jamais fait le test de rentrer chez vous en racontant que vous avez croisé dans la rue une amie d'enfance ravissante qui ne semblait pas indifférente à vos charmes ? Votre épouse subitement est piquée, curieuse, séduite. La routine est brisée. Vous acquérez un pouvoir de séduction renouvelé. C'est exactement l'histoire du pigeon qui rôde autour de la cage conjugale. Le plaisir de la reconquête est en marche. On redevient un cœur à prendre. La jalousie fait partie de ces outils qui permettent d'instiller un peu de danger dans un quotidien affadi, façon de rappeler que rien n'est acquis.

Point trop n'en faut cependant. Le levier de la jalousie est à manier avec délicatesse. Les bénéfices sont formidables à condition de ne pas aller trop loin. Tant qu'on reste dans l'imaginaire et le jeu de rôles, tant que mari et femme badinent ensemble, on a tout à y gagner. Dès lors que l'un des deux prend la chose au sérieux, dès qu'il ou elle prend ombrage de la situation et se sent blessé, l'aventure se corse. Flirter avec les interdits sans y laisser ses plumes, c'est un équilibre à trouver. Comme dans tous les domaines, c'est d'ailleurs la part de risque qui en fait la saveur. La jalousie masculine, impulsive et animale, peut se manifester avec une violence inouïe. Piqué au vif, l'homme qui se sent abusé peut facilement passer à l'acte. Le phénomène est loin d'être marginal. On sait que 90 % des femmes battues imputent les mauvais traitements de leur mari à sa jalousie. Autrement dit, mieux vaut utiliser la jalousie comme une piqûre de rappel. Mais, comme pour les vaccins, la dose doit être infinitésimale. C'est à cette condition qu'elle sera la plus profitable.

Vertus de la jalousie

Quand on est jaloux, comment montrer son inquiétude et ramener l'autre dans son giron ? La jalousie a ses humeurs. Il y a ceux qui décident d'occuper le terrain. Le même qui, un peu plus tôt, avait tendance à négliger son couple, est subitement touché par la grâce. Il déborde d'imagination, rivalise de ressources pour remettre son couple à flot. Le jaloux envahissant vous appelle toutes les trois minutes pour vérifier que tout va bien, que vous n'êtes pas tombée en panne d'essence sur le chemin du travail, que vous n'avez pas attrapé la grippe, que vous ne vous êtes pas fait molester dans le métro. Bref, il aimerait savoir si vous n'avez pas besoin de lui. Et si c'était le cas, ce serait évidemment formidable. Il vous couvrira de cadeaux, se surpassera en sollicitudes, inventera mille moyens de témoigner son affection, remplira votre agenda d'occupations variées et de dîners en amoureux. Autant de façons de déloger le rival présumé.

Le jaloux ombrageux est fier. « Jaloux comme un pou », il boude. « Que se passe-t-il ? Tu as l'air soucieux. » « Non. Rien. Tout va bien. » Réponse typique du boudeur soucieux… Celui-là se mure dans un silence réprobateur. Il est sombre et tendu comme un arc, en dépit de ses airs détachés. Son refus de communiquer est une façon de vous implorer de s'intéresser à lui et de renoncer à toute escapade hors du giron conjugal. Ce type de comportement, pas vraiment engageant, présente le mérite d'être éloquent. Impossible de contourner le problème qui devrait se résoudre sans tarder. On ne supporte pas longtemps un amant ou une maîtresse qui se drape dans le silence.

Le jaloux agressif – « jaloux comme un tigre », celui-là – se montrera sous son pire jour. Ah, on a trouvé mieux ailleurs ! Ah, on n'est plus à la hauteur ! Selon le principe de la fuite en avant et de l'attirance vers le pire, une sorte de réflexe suicidaire le portera à donner des arguments à celui ou celle qu'il soupçonne de comportements volages. Déstabilisé par la concurrence, le jaloux agressif se rebiffe.

Envahissement, bouderie, agressivité sont les trois visages de la jalousie. Mais l'objectif est commun : attirer l'attention, obliger l'autre à réagir, à vous détromper si vos soupçons sont infondés, à changer de comportement si effectivement il s'apprêtait à fauter. Votre partenaire est au centre de vos préoccupations. Vous vous intéressez à tout ce qui le concerne de près ou de loin. Vous appréciez sa présence, vous passionnez pour ses carnets d'adresses, brûlez d'examiner les archives de son téléphone portable, scrutez avec le sérieux d'un détective le contenu de ses poches. Puisqu'il est l'objet de vos tourments, exactement comme aux moments les plus intenses de la passion, il focalise l'entièreté de votre attention. Somme toute, c'est un bien pour un mal. Un être jaloux est à l'écoute, observateur, attentionné, disponible, toutes vertus que l'on attend d'un amoureux.

Les dérapages

Mais lorsque le soupçon s'insinue, il chemine hardiment et la machinerie sentimentale peut finir par se gripper. Shakespeare évoque la jalousie en ces termes : « Le monstre aux yeux verts qui produit l'aliment dont il se nourrit *. » Les détails les plus anodins de la vie quotidienne deviennent source d'angoisse. « Des bagatelles légères comme l'air semblent à un jaloux des preuves. » (Stendhal) Celui-ci devient inquisiteur. Il se prend à rêver de prendre l'autre en faute. Il accuse, il espionne, il invente des guets-apens, développe un comportement qui confine à la paranoïa et, au final, devient un être misérable, nerveux, susceptible, retors et compliqué, dénué de toute assurance et privé de toute superbe.

À ce stade, la jalousie devient invivable pour tout le monde. Elle ne laisse aucune place pour l'amour et s'arme d'un pouvoir destructeur qui peut s'avérer fatal à la relation. La sollicitude apparente n'est mue par aucune sorte de tendresse, elle ne se met en marche que pour nourrir l'enquête. Tout ce qu'il remarquera chez vous sera retenu contre vous. Vous avez l'air particulièrement épanoui(e) en ce moment, vous avez changé de coiffure, vous portez une nouvelle robe qui vous va à ravir. Tout ce qui, en temps normal, lui aurait fait plaisir n'a désormais qu'un seul effet : alimenter ses soupçons. Vivre auprès d'un censeur doublé d'un espion n'est pas concevable. Un jaloux pathologique serait comme un horticulteur qui a le sentiment que son rosier est menacé par une mauvaise herbe. À vouloir combattre le parasite, il finit par tuer la fleur. À force de concevoir des soupçons, le jaloux s'entoure d'une gangue d'inquiétude dont il aura autant de mal à se désengluer qu'un cormoran après une marée noire. L'amour aérien est plaqué au sol, étouffé. L'épisode risque de laisser des cicatrices.

---

* Shakespeare, *Othello*.

Infidèle

C'est banal ?

C'est entendu : la luxure est un péché capital. Néanmoins, nous sommes nombreux à y succomber. Jusque-là, sondage après sondage, deux chiffres dominaient : un homme sur deux était infidèle contre seulement une femme sur quatre [6]. « C'est assez peu – sauf si ma femme en fait partie », pense en lui-même le lecteur attentif. Il a raison en tous points. En effet, si sa femme en est, c'était assommant. En effet, une femme sur quatre, c'est somme toute assez peu. Les sondeurs eux-mêmes ont fini par mettre en doute ce décalage entre les deux sexes en matière de conduite sexuelle. D'expérience sans doute, ils se sont convaincus qu'elles n'étaient pas les dernières à en croquer. D'expérience aussi, ils se sont rendus à l'évidence que pour commettre l'adultère, on n'est jamais trop de deux.

Ils en ont conclu que les sondées étaient moins promptes à avouer leurs écarts, fût-ce dans un questionnaire anonyme [7]. Question d'image. L'infidélité ayant été longtemps regardée chez la femme comme une attitude scandaleuse et chez l'homme comme un comportement glorieux. De l'avis général, si l'adultère de l'homme n'est qu'un coup d'épingle dans le couple, celui de la femme est un coup d'épée fatal dans le foyer. Peccadille pour les uns, crime pour les autres : il y eut longtemps deux poids deux mesures. Prenant le contre-pied, Brassens n'avait pas hésité à chanter sa sympathie pour ces pécheresses qui bravaient l'interdit, se déclarant solidaire : « Ne jetez pas la pierre à la femme adultère, je suis derrière. »

Bref, les chiffres n'étaient pas fiables. Jusqu'à ce que le magazine *Newsweek* s'empare de la question épineuse.

L'enquête menée en 2007 sur un échantillon gargantuesque de soixante-dix mille personnes a donné les résultats escomptés et définitivement clos le débat : 50 % des femmes comme des hommes y déclarent avoir un jour cédé à l'adultère. La calamité éclatait au grand jour…

C'est fréquent ?

L'amour dure trois ans, affirme Beigbeder, en titre de son roman. Il n'est pas loin de la vérité. Et aujourd'hui que la contrainte sociale s'allège, la durée de vie du couple s'amenuise. Les crises conjugales surviennent en moyenne quatre ans après le mariage et les divorces cinq ans après le mariage, comme le montre l'étude des registres des mariages de multiples pays. Les comportementalistes expliquent la chose. C'est en général un an après la noce qu'un couple accueille son premier enfant. Une fois passée la phase focalisée sur le développement du petit, les liens se distendent. À ce stade, soit on refait un enfant pour relancer le couple, soit on regarde ailleurs. En somme, si elles ne sont pas fatales, les crises conjugales reflètent un penchant naturel. Il s'établit ainsi un cycle de l'infidélité. « C'est la faute commune et le péché véniel/C'est la face cachée de la lune de miel », résume Brassens, comme si c'était inéluctable. Et s'il avait raison ?

La monogamie est une vue de l'esprit

Quel est le point commun entre le dik-dik, petite antilope africaine, la gerbille de Mongolie, l'hippocampe, le cygne et l'oie cendrée ? Ces espèces sont toutes monogames, fiers modèles noyés au sein d'une nature qui offre assez peu d'exemples du genre. Le gibbon, singe des forêts tropicales d'Asie, le plus petit des anthropoïdes, semble mener une vie sexuelle rangée. C'est sans doute qu'avec ses longs bras, il enlace pour toujours. Le campagnol des montagnes, pour tromper les rigueurs de sa vie en altitude, s'attache les faveurs d'une compagne à laquelle il sait se montrer fidèle. Mais il s'agit là de quelques très rares exemples de fidélité conjugale dans la nature. L'immense majorité des espèces est infidèle. Nous l'avons vu *, même chez les oiseaux chanteurs, parangons de la fidélité, on trouve fréquemment, lové au fond du nid, un œuf conçu dans un autre arbre, révélant quelque incartade de la bergeronnette ou du rouge-gorge.

Il y a plusieurs façons d'être monogame. La « monogamie sociale » se rapporte aux couples unis pour élever une famille mais admettant plusieurs partenaires sexuels. 3 à 10 % des espèces mammifères se comportent ainsi. La « monogamie sérielle » s'applique aux espèces qui entretiennent une succession de liaisons fidèles dans une existence. Seule la « monogamie vraie », fidélité *ad vitam aeternam* à un unique partenaire, est assortie de fidélité sexuelle. Elle représente moins de 1 % des espèces. Le dik-dik en fait partie. Les couples traversent l'existence flanc contre flanc ; la légende prétend même que si l'un des deux quitte ce monde, l'autre mourra de chagrin quelques jours plus tard.

« Il n'y a d'animaux monogames que ceux qui ne font l'amour qu'une seule fois dans leur vie ** », note Rémy

* Voir chapitre IV.

** Rémy de Gourmont, *Physique de l'amour, Essai sur l'instinct sexuel*, 1989, Les éditions 1900.

de Gourmont. Les monogames les plus rigoristes, à lire son étude sur les insectes, ne le sont pas par religion. Ils n'ont en vérité pas grand choix. On trouve, parmi les coccidés, une espèce de pucerons chez qui le mâle est si petit que l'exploration de sa femelle est pour lui le travail d'une vie. Quand enfin, au terme d'une aventure aussi stressante qu'épuisante, il trouve la fente génitale, il la féconde puis se détache, tombe, meurt. C'est ce qui s'appelle un cas de force majeure. La mante, elle, est polyandre, mais le mâle n'a d'autre choix que la monogamie, réduit le plus souvent à l'état de cadavre à l'issue de la rencontre, en vertu de la gourmandise de sa partenaire. La description des accouplements de mantes donne froid dans le dos. « La mante est presque le seul insecte qui ait un cou ; la tête ne se joint pas immédiatement au thorax, et ce cou est long, flexible en tous les sens. Alors, cependant que le mâle l'enlace et la féconde, la femelle tourne la tête en arrière et tranquillement ronge son compagnon de plaisir. En voici un qui n'a déjà plus de tête. Cet autre a disparu jusqu'au corsage et ses restes s'agrippent à la femelle qui dévore ainsi le mâle par les deux bouts, tirant de son époux à la fois la volupté de l'amour et la volupté de la table*. » Gourmont ajoute encore une scène d'amour « gore » qui vaut le détour, dans un couple de mantes : « Un mâle saute sur une femelle et va s'accoupler. La femelle fait virer sa tête, dévisage l'intrus et brusquement, d'un coup de sa patte-mâchoire, une merveilleuse petite faux dentelée, lui tranche la tête. Sans se déconcerter, le mâle se cale, se déploie, fait l'amour comme si rien ne s'était passé d'anormal. La pariade eut lieu et la femelle voulut bien attendre la fin de l'opération pour achever son repas de noces. » Sûr qu'ensuite le décapité n'ira pas chercher à

---

* Rémy de Gourmont, *op. cit.*

séduire ailleurs. Le cannibalisme sexuel est probablement une débauche de moyens pour s'assurer la fidélité de son partenaire…

Infidélité et fertilité

Comme si la nature allait toujours à l'encontre de la morale la plus élémentaire, il se trouve que l'on est plus fertile dans les bras d'un amant [8]. Pourquoi ? Car l'infidélité est propice à l'orgasme, or, c'est prouvé, l'orgasme améliore l'aspiration des spermatozoïdes dans le vagin. La théorie dite « de la compétition des spermes » compare la valeur fécondante des relations intra et extraconjugale [9]. 80 % des femmes font l'amour au moins une fois dans leur vie avec deux hommes à cinq jours d'intervalle. 70 % le même jour. 13 % dans l'heure. 1 % dans la demi-heure. On a donc pu comparer la vigueur des spermatozoïdes de l'un et l'autre partenaire. Il s'avère que les spermatozoïdes de l'amant sont plus fécondants que ceux du mari.

Chez les animaux, il semble que les espèces se soient adaptées à cet état de fait. En effet, plus l'espèce est infidèle, plus les testicules sont importants et la fabrication de spermatozoïdes soutenue. En d'autres termes, plus les femelles sont volages, plus les mâles sont dotés de testicules performants comme pour gagner cette compétition des spermatozoïdes. Les chimpanzés, grands vagabonds sexuels, arborent des testicules plus importants que leurs cousins les gorilles, chez qui le mâle dominant est le seul à avoir accès au harem femelle [10]. Comment situer l'espèce humaine dans cette affaire ? Notons que le poids des testicules humains se situe entre celui des chimpanzés et celui des gorilles. Ce qui pourrait laisser à penser que la femme est moins débridée que la femelle chimpanzé mais plus que la femelle gorille.

Deuxième corrélation : plus l'espèce est infidèle et plus le cerveau est petit. Au sein des espèces monogames, le poids moyen du cerveau des mâles s'établit à 2,6 % de son poids. Cette moyenne chute à 1,9 % chez les espèces infidèles. De là à corréler la taille des testicules à celle du cerveau, il n'y a qu'un pas. Et de quoi laisser perplexes un certain nombre de couples...

Elle a le diable chevillé au corps...

Nous l'avons tous remarqué autour de nous, parmi nos connaissances, nos amis, ou les personnalités qui occupent l'actualité des journaux télévisés : certains ont le diable chevillé au corps et semblent mus par une envie irrépressible de mener une vie sexuelle animée, quand d'autres sont par nature plus paisibles et rangés. Les frasques des uns contrastent avec la vie sage des autres. L'humanité est divisée en sous-groupes : il y a les coureurs incorrigibles et leurs opposés les monogames invétérés et, entre les deux, la majorité d'entre nous, qui naviguons de l'un à l'autre des comportements.

Dans quelle mesure l'infidélité peut-elle représenter un trait de caractère constitutif d'un individu ? Les progrès de la génétique ont permis d'identifier des gènes responsables d'un certain nombre de comportements. Nous l'avons vu, selon son ADN, l'humain peut être pourvu de gènes qui l'entraîneront vers une sexualité plus dynamique que la moyenne de ses congénères, vers une plus grande aptitude à l'orgasme lors du rapport sexuel, ou une plus grande difficulté à l'attachement. Récemment, des chercheurs anglais ont mené une étude auprès de mille six cents jumelles [11]. Ils les ont interrogées sur leur vie sentimentale et sexuelle et sur la fréquence de leurs incartades amoureuses. Il ressort de cette étude que lorsqu'une des deux sœurs est volage, le plus souvent, sa jumelle l'est aussi. Ce tempérament infidèle se transmettrait à hauteur de 40 % d'une génération sur l'autre, ce qui correspond à peu près au poids de l'héritabilité des comportements addictifs. Les sujets infidèles par nature sont probablement porteurs de ce même gène qui induit des comportements de recherche d'aventures et de sensations. Sachant, comme toujours, que la tendance imprimée par le gène sera nuancée par l'environnement familial et l'éducation. Le potentiel génétique d'infidélité se trouve donc modulé à chaque nouvelle étape de l'existence et lors de chaque nouvelle relation.

Le démon de midi

Un nouveau corps, une nouvelle peau, un nouveau regard apportent indubitablement un coup d'éclat à un quotidien délavé. L'expérience a été menée chez les rats. Un mâle peut saillir sept fois de suite sa femelle, après quoi son appétit sexuel décroît. Proposez-lui une nouvelle rate, les griffes faites, les yeux langoureux et la queue bien peignée, et le rat repart pour sept accouplements fougueux d'où il ressort à nouveau repu [12]. Preuve irréfutable que l'intervention d'un nouveau partenaire réanime le désir sexuel.

L'usure du couple, la crise des quatre ans, l'ennui, une mauvaise ambiance à la maison, et on a vite fait d'ouvrir une fenêtre, de passer de la tentation à l'adultère. L'espérance de vie s'allongeant, le démon de midi s'est décalé d'autant. Ce qu'autrefois on qualifiait de crise de la quarantaine est devenu une crise de la cinquantaine. On a l'impression d'un crépuscule sexuel alors qu'on n'est qu'au milieu du chemin, on se dit que malgré les années, on porte beau, qu'on peut encore séduire. Il n'en faut pas plus pour s'offrir une seconde jeunesse dans les bras d'un nouveau venu [13].

La motivation de l'adultère est érotique. On y trouve une vitalité sexuelle perdue. On « revit ». Mais à quel prix ? 50 % des hommes pardonnent l'infidélité à leur épouse. Contre seulement 25 % des femmes. « Le boulanger : Assieds-toi là, ma belle. Tu dois avoir faim ? Tiens, j'avais préparé à manger pour moi, parce que je ne savais pas si tu reviendrais ce soir. Mange, va, moi j'ai pas faim. Aurélie : Ne me pardonne pas comme ça. Ça me fait mal. » Aimable, le boulanger, s'en prend à la Pomponnette qui est partie « avec son chat de gouttières… Un inconnu, un bon à rien… un passant du clair de lune… » Mais il pardonne à sa femme Aurélie. « Aimable, une bonté comme la tienne, c'est pire que des coups de bâton », sanglote-t-elle, avant d'aller se blottir contre lui. L'adultère, comme la jalousie, peut rapprocher les couples. Combien d'enfants sont nés neuf mois après une crise d'adultère ! Combien de vacances à Rome ou à Venise après une incartade ? Comme la déclaration d'un amour renouvelé. Parce qu'on a eu peur de se perdre, on voudrait se serrer l'un contre l'autre.

Mais si l'adultère est un événement si violent dans la vie d'un couple c'est précisément parce qu'on en ignore l'issue. Tout peut s'écrouler. La vigueur des valeurs morales en décidera : pour certains, c'est simplement inacceptable et sans retour. La qualité de la relation y fait aussi. On peut penser qu'un couple follement amoureux survivra plus sûrement à une passade sexuelle de l'un des deux. Tout dépend aussi du troisième venu. Plus inquiétant de voir son mari conter fleurette à une femme jeune, ravissante, intelligente, disponible et gaie qu'à une chipie rancie et moche !

1. Buss D.-M., *Une passion dangereuse : la jalousie*, Paris, Odile Jacob, 2005.

2. Daly M., Wilson M., Weghorst S.-J., « Male sexual jealousy », *Ethology and Sociobiology*, 1982 ; 3:11-27.

3. Takahashi H., Matsuura M., Yahata N., Koeda M., Suhara T., Okubo Y., « Men and women show distinct brain activations during imagery of sexual and emotional infidelity », *Neuroimage*, 2006 ; 32(3):1299-1307.

4. Cyrulnik B., *Les Nourritures affectives*, Paris, Odile Jacob, 1990.

5. Girard R., *Des choses cachées depuis la fondation du monde*, Paris, Le Livre de Poche, 1983.

6. Wiederman M.-W., Kendall E., « Evolution, sex, and jealousy : investigation with a sample from Sweden », *Evolution and Human Behavior*, 1999 ; 20:121-128.

7. Alexander M.-G., Fisher T.-D., « Truth and consequences : using the bogus pipeline to examine sex differences in self-reported sexuality », *J Sex Res*, 2003 ; 40(1):27-35.

8. Thornhill R., Gangestad S.-W., Comer R., « Human female orgasm and mate fluctuating asymmetry », *Animal Behaviour*, 1995 ; 50:1601-1615.

9. Baker R.-R., Bellis M.-A., *Human sperm competition : copulation, masturbation, and infidelity*, London, Chapman and hall, 1995.

10. De Waal F., *Le bon singe : les bases naturelles de la morale*, Paris, Bayard, 1997.

11. Dunn K.-M, Cherkas L.-F, Spector T.-D, « Genetic influences on variation in female orgasmic function : a twin study », *Biol Lett*, 2005 ; 1(3):260-263.

12. Wilson J., Kuchn R., Beach F., « Modification in sexual behavior of male rats produced by changing the stimulus females », *Journal of Comparative Physiology and Psychology*, 1963 ; 3:636-642.

13. Millet R., *La Crise du milieu de vie*, Paris, Masson, 1990.

CHAPITRE XI

Je suis venu te dire que je m'en vais…

Un jour ou l'autre, la nouvelle sonne comme un cataclysme : « Je te quitte. » Toujours la même mélodie avec, en préambule, la formule solennelle de rigueur : « Il faut que je te parle. » Suit un discours souvent nébuleux, labyrinthe d'explications embarrassées, entrelacs et arabesques émaillés de quelques constats aussi douloureux que définitifs qui précisent le propos : « Je ne t'aime plus », « C'est fini entre nous. » Enfin, on arrondit les angles au moyen d'illusoires résolutions du genre « Restons amis », façon de dédramatiser l'épisode douloureux. « *This is how the story ends/He's gonna turn me down/And say can't we be friends ?* » La séparation, chantée par Ella Fitzgerald et Louis Armstrong, donnerait presque envie d'y être, tant c'est joli. Une rupture qui invite à danser…

On est tous passés par là

Chacun, à un moment donné de son existence, aura traversé l'amère expérience de la séparation. Avec une moyenne d'environ cent trente mille divorces prononcés en France chaque année, on peut considérer que la rupture est une activité plutôt en vogue, beaucoup plus en tout cas que le rafting ou la peinture sur soie. Le nombre de divorces a augmenté de 40 % en vingt ans avec désormais un divorce sur trois mariages en France, et un sur deux dans la région parisienne. Le phénomène frappe la population adulte, tous profils confondus : depuis votre voisin de pallier, dépressif chronique qu'un jour vous croisez dans l'ascenseur, hâve et dépité, parce qu'il vient de se faire plaquer, jusqu'au président de la République au sommet de la gloire, élu la veille par 53,6 % des Français, dont on apprend le divorce par voie de presse.

Mariage ou pas, chacun a éprouvé, éprouve ou éprouvera les affres de l'abandon. Le *Journal of personality and social psychology* [1] a publié en 1993 une étude sur le chagrin d'amour. L'enquête, menée auprès d'étudiants américains, indique que 93 % des sujets des deux sexes ont subi le rejet d'une personne qu'ils aimaient passionnément. Obéissant à une symétrie quasi parfaite, ils étaient 95 % à déclarer s'être trouvés en situation de devoir repousser quelqu'un qui les aimait profondément. D'une perspective ou d'une autre, tout le monde est passé par là.

Il existe probablement autant de modes de séparations qu'il y a de types de relations amoureuses. Autrement dit, un nombre infini. Mais toutes ont un point commun : la souffrance. « La rupture est la seule chose que nous ayons à savoir de l'enfer », écrit la poétesse Emily Dickinson. C'est ainsi : la douleur est un corollaire du plaisir. L'amour n'est pas qu'un lit de pétales de roses, on risque toujours de se blesser à quelque mauvaise épine.

Survivre à une séparation

Une rupture est rarement une partie de plaisir. Tout est remis en cause. C'est votre existence tout entière qui est chamboulée. Rien ne sera plus jamais comme avant. Vous allez changer de partenaire mais peut-être aussi déménager, perdre de vue vos amis, voir vos enfants moins souvent. Vivre autrement.

On met un certain temps à se remettre d'une rupture. Plus longtemps encore quand la décision ne vient pas de soi. Mais le chemin de croix parcouru après une séparation est balisé d'étapes désormais identifiées. Celles-ci sont assez similaires à celles que traverse le petit enfant privé de sa mère, l'adulte qui perd un ami, ou celui qui pleure le décès d'un proche. Le processus est même comparable à celui de l'acceptation de sa propre mort, décrit chez les mourants par Helen Kübler-Ross [2].

L'incrédulité

Le premier réflexe est bien souvent la sidération. Une séparation, on s'y attend rarement, cela vous tombe sur le coin du crâne comme une jardinière qui choit d'un balcon un jour de tempête. C'est la déveine, le mauvais coup du sort. Pourquoi moi ? Impossible, c'est un malentendu, un vilain cauchemar. Demain, il fera jour. Le boulanger de Marcel Pagnol, un beau matin, ne trouve pas sa femme Aurélie dans son lit. Tous les témoignages concordent : elle est partie avec son amant. Le berger Esprit rapporte qu'ils se sont donné rendez-vous la veille, nuitamment, derrière l'église. Réaction du boulanger : « Mais je m'en fous, moi, de ce qu'il dit, Esprit. Ce n'est pas l'Esprit-Saint, quand même ! Vous ne voyez pas qu'il est abruti ! Qu'est-ce qu'il peut savoir de ma femme, lui, Esprit ? Va-t'en, berger de malheur, raconteur de boniments, escagasseur de réputations ! C'est à force de regarder tes moutons que tu vois des cornes partout ? »

Le refus

C'est trop bête, on peut sûrement trouver une solution. On va s'arranger… Le jour où vous annoncez à votre camarade que vous le quittez, il est prêt à tous les efforts pour vous garder. Les problèmes d'hier n'en sont plus. Il va mettre de l'eau dans son vin. Pourquoi le quittez-vous ? Chacune des raisons invoquées sera scientifiquement démontée et réduite en poussière. Il vous prouvera par a + b que ce sont de faux arguments. Qu'il n'y a pas lieu de s'alarmer. Que tout va rentrer dans l'ordre…

Vous menez ensemble une vie sexuelle misérable ? Il vous expliquera que ça n'était qu'un passage à vide qui annonce les rebondissements les plus mélodieux.

Vous passez le plus clair de votre temps à vous disputer ? Ajustements salutaires ! Désormais que tout est dit, les choses vont s'arranger et le foyer va résonner de tendres roucoulements.

Vous ne l'aimez plus ? C'est une impression. Pensez aux bons moments passés ensemble il y a dix ans, preuve que vous êtes faits l'un pour l'autre.

Vous n'êtes jamais d'accord sur rien ? Donnez-lui seulement une dernière chance et vous verrez que tout cela n'est qu'apparences. Il est en vérité l'homme dont vous rêvez.

Celui qui est abandonné s'accroche bec et ongles. Tous les arrangements sont envisageables du moment que vous renoncez à le quitter.

Rage et dépression

Le chiot séparé de sa mère arpente le lieu, gratte le sol, bondit sur les murs, gémit, proteste. Le bébé rat perd le sommeil tant son cerveau est agité. Ces manifestations de détresse chez le jeune animal séparé de sa mère, décrites par les éthologues, peuvent s'appliquer mot pour mot à l'amoureux éconduit. Déboussolé, il exprime son désarroi sous la forme d'un affolement qui va croissant. Tour à tour, il écume de rage et sombre dans la mélancolie, passe du chagrin à la fureur. Le monde s'écroule autour de lui. La torture du rejet amoureux s'établit à l'aune de l'intensité de la relation amoureuse qui se termine [1].

C'est une phase inéluctable, c'est aussi la plus critique. La rage coûte cher en énergie. On devient une espèce de taureau furieux, blessé au flanc, prêt à bondir sur tout ce qui bouge. Le stress atteint des sommets, la tension est permanente. L'axe hypothalamo-hypophysaire * fonctionne sans répit, affole et désorganise notre système nerveux et hormonal. L'usine, en surrégime, s'expose à des dysfonctionnements. L'affaiblissement du système immunitaire, induit par le stress, occasionne des décompensations somatiques. On dort moins, on mange moins et on tombe malade.

Chez les sujets déprimés, le métabolisme cérébral est perturbé. Selon le même principe, la sécrétion excessive de cortisol peut susciter des décompensations physiques. Immunodépression, infections, hypertension, palpitations, ulcères sont autant d'effets secondaires redoutables de la dépression [3].

---

* Pour faire simple, l'hypothalamus commande et l'hypophyse régule la fabrication d'hormones, parmi lesquelles, le cortisol, hormone secrétée dans les situations de stress.

Hommes et femmes réagissent différemment. Les premiers sont plus prompts au passage à l'acte, qu'il s'exprime par une violence physique inconsidérée ou une consommation démesurée d'alcool, l'autre favorisant l'un. La fiancée répudiée, elle, pleure, maigrit, dort mal, perd tout appétit sexuel et toute capacité de concentration. Sa détresse s'exprime en paroles. C'est une véritable logorrhée qui se déverse des heures durant au téléphone. Elle s'apitoie sur son malheur, formule à l'infini sa haine de celui qui l'a congédiée. L'une et l'autre attitudes ont un même objectif : faire entendre son désespoir, appeler au secours, obtenir le soutien de l'entourage. Car un regard neutre et détaché permettra d'évaluer plus raisonnablement la situation et de quitter enfin cet état d'affolement suraigu.

Pour ceux qui auront survécu à ce parcours du combattant, la voie est ouverte pour la quatrième phase.

L'acceptation

Pour le deuil, on parle de résignation. L'acceptation est une forme de résignation. À partir de là, le pire est derrière soi. Faire le deuil d'une relation, c'est cesser de s'accrocher à une cause perdue et se donner la possibilité de passer à autre chose, seule voie de guérison possible. Du jour où le regard change de direction, c'est gagné.

Imagerie cérébrale

L'imagerie fonctionnelle par résonance magnétique nucléaire propose sa représentation de la rupture. Au même titre que la passion ou le désir sexuel, la sensation de manque s'exprime clairement au niveau cérébral. Le chagrin d'amour sollicite des zones spécifiques du cerveau. Les images recueillies lors de la radiographie d'un sujet abandonné sont strictement symétriques à celles réalisées sur un sujet passionné *. Toutes les zones du cerveau qui étaient en état d'alerte du temps de la passion sont désormais amorphes. Et toutes celles qui étaient en sommeil sont au contraire sollicitées [4].

Ainsi, les voies du plaisir et de la motivation (aire tegmentale ventrale, *nucleus accumbens*, insula, cortex orbito-frontal et pré-frontal, hypocampe), sur-stimulées quand on est amoureux, se trouvent réduites à l'état d'hypo-fonctionnement. Les voies de la méfiance et de l'esprit critique (aires corticales situées dans les zones temporales), endormies chez le sujet amoureux qui voit la vie en rose, sont, au moment de la séparation, en hyper-fonctionnement. L'amoureux est hypnotisé par une confiance aveugle dans son partenaire et convaincu qu'il ne pourra lui faire que du bien. Le sujet abandonné, vulnérable, se méfie de l'autre et subit de plein fouet toute la souffrance que celui-ci lui inflige.

Sémir Zeki, pionnier des images de l'amour passion et de l'attachement, s'est penché sur le sentiment de haine découlant de la séparation et du manque [5]. Il a observé sous IRM dix-sept sujets auxquels il a montré, parmi quatre photos, celle du partenaire responsable de la rupture. L'intensité de la haine était évaluée avec la Passionate Hate Scale (PHS), instrument de mesure similaire à la Passionate Love Scale décrite au chapitre III. À la vue du partenaire haï (bien qu'autrefois aimé), deux zones cérébrales, généralement actives dans l'épisode passionnel, s'illuminent : l'insula, traduisant ici les émotions corporelles de la haine, et le putamen impliqué

* Voir chapitre III.

dans la perception émotionnelle d'autrui, reflétant vraisemblablement l'activité des neurones miroirs émotionnels. D'autres zones s'illuminent : le cortex frontal prémoteur, traduisant la préparation imaginaire d'une action d'attaque ou de défense. Mais aussi une zone frontale qui pourrait traduire la mise en route des neurones miroirs anticipant les actes de la personne haïe. Très récents, donc à confirmer, ces résultats semblent corroborer nos représentations émotionnelles.

De quelques ruptures types

Nous l'avons vu*, les relations qui s'instaurent, durant les premières années de l'existence, entre l'enfant et ses parents – et notamment avec la mère – impriment un type d'attachement que l'on retrouvera en toile de fond des relations affectives de l'adulte. Lors d'une séparation, moment émotionnellement fort, émergent des comportements qui se réfèrent clairement au type d'attachement construit par chacun. En somme, les différents modes de rupture suivent d'assez près la grille des différents types d'attachements.

Rompre en bonne entente (rupture entre deux sujets à attachement sûr)

La rupture est à l'image de la relation et fonction de la stabilité des liens construits ensemble. Dans un couple équilibré, constitué de deux personnes ayant chacune une bonne estime de soi, s'érige un respect mutuel. Bien sûr, on se sépare rarement « d'un commun accord ». Il y

* Voir chapitre V.

en a toujours un des deux qui joue un rôle déclencheur. Toujours un des deux qui souffre plus que l'autre. Cependant, dans ces couples, l'amour s'érode petit à petit et le constat est en général partagé : les plaisirs recueillis ne compensent plus l'inconfort de la vie à deux. La rupture va se faire en douceur.

On s'assurera de ne pas laisser planer d'ambiguïté. On se séparera clairement, sans y revenir. Le classique « on fait un break, on en reparle dans six mois » est du pire effet. Impossible de faire le deuil d'une relation à laquelle on n'a pas vraiment mis fin. La souffrance traîne. Mieux vaut un *clean cut*.

Par ailleurs, on s'attachera à partager les torts et la responsabilité de l'échec. L'idée n'est pas de laisser l'autre affaibli, insécurisé, convaincu que tout est de sa faute et que jamais il ne sera capable de rendre quiconque heureux. Quitter quelqu'un n'empêche pas de lui reconnaître de précieuses qualités. Napoléon, en son temps, sut donner l'exemple lorsqu'il quitta Joséphine de Beauharnais. Le jour du divorce, devant la famille impériale réunie au grand complet, il rendit un fervent hommage à celle qu'il avait adorée : « J'ai le besoin d'ajouter que loin d'avoir jamais eu à me plaindre, je n'ai jamais eu qu'à me louer de l'attachement et de la tendresse de ma bien-aimée épouse : elle a embelli quinze ans de ma vie ; le souvenir en restera toujours gravé dans mon cœur. Elle a été couronnée de ma main ; je veux qu'elle conserve le rang et le titre d'Impératrice, mais surtout qu'elle ne doute jamais de mes sentiments et qu'elle me tienne toujours pour son meilleur et son plus cher ami. » C'est à ce prix que Joséphine put sereinement retourner cultiver son jardin de la Malmaison.

Les ruptures difficiles coïncident avec les attachements pathologiques

— Le séducteur invétéré ne regarde jamais derrière lui (rupture chez le sujet à attachement anxieux évitant) : « Les grimaces d'amour ressemblent fort à la vérité et je connais de grands comédiens là-dessus * », enseigne la servante Toinette à la jeune Angélique. Pas plus expert qu'un don Juan pour vous magnétiser avec des flatteries adorables. Ils profèrent des paroles obscures et chatoyantes qui font rêver, sont capables d'une éloquence hors pair, savent charmer et vous éblouir. C'est un véritable tourbillon qu'ils vous servent à la saison des amours mais, une fois passée la lune de miel, ils s'éclipsent à l'anglaise. Incapables d'établir des liens solides, ils butinent les fleurs à la chaîne, sautent d'une relation à l'autre, cherchant à se rassurer sur leur pouvoir de séduction… et se séparent au premier nuage. Ceux-là ne regardent jamais en arrière. À peine quittée, déjà oubliée. Ils n'ont d'yeux que pour la prochaine conquête. Avec eux, les débuts sont flamboyants et les fins cruelles. Ils feront autant de victimes que de conquêtes et laisseront chez elles des blessures ouvertes qu'ils ne se soucieront guère de panser.

— Séparation douloureuse chez les couples fusionnels (une autre forme d'attachement évitant) : il arrive que les névroses soient moins pénibles à deux. Elles s'accrochent l'une à l'autre comme deux pièces de Lego et forment un tout. Lorsque mari et femme manquent tous deux d'assurance, lorsqu'ils sont un peu flageolants, vulnérables, il s'instaure entre eux une relation intense et fusionnelle. Des névroses de nature opposée

* Molière, *Le Malade imaginaire.*

peuvent aussi s'imbriquer. Un paranoïaque et une hystérique peuvent s'entendre à merveille. Les forces de l'un compensent les faiblesses de l'autre. L'un sans l'autre, ils sont démunis ; ensemble, ils sont d'airain. Ils tricotent un cocon protecteur, construisent une cellule familiale qui les prémunit contre la brutalité du monde et les libère de leurs angoisses. Ils sont prêts à tout l'un pour l'autre, s'offrent un amour indéfectible de chaque instant et établissent peu de liens avec l'extérieur.

Mais quand vient la rupture, la digue s'effondre et le sujet abandonné se trouve submergé par ses angoisses un temps endormies. Toutes les souffrances qu'il était parvenu à juguler par la grâce de l'amour lui sautent à la gorge. Il n'a aucune béquille à disposition pour tenir debout. Si le séducteur invétéré, par crainte de l'échec, s'investit a minima dans une relation de couple, le sujet fusionnel, lui, obéissant à la même crainte de l'abandon, adopte la stratégie inverse et investit tout dans son couple qu'il ne peut imaginer qu'éternel et absolu. L'un est trop loin, l'autre, trop près. Le premier est indifférent à la séparation, le second perd les pédales quand survient la rupture. En un instant, son existence se vide de sens. Son désarroi peut le conduire à des comportements extrêmes de violence. Ces couples fusionnels font parfois la une des rubriques de faits divers. Un crime est commis. Et le journaliste précise : « C'était un couple sans histoire. »

— Séparation chez les sujets à attachement anxieux ambivalent ou désorganisé : les sujets ayant construit un attachement ambivalent ou désorganisé ont subi dans l'enfance des traumatismes affectifs et sexuels. Tout ce qui est associé aux sentiments d'amour et de tendresse s'est trouvé saccagé. Dans leur couple, ils expriment une demande d'amour massive, authentique, sincère et envoûtante mais ont le plus grand mal à comprendre les émotions de leur partenaire ou leurs preuves d'amour. En somme, ils souffrent d'une profonde confusion affective. Il en résulte une relation en dents de scie, ponctuée par des crises majeures. Plaisir et douleur se succèdent, tristesse et exaltation se mêlent. Ils sont successivement victime et bourreau. Dans un tel maelström affectif, difficile d'appréhender la rupture. Difficile même de l'identifier, de simplement comprendre que l'autre vous quitte. De sorte que s'entretiennent de façon déchirante des situations sans issue.

Réussir sa rupture est une porte ouverte vers l'avenir, une étape indispensable, tremplin vers une vie amoureuse épanouie. Quand on ne parvient pas à tourner la page, que l'on reste, les yeux tournés vers le passé, englué dans une relation qui n'apporte plus aucun bien-être, alors on voit poindre les premiers signes de dépendance affective.

1. Baumeister R., Wotman S., Stillwell A., « Unrequited love : on heartbreak, anger, guilt, scriptlessness and humiliation », *Journal of Personality and Social Psychology*, 1993 ; 64:377-394.
2. Kubler-Ross H., *On death and dying*, New York, Touchstone, 1969.
3. Chrousos G., Gold P., « The concepts of stress system disorders », *JAMA*, 1992 ; 267(9):1244-1252.
4. Najib A., Lorberbaum J.-P., Kose S., Bohning D.-E., George M.-S., « Regional brain activity in women grieving a romantic relationship breakup », *Am J Psychiatry*, 2004 ; 161(12):2245-2256.
5. Zeki S., Romaya J.-P., « Neural correlates of hate », *Plosone*, 2008 ; 3(10):e3556.

TROISIÈME PARTIE

Les dépendances affectives et sexuelles

CHAPITRE XII

L'addiction amoureuse : une dépendance affective pathologique

« Rien n'est jamais acquis à l'homme. Ni sa force/Ni sa faiblesse ni son cœur. Et quand il croit/Ouvrir ses bras son ombre est celle d'une croix./Et quand il croit serrer son bonheur il le broie./Sa vie est un étrange et douloureux divorce./Il n'y a pas d'amour heureux », *dixit* Aragon. Pas d'amour sans douleur. Angoisse et incertitude accompagnent le sentiment amoureux aussi assidûment que les cordes accompagnent le piano dans un trio de musique de chambre. Le manque est constitutif du désir. Il lui est chevillé au corps. Dès lors comment distinguer les délices de la passion amoureuse des affres de l'addiction amoureuse ? Les frontières sont minces. L'amour est à la névrose ce que la rose est à la ronce, terriblement proche…

En fait, nous sommes fabriqués pour être dépendant d'autrui et ce dès notre plus tendre enfance. Nous sommes naturellement attachés à ceux qui nous sont proches, et avant tout à ceux qu'on aime : nos parents tout d'abord, puis nos amants. La dépendance est liée à la peur de manquer ; le plaisir à la souffrance. Comment passe-t-on de la dépendance amoureuse, naturelle et inévitable, à la passion destructrice de nature addictive ?

On parle d'addiction quand la souffrance surpasse le plaisir, quand les désagréments prévalent sur les bienfaits. Quand on supporte plus qu'on ne devrait, qu'on s'arrime à une relation qui ne procure plus aucun bien-être, qu'on ne peut plus se passer d'une personne qui de toute évidence vous fait du mal, qu'on ne peut pas s'empêcher de se mettre dans des situations douloureuses, d'approfondir les plaies au lieu de les soigner. Quand regrets, sanglots, frustrations sont les seules gratifications d'une union… alors on tombe dans l'addiction.

De la passion à l'addiction *

Le langage de la dépendance amoureuse

« Elle était ma dame, elle était ma came, elle était ma vitamine,/Elle était ma drogue, ma dope, ma coke, mon crack, mon amphétamine,/Caroline… » À en croire le clip du rappeur MC Solaar, Caroline est une bringue ravissante à la peau mate, aux longs cheveux noirs qui lui tombent jusqu'au milieu du dos, aux jambes interminables qu'elle s'emploie à croiser et à déplier avec une langueur extravagante. On serait accro à moins que ça… Moins rap, la première dame de France, qui chante : « Tu es ma came », a dû, elle aussi, expérimenter les plaisirs et les affres de la dépendance amoureuse. Le lexique amoureux regorge d'expressions empruntées à

* Nous reprenons là, en les réactualisant au regard des dernières publications scientifiques, les éléments que nous avions détaillés en 2004 dans *L'Amour est une drogue douce… en général*, Paris, Robert Laffont, 2005.

l'univers de la toxicomanie. Pour ses délices : « Je ne pense qu'à ça » ; « Je l'ai dans la peau » ; « Avec lui j'oublie tout » ; « Je me sens plus forte » ; « Elle comble un vide terrible en moi » ; « Je n'existe que quand il est là »... Mais aussi pour ses dérives addictives : « Je ne peux pas vivre sans elle » ; « Je suis en manque » ; « Je n'arrive pas à décrocher » ; « Je sais que ça finira mal mais je ne peux pas m'empêcher d'y retourner » ; « Sans lui je suis déprimée et malheureuse » ; « Je me suis interdit de l'appeler puis je n'ai pas pu m'en empêcher, comme si j'avais besoin de ma dose » ; « J'ai pensé qu'on pourrait se revoir juste une fois et puis tout s'est remis en route »...

Sigmund Freud, lui-même amateur de cocaïne et de tabac, tenait l'amour pour la plus puissante de toutes les drogues. « Le philtre de Soma * contient certainement l'intuition la plus importante à savoir que tous nos breuvages enivrants ** et nos alcaloïdes excitants *** ne sont que le substitut de la toxine unique, encore à rechercher, de la libido, que l'ivresse de l'amour produit », suggère-t-il en 1908, dans une lettre au médecin et psychanalyste allemand Karl Abraham. Freud soupçonne l'existence de la dopamine, il en a l'intuition. Les biologistes l'identifieront un demi-siècle plus tard. L'alcool comme la cocaïne, se substituant aux neuromédiateurs naturels, provoquent la sécrétion de dopamine. Le sentiment amoureux est bien une drogue naturelle capable, au même titre que les stupéfiants, de mettre en route le système dopaminergique du désir et de la récompense, mais aussi du manque et de la souffrance.

On trouve dans la littérature une profusion de descriptions de la dépendance amoureuse [2]. Shakespeare, dans

* Philtre d'amour qui enivre le corps.
** L'alcool.
*** La cocaïne.

Roméo et Juliette : « Cesse de penser à elle ! — Oh ! apprends-moi comment je puis cesser de penser*. » Goethe, dans *Les Souffrances du jeune Werther*** : « Je m'éloigne comme d'un brasier mais une force secrète me ramène en avant, le vertige s'empare de mes sens. [...] Je me suis plus d'une fois déjà proposé de ne pas la revoir si souvent. Mais qui pourrait tenir pareille résolution ! Tous les jours je succombe à la tentation et me promets par tout ce que j'ai de sacré de rester le lendemain chez moi. Et quand le matin suivant arrive, je me trouve de nouveau un motif irrésistible et, avant même d'y avoir pris garde, je suis chez elle. » Nathalie Rheims, dans *Lettres d'une amoureuse morte* : « Tu me dévastes, nous sommes une fusion un assemblage parfait, tu es ma drogue, ma dépendance, je me dissous, disparais, fonds en toi***. »

Signes cliniques de la dépendance affective pathologique

La passion destructrice engendre des comportements spécifiques et, de fait, identifiables, sortes de voyants qui devraient nous amener à réagir. Les psychothérapeutes ont recensé quelques signes objectifs de la dépendance amoureuse[3] :

— Le jugement rationnel reconnaît que la relation est malsaine mais on ne se résout pas y mettre fin ; on invoque pour ne pas rompre des raisons qui ne tiennent pas debout ;

* 1595.
** 1774.
*** Nathalie Rheines, *Lettres d'une amoureuse morte*, Flammarion, Paris, 2000.

— On éprouve un sentiment latent de vide, d'insatisfaction, de solitude et d'insécurité auquel on ne peut remédier qu'en fréquentant l'objet de ses désirs ;

— La seule idée de mettre fin à la relation suscite chez le dépendant un sentiment de panique voire de terreur ;

— La rupture entraîne les symptômes de l'état de manque : tremblements, crises de larmes, troubles du sommeil (insomnie ou sommeil excessif), perte d'appétit ou accès de boulimie, douleurs variées, maux de ventre ;

— Le dépendant est prêt à tout pour renouer. Il montre une propension irrépressible à y retourner. Ses doigts composent d'eux-mêmes le numéro de téléphone interdit. Comme un somnambule, seulement conduit par son instinct d'amant, il se dirige les yeux fermés vers les lieux où il est susceptible de retrouver celle qu'il aime.

On retrouve là les signes du manque, les douleurs et les angoisses du sevrage, la sensation de vide, le besoin d'y retourner et le dérèglement de l'évaluation raisonnée et raisonnable.

Suis-je un love addict ? La grille de Goodman

Peut-on parler d'accoutumance sans drogue ? D'addiction sans produit ? « Comme toute passion forte, le jeu devient un mode d'existence, une raison de vivre * », notait, dans ses Mémoires, le comédien Darry Cowl, qui s'était fait interdire de casino pour mettre un terme à l'addiction qui commençait à grignoter, avec la même âpreté, sa vie, ses finances et sa santé. Pour permettre de bâtir des stratégies de prévention, le psychiatre

* Darry Cowl, *Mémoires d'un canaillou*, éditions n° 1, Calmann-Lévy, Paris, 2005.

américain Aviel Goodman a imaginé un outil propre à déceler les addictions comportementales en tous genres. Sa grille s'applique à toutes les formes de dépendance sans stupéfiant : jeu pathologique, achats compulsifs, cyber-dépendance, sexualité obsessionnelle, addiction au sport, dépendance amoureuse. Vous êtes affectivement dépendant, à un niveau pathologique, si vous répondez aux quatre premiers critères de la grille et à cinq des neufs comportements addictifs décrits par Goodman [4].

Les quatre premiers critères de la grille de Goodman détaillent l'état d'esprit favorable à l'addiction comportementale. Ils décrivent l'engouement amoureux.

1. Incapacité à résister à la tentation.

L'amoureux est monté sur ressort. Il est prompt au passage à l'acte, mobilisable en un claquement de doigt. Prêt à traverser la planète pour un baiser. Car son aventure amoureuse figure au rang des priorités absolues.

2. Fébrilité à l'approche du rendez-vous.

Avant chaque rencontre, il ne pense qu'à ça. Impossible pour lui de lire, de manger, de dormir, de se concentrer sur quoi que ce soit d'autre que le rendez-vous à venir. Et plus le moment approche, plus l'excitation est à son comble. Car la seule promesse de la récompense met en route le circuit dopaminergique.

L'amant imaginé par Sacha Guitry, dans *Faisons un rêve*, s'agite dans son salon. Il se prépare à croquer sa maîtresse dont il attend l'arrivée d'une minute à l'autre : « Non, c'est vrai… c'est charmant, les femmes et l'amour… mais enfin, il ne faut pas en être esclave à ce point-là. Il ne faut pas tout subordonner à ça. C'est bien simple depuis cinq heures, ce soir, je n'ai pas pu m'occuper d'autre chose. J'avais un rendez-vous avec Chabrier, je n'y suis pas allé… J'ai acheté des fleurs, des draps de soie… Je m'en suis foutu pour Dieu sait combien… J'ai à peine dîné pour ne pas être gonflé… Je me suis rasé en sortant de table, j'ai horreur de ça… ça me congestionne… sûrement, demain, j'aurai des petits boutons blancs !… »

3. Plaisir et soulagement lorsqu'on entreprend le comportement.

Le passage à l'acte apporte la récompense attendue et le plaisir qui lui est associé. Le dépendant est rasséréné. L'addict au sport plonge dans la piscine avec ravissement, le joueur s'assoit à une table de black jack et palpe voluptueusement ses jetons, et l'amoureux tombe dans les bras de sa partenaire avec l'intention de ne plus jamais en repartir. Le bonheur est massif.

4. Perte de contrôle dans la réalisation du comportement.

Après le soulagement vient l'ivresse. On perd pied, on s'abandonne, on ne pense plus à rien pour mieux s'adonner à son occupation favorite.

L'ensemble de ces comportements fait le lit de la passion. Celui qui se reconnaît dans ces quatre points est « mordu ». Dès lors, il est susceptible de développer des troubles addictifs, quittant le paradis de la passion pour l'enfer de la dépendance. Un sujet est considéré comme souffrant d'une addiction comportementale s'il adopte au moins cinq des neuf attitudes décrites par Goodman dans la deuxième partie de sa grille.

1. La pensée est monopolisée par le projet de comportement addictif.

Le dépendant est parfaitement imperméable à tout ce qui se passe autour de lui. Il est monomaniaque et tout ce qui n'est pas directement relié à l'objet de ses convoitises glisse sur son esprit comme une goutte d'eau sur le flanc d'un canard.

2. Le comportement addictif est de plus en plus fréquent et chaque épisode est de plus en plus long. « Cette fille-là, je ne peux plus m'en passer. » Les rendez-vous, jusque-là épisodiques, se rapprochent et s'allongent.

3. Le sujet multiplie, en vain, les tentatives visant à réduire, contrôler ou abandonner le comportement addictif. « Lundi, je lui annonce que c'est fini entre nous. » Le dépendant affectif est passé maître dans l'art de la procrastination. Il remet la rupture au lendemain ou, s'il se résout à mettre un terme à la relation, c'est pour revenir illico sur sa décision.

4. Le comportement addictif envahit l'emploi du temps.

On s'y prépare, on s'y livre, on s'en remet… et la journée a passé. L'addiction comportementale est chronophage. Comme quand on part en vacances, on peut barrer des pages entières de l'agenda.

5. Le comportement addictif relègue au second plan toutes sortes d'obligations. La feuille d'impôts, la commande au Monoprix, le dîner de famille, la réunion de direction sont autant de devoirs qui seront remis à plus tard.

6. Le comportement addictif prévaut sur tous les autres plaisirs.

On se faisait une joie d'emmener l'enfant au cirque ? On attendait avec impatience la sortie en salle du dernier Woody Allen ? On ne manquait sous aucun prétexte son cours hebdomadaire de Ju Jitsu ? On lisait le week-end, on prenait le temps… Époque révolue. Plus aucune de ces occupations ne présente la moindre saveur, comparée à l'occupation reine, celle qui mobilise tous vos désirs. Vous n'êtes plus le même. « Il n'en faut point douter : vous aimez, vous brûlez ; vous périssez d'un mal que vous dissimulez *. »

7. Et surtout, poursuite du comportement malgré ses conséquences négatives et impuissance de l'entourage à infléchir le cours des choses.

L'absentéisme au travail, les dossiers qui s'accumulent, les enfants qui réclament, la famille qui s'inquiète, le mari qui se fâche… Tout part à vau-l'eau et pourtant aucune remarque ne fait écho dans votre esprit ivre, vous êtes sourd à tous les discours ambiants, indifférent aux réactions de votre entourage. C'est la fuite en avant.

8. Tolérance : besoin d'augmenter l'intensité ou la fréquence du comportement pour obtenir l'effet désiré.

Au départ, le seul fait de penser à cette relation vous mettait en joie. Vous étiez léger, enjoué, heureux. Peu à peu, la vie sans l'autre devient atone. Vous n'êtes vivants qu'ensemble. Le plaisir est ardent, l'appétit, insatiable. Il faut augmenter la dose. Le besoin a remplacé le désir.

9. Agitation, irritabilité et angoisse si le comportement ne peut être poursuivi…

Si l'acte addictif est différé ou empêché – un contretemps, un SMS qui n'arrive pas, un rendez-vous

* Racine, *Phèdre*.

déplacé –, le sujet dépendant ressent le malaise du manque et développe des symptômes comparables au sevrage des produits opiacés. Colère et détresse le ceignent et ne le lâcheront pas jusqu'à l'accomplissement du comportement addictogène, seul capable d'y remédier.

Neurobiologie : la dépendance aux drogues a permis de comprendre le fonctionnement de l'addiction amoureuse

Les drogues, modulateurs artificiels du circuit de récompense

– Stimulation du circuit dopaminergique

Nous sommes programmés pour être dépendants. Notre cerveau est tissé de voies du plaisir et de la motivation qui nous portent à aller vers ce qui est bon. Ajoutez à cela une propension à l'attachement (l'homme n'est pas un animal solitaire) et se trouvent réunis tous les ingrédients propices à l'accoutumance affective. Appétence au plaisir et propension à l'attachement se combinent fort bien pour faire de l'être humain un individu sentimentalo-dépendant.

Les drogues ont servi de traceurs pour observer le fonctionnement des circuits impliqués dans les mécanismes de plaisir et de récompense et comprendre les phénomènes de dépendance. Les conséquences physiologiques de la prise de produits étant plus immédiates et plus outrées que lors de la satisfaction des plaisirs naturels (comme boire, manger, aimer, dormir), les recherches dans le domaine des toxicomanies ont permis de mettre au jour les mécanismes en jeu [5-6].

Premier constat : tous les produits entraînant l'addiction augmentent la sécrétion de dopamine dans les synapses dopaminergiques du *nucleus accumbens*[7]. La dopamine, neurotransmetteur du plaisir et du désir, inonde bientôt l'ensemble du cerveau : depuis le cerveau intuitif (archéocortex), zone de nos sensations les plus primaires, il gagne le paléocortex, cerveau limbique émotionnel, puis le néocortex, cerveau intellectuel[8].

Deuxième constat : la sécrétion dopaminergique dans le *nucleus accumbens* augmente[9], mais en quantité variable et pour une durée plus ou moins brève selon le type de produit ingéré ou le comportement de plaisir poursuivi. Pour donner un ordre d'idées : la sécrétion de dopamine dans le *nucleus accumbens* passe d'un niveau 0 à un niveau 100 durant une minute chez l'individu qui satisfait une envie naturelle comme celle de manger ou de faire l'amour. Lorsque le même individu absorbe des produits créateurs d'accoutumance, comme l'héroïne, la cocaïne ou le tabac, la sécrétion de dopamine passe d'un niveau 0 à un niveau 1 000 et se prolonge pendant plus d'une heure[8].

– Pas de période réfractaire

Si les drogues provoquent la sécrétion de dopamine, c'est qu'elles agissent directement sur les récepteurs responsables de cette sécrétion[10-11]. L'observation des effets physiologiques de la toxicomanie a permis d'identifier les récepteurs nicotiniques (stimulés par le tabac), cannabinoïdes (stimulés par le cannabis), GABA (stimulés par l'absorption d'alcool), endorphiniques (stimulés par la prise d'héroïne ou de morphine). Dans un second temps, on a pu reconnaître les modulateurs naturels agissant sur ces différents récepteurs – on les appelle les « ligands ». En effet, les drogues viennent se greffer sur les voies du plaisir. Elles agissent comme des leurres pharmacologiques, se substituant aux neuromédiateurs naturels (qui sont donc l'acétylcholine, les endocannabinoïdes, les endorphines).

À l'occasion d'une action de plaisir, ces neuromédiateurs naturels augmentent puis diminuent rapidement. Ils procurent une sensation de bien-être suivie d'un état de satiété. Les drogues fonctionnent différemment. Elles stimulent artificiellement et brutalement les récepteurs de ces neuromédiateurs, « forcent la serrure » des synapses dopaminergiques, provoquant une sécrétion de dopamine en dose massive. Surtout, elles n'autorisent pas la période dite « réfractaire » en vertu de laquelle, naturellement, après un plaisir, on se sent repu. Ainsi, avec les drogues, la stimulation est excessive et peut être renouvelée à l'envi. Le désir n'est jamais totalement assouvi ce qui entraîne l'augmentation des prises. On en veut toujours plus [12].

En temps normal, une fois le plaisir disparu, notre cerveau retrouve son état initial. Ce mécanisme de retour à un équilibre préexistant est l'homéostasie. Le cerveau du toxicomane, empêché de revenir à l'équilibre antérieur à la prise de produit, s'habituera à un nouvel équilibre artificiel et précaire. C'est l'allostasie. L'apparition de cette nouvelle norme se manifeste, physiologiquement, par la tolérance, l'adaptation à des doses importantes et les signes de sevrage lorsque le produit manque, tous symptômes de la dépendance [13-15].

– Corrélation du pouvoir addictif et de la capacité de stimulation dopaminergique

La sur-stimulation des circuits dopaminergiques par le moyen de produits artificiels a pour effet de désorganiser les mécanismes de régulation des voies du plaisir. Le sujet addict, incapable de contrôler ses émotions, n'a plus qu'un seul recours pour atteindre le bien-être recherché : la prise de produit. C'est cette désorganisation des circuits qui engendre la dépendance. 80 % des consommateurs de tabac et d'héroïne sont dépendants, 50 % des consommateurs de cocaïne et d'amphétamines, et moins de 10 % des consommateurs de cannabis ou d'alcool [16]. Les produits les plus addictifs sont ceux qui font sécréter les plus fortes doses de dopamine.

Fonctionnement du cerveau addict

– Perte de contrôle du poste de pilotage

Nora Volkow est la petite fille de Lénine. Elle est aussi la directrice du National Institute of Drug Abuse qui s'est donné pour mission d'étudier les phénomènes de dépendance aux drogues et la mécanique cérébrale associée à l'accoutumance [8, 17]. On trouve dans le cerveau humain quatre circuits localisés dans des zones distinctes :

— Le circuit de la récompense implique le *nucleus accumbens* et l'hypothalamus ;

— Le circuit de la motivation et de l'évaluation implique le cortex orbito-frontal ;

— Le circuit de la mémoire et de l'apprentissage implique l'amygdale et l'hippocampe ;

— Le circuit du contrôle cognitif implique le cortex préfrontal et le cingulum antérieur.

Ces quatre circuits interagissent. Dans un cerveau non-addict, il s'établit un équilibre harmonieux entre le plaisir ressenti, la motivation à y retourner – fondée sur le souvenir qu'on a dudit plaisir – et le contrôle du cerveau raisonnable qui régule les tentations. Dans le cerveau addict, tous les signaux envoyés par les voies du plaisir prennent la forme d'alertes tyranniques. Les informations internes reçues sont unidimensionnelles : la récompense est indispensable, urgente, prioritaire. Dans ces conditions, le contrôle raisonnable est affecté, le circuit de régulation neutralisé. C'est le cerveau archaïque qui décide de tout [18-19]. Comme lorsque, dans un avion, un terroriste prend le contrôle du poste de pilotage, le cerveau se trouve sous l'emprise du besoin, entièrement sous le contrôle d'un seul type d'ordres. L'ensemble des fonctions cérébrales se met au service d'un désir impérieux du moment.

D'autant qu'il existe une hiérarchie des ordres transmis à laquelle notre cerveau ne déroge sous aucun prétexte : les messages de l'archéo-cortex priment. Plus le besoin est archaïque, plus le corps doit le satisfaire. Les informations venant des strates les plus archaïques du cerveau, dont la teneur, chez un sujet addict, est « il faut faire quelque chose parce que je suis mal », sont traitées en priorité car elles concernent habituellement des fonctions vitales [20-21]. Le sujet perd tout contrôle. « Ma grand-mère connaissait le conte de la montagne d'aimant. Les navires qui s'en approchaient trop étaient soudain dépouillés de toutes leurs ferrures. Les clous volaient vers la montagne et les malheureux navigateurs sombraient parmi les planches qui s'écroulaient les unes par-dessus les autres [*]... » Goethe exprime parfaitement cette sorte d'effondrement des super-structures chez le sujet dépendant. Toutes les défenses qui faisaient du sujet un être solide, toutes les charpentes, tous les remparts qui le protégeaient des excès s'envolent. Le sujet dépendant est débordé par l'urgence du plaisir qu'il faut satisfaire.

---

* Goethe, *Les Souffrances du jeune Werther.*

– L'échelle du manque : de la Traviata à Othello

Les plus grandes passions de la littérature ou de l'opéra sont celles qui font le plus souffrir, qui amènent aux extrémités les plus folles : c'est la mort de la Traviata, la jalousie assassine d'Othello ou l'honneur perdu de Don Jose fou de la Carmen qu'il n'aura plus.

Un sujet dépendant, dont le partenaire n'est plus là, éprouve une violente sensation de manque. Ce manque s'exprime de façon graduée. Le cerveau archaïque transmet les sensations brutes de vide, de souffrance, de déréliction. Le cerveau limbique (cortex orbito-frontal, amygdale, hippocampe) traduit cette sensation de manque en émotions négatives qui sont schématiquement de trois ordres, et peuvent prendre des teintes de plus en plus fortes en fonction de l'intensité croissante du manque [1, 22] :

— L'angoisse s'exprime par la crainte, puis l'appréhension, voire la terreur ou la panique ;

— Le désespoir s'exprime par la tristesse, puis le chagrin, et enfin la mélancolie et l'effondrement dépressif ;

— La colère s'exprime par la frustration, l'irritabilité puis l'agressivité et enfin la rage, l'envie de détruire l'autre.

Telles sont les trois grandes familles d'émotions que suscite la sensation archaïque de manque [23]. Les types de douleurs qu'il inflige se résument en trois phrases : « Je suis désemparé, paniqué », « Je suis malheureux, désespéré » ou « Je suis fou de rage ». Chacun réagira selon sa personnalité, selon les caractéristiques de la séparation et la façon dont l'autre se comporte.

Dépendance affective et tempérament

L'addiction est la conséquence d'une interaction : produit/environnement/individu

La toxicomanie résulte de la rencontre entre un produit plus ou moins addictif, un sujet plus ou moins vulnérable et un environnement plus ou moins facilitateur [24-25].

Nous l'avons vu, parmi les drogues, certains produits sont plus addictogènes que d'autres. En haut de l'échelle, on trouve le tabac et l'héroïne. L'accoutumance à ces produits est plus forte que la dépendance qui résulte de la consommation de cocaïne, de cannabis ou d'alcool.

L'environnement est plus ou moins facilitateur : l'alcool n'est pas, en soi, très addictogène. Néanmoins, l'absorption de quantités croissantes d'alcool peut rendre n'importe lequel d'entre nous alcoolique. C'est l'alcoolisme d'entraînement. Le phénomène a été observé chez les Indiens d'Amérique. Dans ces sociétés déshéritées, qui n'étaient pas habituées à boire, l'introduction de l'alcool a produit des ravages. À augmenter les doses, on devient dépendant. Dans ce cas, l'environnement déclenche l'addiction. Autre exemple, l'accessibilité du tabac, fonction de son prix et de son image sociale, est un facteur prédictif fort du nombre de fumeurs : si le prix augmente, le nombre de fumeurs diminue ; si l'image du fumeur est valorisée, le nombre de fumeurs augmente. L'association au plaisir et à la féminité explique d'ailleurs la croissance du tabagisme féminin depuis les années 70.

Enfin, la génétique et la biologie ont permis de déceler des facteurs de vulnérabilité individuelle. Certains sont plus enclins à être dépendants que d'autres, c'est dans les gènes. Par exemple, les polyaddicts sont porteurs d'un allèle dopaminergique qui favorise la sécrétion et l'action de la dopamine [26-27]. En somme, nous ne sommes pas tous égaux devant l'addiction [28].

C'est au carrefour de ces trois éléments, produit, environnement, individu, que s'évalue la probabilité, pour chacun, de devenir dépendant.

Dépendance affective : les situations à risque

Ce modèle de compréhension de l'accoutumance aux stupéfiants s'applique parfaitement à la dépendance amoureuse. L'opium, c'est l'autre. On peut rencontrer un partenaire plus ou moins addictogène, évoluer dans un environnement plus ou moins favorable à la dépendance amoureuse, et enfin être soi-même un sujet plus ou moins vulnérable à l'addiction.

La nature du « produit », en l'espèce, c'est une femme, un homme, un grain de peau, un timbre de voix… c'est un je-ne-sais-quoi qui a les couleurs du vice, une liaison impossible qui provoque en vous un émoi sexuel ravageur, un petit rien qui vous accroche et vous envoûte. Une drogue est d'autant plus toxique qu'elle est puissante. Son effet est fulgurant et si elle vient à manquer, la cruauté du manque est à la hauteur de l'intensité du plaisir. Or ceux que l'on pourrait tenir pour des sujets addictogènes, ceux qui sauront vous rendre fou, savent habilement jongler avec le plaisir et le manque. Ils vous magnétisent, vous embobinent, vous emmènent au septième ciel en un regard, mais savent aussi disparaître et vous laisser sur les genoux. Passés maîtres dans l'art de la douche écossaise, ils vous tiennent [1].

L'environnement n'est pas sans conséquence sur la tournure que peut prendre une aventure amoureuse.

C'est l'histoire des passions contrariées. Roméo et Juliette auraient-ils été si éperdument amoureux sans la rivalité qui opposait les Montaigu aux Capulet de Vérone ? La correspondance amoureuse entre Héloïse et Abélard eût été, à n'en pas douter, plus mince et moins enflammée sans l'interdit qui pesait sur leur liaison, le chanoine transgressant les obligations de son ministère. Dans les deux cas, les couples demeurèrent scellés jusque dans l'Au-delà. Roméo et Juliette meurent, Abélard est émasculé, la tragédie est maximum. Sans atteindre ces extrémités, l'interdit qui pèse sur un couple est générateur de dépendance affective. Un amoureux choisi de l'autre côté de la planète que l'on ne peut fréquenter que de façon éparse. Une différence d'âge difficile à assumer devant le regard des autres, un écart culturel, une autre religion, un milieu social radicalement différent sont autant d'obstacles, entraves propices à la dépendance affective. Le cas le plus commun de passion contrariée est encore l'aventure avec un homme ou une femme marié(e). Quand l'autre n'est pas disponible, on devient fou de désir. Combien ont attendu une vie entière que l'autre se « libère » de serments passés ailleurs ?

Les facteurs de vulnérabilité individuelle à l'addiction ont été étudiés chez le rat. Les chercheurs ont mis en évidence deux façons de rendre un rat dépendant :

– Soit on fabrique des souches de rats génétiquement dépendants ;

– Soit on stresse le jeune rat en le séparant de sa mère de façon temporaire et irrégulière, provoquant ainsi des troubles de l'attachement favorisant plus tard le développement de comportements de dépendance [29].

Ces mécanismes, mis au jour chez le rat, nous offrent un modèle simplifié de la vulnérabilité à la dépendance chez l'homme.

Il est indéniable que certains profils de personnalité tomberont plus facilement dans des comportements de dépendance. Le « Temperament Character Inventory » est un questionnaire qui met en évidence les traits de personnalité des sujets potentiellement enclins aux dépendances aux drogues comme aux dépendances comportementales. Ils sont impulsifs, sensibles à l'ennui, avides de sensations [30-31-32]. Ces tempéraments sont en partie liés à des caractéristiques génétiques. Mais il y a d'autres traits de vulnérabilité tels que l'incapacité à se prémunir contre la souffrance [33-34]. Plus parlants encore sont les types d'attachement, traduction à l'âge adulte des premières relations, qui apparaissent à l'*Adult Attachement Interview* ou au *Relation Ship Questionnaires* (questionnaires d'évaluation). Pour faire simple, il y a peu d'addicts chez les sujets ayant des modalités d'attachement sûr, alors qu'à l'inverse, plus l'attachement est anxieux et plus le risque addictif est grand ; on retrouve là les sujets ayant une mauvaise estime d'eux-mêmes et des difficultés à gérer les émotions négatives.

Les artistes sont bien souvent des dépendants à fleur de peau, émotionnellement hypersensibles, et souvent grands addicts. Pas étonnant qu'on trouve dans leurs œuvres les plus belles descriptions de l'amour destructeur. Jacques Brel a chanté la passion douloureuse sur tous les tempos. Sur un air de Charleston : « Elle est tellement jolie/Elle est tellement tout ça/Elle est toute ma vie Madeleine qui n'arrive pas. » Plus orchestral : « Mes amis, ne me laissez pas, non/Dites-moi, dites-moi qu'il ne faut pas/Maudite Mathilde puisque te v'la. » Ou encore sur une valse mélancolique : « Laisse-moi devenir/L'ombre de ton ombre/L'ombre de ta main/L'ombre de ton chien/Mais ne me quitte pas, ne me quitte pas, ne me quitte pas, ne me quitte pas. »

1. Reynaud M., *L'Amour est une drogue douce… en général*, Paris, Robert Laffont, 2005.

2. Chemla S., *La passion est-elle une addiction*, Paris, 2004.

3. Peele S., *Love and Addiction*, New York, Taplinger Publishing, 1975.

4. Goodman A., « Addiction : definition and implications », *Br J Addict*, 1990 ; 85(11):1403-1408.

5. Adinoff B., « Neurobiologic processes in drug reward and addiction », *Harv Rev Psychiatry*, 2004 ; 12(6):305-320.

6. Goodman A., « Neurobiology of addiction : an integrative review », *Biochem Pharmacol*, 2008 ; 75(1):266-322.

7. Di Chiara G., Imperato A., « Drugs abused by humans preferentially increase synaptic dopamine concentrations in the mesolimbic system of freely moving rats », *Proc Natl Acad Sci USA*, 1988 ; 85(14):5274-5278.

8. Volkow N.-D., Fowler J.-S., Wang G.-J., Swanson J.-M., Telang F., « Dopamine in drug abuse and addiction : results of imaging studies and treatment implications », *Arch Neurol*, 2007 ; 64(11):1575-1579.

9. Damsma G., Pfaus J.-G., Wenkstern D., Phillips A.-G., Fibiger H.-C., « Sexual behavior increases dopamine transmission in the nucleus accumbens and striatum of male rats : comparison with novelty and locomotion », *Behav Neurosci*, 1992 ; 106(1):181-191.

10. Pierce R.-C., Kumaresan V., « The mesolimbic dopamine system : the final common pathway for the reinforcing effect of drugs of abuse ?, *Neurosci Biobehav Rev*, 2006 ; 30(2):215-238.

11. Everitt B.-J., Robbins T.-W., « Neural systems of reinforcement for drug addiction : from actions to habits to compulsion », *Nat Neurosci*, 2005 ; 8(11):1481-1489.

12. Volkow N.-D., Fowler J.-S., « Addiction, a disease of compulsion and drive : involvement of the orbitofrontal cortex », *Cereb Cortex*, 2000 ; 10(3):318-325.

13. Kalivas P.-W., O'Brien C., « Drug addiction as a pathology of staged neuroplasticity », *Neuropsychopharmacology*, 2008 ; 33(1):166-180.

14. Koob G.-F., Le Moal M., « Drug addiction, dysregulation of reward, and allostasis », *Neuropsychopharmacology*, 2001 ; 24(2):97-129.

15. Koob G.-F., Le Moal M., « Addiction and the brain anti-reward system », *Annu Rev Psychol*, 2008 ; 59:29-53.

16. Woody G., Lotkler L., Caccida J., « Severity of dependence : data from the DSM IV field trials », *Addiction*, 1993 ; 36:941-947.

17. Volkow N.-D., Fowler J.-S., Wang G.-J., Goldstein R.-Z., « Role of dopamine, the frontal cortex and memory circuits in drug addiction : insight from imaging studies », *Neurobiol Learn Mem*, 2002 ; 78(3):610-624.

18. Grusser S.-M., Wrase J., Klein S., Hermann D., Smolka M.-N., Ruf M., Weber-Fahr W., Flor H., Mann K., Braus D.-F. (et al.), « Cue-induced activation of the striatum and medial prefrontal cortex is associated with subsequent relapse in abstinent alcoholics », *Psychopharmacology*, 2004 ; 175(3):296-302.

19. Redish A.-D., Jensen S., Johnson A., « A unified framework for addiction : vulnerabilities in the decision process », *Behav Brain Sci*, 2008 ; 31(4):415-437– discussion 437-487.

20. Wise R.-A., « Brain reward circuitry : insights from unsensed incentives », *Neuron*, 2002 ; 36(2):229-240.

21. Baler R.-D., Volkow N.-D., « Drug addiction : the neurobiology of disrupted self-control », *Trends Mol Med*, 2006 ; 12(12):559-566.

22. Rolls E.-T., « Precis of the brain and emotion », *Behav Brain Sci*, 2000 ; 23(2):177-191 – discussion 192-233.

23. Heinzel A., Bermpohl F., Niese R., Pfennig A., Pascual-Leone A., Schlaug G., Northoff G., « How do we modulate our emotions ? Parametric fMRI reveals cortical midline structures as regions specifically involved in the processing of emotional valences », *Brain Res Cogn Brain Res*, 2005 ; 25(1):348-358.

24. Olievenstein C., *Il n'y a pas de drogués heureux*, Paris, Robert Laffont, 1977.

25. Reynaud M., Parquet P., Lagrue G., *Les pratiques addictives*, Paris, Odile Jacob, 2000.

26. Noble E.-P., Blum K., Ritchie T., Montgomery A., Sheridan P.-J., « Allelic association of the D2 dopamine receptor gene with receptor-binding characteristics in alcoholism », *Arch Gen Psychiatry*, 1991 ; 48(7):648-654.

27. Smith S.-S., O'Hara B.-F., Persico A.-M., Gorelick D.-A., Newlin D.-B., Vlahov D., Solomon L., Pickens R., Uhl G.-R.,

« Genetic vulnerability to drug abuse. The D2 dopamine receptor Taq I B1 restriction fragment length polymorphism appears more frequently in polysubstance abusers », *Arch Gen Psychiatry*, 1992 ; 49(9):723-727.

28. Elovainio M., Kivimaki M., Viikari J., Ekelund J., Keltikangas-Jarvinen L., « The mediating role of novelty seeking in the association between the type 4 dopamine receptor gene polymorphism and cigarette-smoking behavior », *Personality and Individual Differences*, 2005 ; 38(3):639-645.

29. Henry C., Guegant G., Cador M., Arnauld E., Arsaut J., Le Moal M., Demotes-Mainard J., « Prenatal stress in rats facilitates amphetamine-induced sensitization and induces long-lasting changes in dopamine receptors in the nucleus accumbens », *Brain Res*, 1995 ; 685(1-2):179-186.

30. Bergvall A.-H., Nilsson T., Hansen S., « Exploring the link between character, personality disorder, and neuropsychological function », *European Psychiatry*, 2003 ; 18(7):334-344.

31. Gillespie N.-A., Cloninger C.-R., Heath A.-C., Martin N.-G., « The genetic and environmental relationship between Cloninger's dimensions of temperament and character », *Personality and Individual Differences*, 2003 ; 35(8):1931-1946.

32. Evren C., Evren B., Yancar C., Erkiran M., « Temperament and character model of personality profile of alcohol – and drug-dependent inpatients », *Comprehensive Psychiatry*, 2007 ; 48(3):283-288.

33. Le Bon O., Basiaux P., Streel E., Tecco J., Hanak C., Hansenne M., Ansseau M., Pelc I., Verbanck P., Dupont S., « Personality profile and drug of choice ; a multivariate analysis using Cloninger's TCI on heroin addicts, alcoholics, and a random population group », *Drug and Alcohol Dependence*, 2004 ; 73(2):175-182.

34. Otani K., Suzuki A., Ishii G., Matsumoto Y., Kamata M., « Relationship of interpersonal sensitivity with dimensions of the temperament and character inventory in healthy subjects », *Comprehensive Psychiatry*, 2008 ; 49(2):184-187.

CHAPITRE XIII

Sevrage sentimental

Il va sans dire que remédier à une addiction comportementale implique une thérapie plus douce, moins pénible et autrement moins laborieuse que peut l'être le sevrage des drogues dures. L'effet d'une dépendance affective est sans nul doute plus estompé et, en conséquence, l'équilibre plus facile à retrouver. Reste à évaluer l'ampleur de la détresse. Or, en matière de dépendance affective, chacun place le curseur de sa pathologie où il l'entend. C'est un des rares domaines où la gravité de la maladie est laissée à l'appréciation du patient. Nous évoquerons ici quelques outils susceptibles d'aider à ne pas se trouver désarmé face au dépit amoureux. Car, en l'espèce, l'auto-thérapie, éventuellement renforcée par l'aide des proches, est tout à fait recommandée. « Je suis un amoureux éconduit mais je me soigne. »

Qui aider ?

Tout comportement naturel peut devenir addictif. Pour la bonne raison que l'addiction repose sur la plasticité du cerveau humain. Nos expériences nous transforment. Un musicien précoce modèle son cerveau différemment que le ferait un champion de ski. Et une aventure aussi intense que la passion amoureuse laisse des traces jusque dans l'architecture de nos circuits neuronaux.

Un ex-toxicomane qui prend une dose d'héroïne remet en route avec une extrême violence ses voies du plaisir. De la même manière, revoir quelqu'un qu'on a aimé follement agite nos entrailles. Nous sommes tous des dépendants affectifs.

Première étape : le diagnostic. Quelle est l'amplitude du vertige, l'étendue du trouble, la profondeur des plaies, la force de la toxine ? Une fois décelés les symptômes d'un amour indomptable et douloureux, on peut envisager le remède et le protocole thérapeutique adapté. Le sevrage sentimental s'articule autour de trois objectifs :

— Supporter une séparation (il faudra en comprendre les tenants et les aboutissants) ;

— Être capable de mettre un terme à une relation insatisfaisante (il faudra accepter l'idée que quelque chose ne va pas de façon irrémédiable) ;

— Éviter de rechuter, soit en retournant dans les bras du partenaire qui vous a fait souffrir, soit en choisissant avec une opiniâtreté désarmante le même type d'homme ou de femme, celui ou celle qui vous plongera dans les mêmes affres et vous rendra à nouveau dépendant. Pour mieux dire, quitter un bourreau des cœurs pour se jeter dans les bras de son cousin. Il n'y a alors que le nom du malheur qui change !

Quelques outils pour un auto-traitement curatif, voire préventif

Identifier une relation à sens unique

Une passion dévorante peut nourrir une vision idéalisée du couple. C'est ce qu'en termes savants, on appelle les distorsions cognitives. Vous êtes d'un optimisme exagéré et, au final, vous risquez de perdre temps et santé à essayer de raccommoder une histoire d'amour sans avenir. L'idylle pêche par un déséquilibre flagrant et vous n'y voyez que du feu. Vous ramez sans mesurer vos efforts, mais vous ramez à contre-courant. Le jeu n'en vaut pas la chandelle. Comment rectifier le tir ? Il y a quelques signes qui ne trompent pas [1]. Ils vous mettront la puce à l'oreille et vous permettront de vous rendre à l'évidence : ça ne peut pas durer.

— Dans un couple, il faut être deux à y croire. Si vous passez votre temps à remonter votre amoureux comme une montre mécanique, à le convaincre sans relâche que vous filez ensemble des jours heureux sous un ciel sans nuage. Si ce dernier soutient mordicus le contraire et persiste dans un pessimisme indécrottable, la relation est de toute évidence bancale et probablement vouée à l'échec.

— Deuxième cas de figure : vous tombez d'accord sur le constat que le couple bat de l'aile mais vous êtes le seul à chercher des solutions pour sauver la situation. Aussi assidûment qu'un orpailleur en quête d'une pépite dans les eaux boueuses d'une rivière d'Alaska, vous mettez toute votre énergie à essayer de trouver la solution miracle qui va remettre le couple d'aplomb. Vous n'y arriverez pas tout seul. Vous foncez droit dans le mur.

— Si vous avez besoin de convaincre l'autre qu'il vous aime, c'est préoccupant. Quand on en est réduit à l'état de mendicité pour obtenir des signes imperceptibles d'enthousiasme, c'est le symptôme clair d'une relation affective inégalitaire qui part à vau-l'eau. Mieux vaut s'éclipser sur la pointe des pieds et voler vers d'autres horizons.

— La plupart des couples commencent par la séparation d'avec un partenaire précédent. S'il s'avère que l'un des deux amants a du mal à couper les ponts avec sa vie antérieure, et que la situation perdure, après un temps, il est sage de se faire à l'idée que la rupture fondatrice n'aura jamais lieu.

En somme, un couple suppose une certaine homogénéité, une véritable réciprocité, l'implication affective de chacun, sans quoi on court à la catastrophe. Identifier une relation à sens unique permettra de s'en affranchir. « Je dois être la personne la plus importante dans la vie de la personne la plus importante de ma vie » ; tel pourrait être le proverbe à apprendre par cœur et à enseigner à vos enfants !

Renoncer à changer l'autre : le syndrome de Pygmalion

Amoureux ou pas, l'homme a un penchant pour les fables et une tendance ancestrale à prendre ses désirs pour des réalités. Pygmalion avait sculpté une créature répondant en tout point à ses appétits. Aphrodite lui donna vie. Galatée était parfaite. Mythologie que tout cela… Les amants irréprochables ne courent pas les rues. Il faudra bien se résoudre aux quelques imperfections qui jettent une ombre sur le portrait idéalisé de celui ou celle avec qui on partage son existence. D'autant que, c'est entendu, on ne change pas, ou peu. Les caractéristiques de personnalité demeurent des données relativement stables et l'on ne peut donc modifier que partiellement les modalités de relation aux autres. De l'avis général, avec le temps, les défauts, comme les rides, ont plutôt tendance à se creuser…

Votre partenaire n'est pas celui que vous croyez ? N'imaginez pas que vous allez le transformer. Mieux vaut regarder en face les défauts de l'autre et s'y adapter. Vous ne rendrez pas disponible quelqu'un qui ne l'est pas, généreux un être mesquin, tendre et attentionné un cœur dur. Le pire, sur ces questions-là, étant de se mentir. Mieux vaut analyser avec lucidité ce qui ne changera pas et juger dans quelle mesure on s'en accommodera (ou pas). Si on ne peut pas le supporter, mieux vaut renoncer. Abandonner à tout prix les croyances erronées, les petits arrangements avec la réalité. Celui-ci est égoïste et l'on se convainc qu'il est sûr de lui. Celui-là est détaché et l'on se convainc qu'il est réservé et discret. Ce troisième est paresseux et l'on se convainc qu'il est décontracté. Cet autre est affreusement jaloux et possessif et l'on se convainc qu'il est amoureux. Ce dernier est irascible et agressif et l'on se convainc qu'il est d'une sensibilité à fleur de peau. Le vernis finira par craqueler. Ce qui manque le plus cruellement aux amoureux, c'est l'esprit critique.

Qu'est-ce qui ne va pas chez moi ?

« Je tombe toujours sur des hommes mariés. » « J'ai l'art de me faire draguer par des dons Juans. » « J'attire les pervers. » « Dès qu'il y a une histoire boiteuse, elle est pour moi. » Ce genre de constat mérite qu'on s'y arrête un instant. S'il est salutaire de regarder son partenaire tel qu'il est, sans se voiler la face, il n'en est pas moins indispensable d'analyser sans complaisance sa propre attitude en amour [2]. Surtout lorsqu'elle est répétitive. On est soi-même responsable de ce qui nous arrive. Et à y regarder de plus près, on remarquera qu'on a tendance à reproduire les mêmes maladresses, répéter les mêmes erreurs, s'enferrer dans le même type de balourdises qui conduisent immanquablement une histoire d'amour à l'échec. Pourquoi est-ce qu'à chaque fois, ça flanche ? Pourquoi est-ce qu'on ne parvient pas à faire durer une relation ? C'est qu'on est parfois sujet à quelques vieux réflexes qui souvent se comprennent à la lumière de nos expériences infantiles. L'adulte charrie des fragilités liées à l'enfance qui, lorsqu'il est confronté à une émotion forte, émergent et le rendent vulnérable.

La « théorie de l'esprit », bien mal nommée, correspond à la phase du développement psychique de l'enfant durant laquelle il cesse d'imaginer que sa mère est son complément [3]. Il la perçoit comme une personne autonome, distincte de lui, animée par des pensées propres. Il comprend qu'elle peut décider volontairement d'être absente ou de ne pas répondre à une demande. C'est à cette période que se met en place la confiance ou la méfiance envers autrui. Cette phase s'accompagne d'une maturation de zones cérébrales, essentiellement temporales postérieures, qui ont été observées par l'imagerie chez le petit enfant [4-5]. Ce sont les mêmes zones qui sont hyperactives chez l'adulte à l'occasion d'un épisode émotif fort ; elles sont au contraire hypo-actives lors de la passion amoureuse, lorsque l'amour est aveugle et que la confiance en l'autre est absolue [6-7].

La résurgence de comportements passés, se rapportant à des histoires anciennes (méfiance dans la relation enfant-mère ou relation traumatique avec un ex) et, de ce fait, déconnectés de la relation que vous entretenez avec votre partenaire du moment, peut brouiller les pistes. Il convient de se connaître soi-même pour ne pas plaquer des attitudes inadaptées sur une histoire d'amour en cours.

Envisager l'avenir de façon réaliste

L'état amoureux induit une perception biaisée du temps. Lorsqu'on est passionné, on envisage la relation dans l'unique perspective de l'éternité. Cette distorsion du temps s'applique également à l'épisode de la séparation. On est à ce point malheureux qu'on se figure qu'on ne s'en remettra jamais. L'état de souffrance apparaît définitif. Dans ces conditions, impossible d'envisager l'avenir autrement que sous la forme d'un long tunnel sombre et sans issue. Inconcevable de rencontrer quelqu'un d'autre. Celui ou celle que vous quittez est le (la) seul(e) âme capable de vous aimer. Cette façon de s'enfermer dans un malheur romantique et sans fond est la porte fermée à tout rétablissement et s'appuie, à coup sûr, sur une vision erronée de l'avenir. Pour surmonter l'épreuve on ne saurait que trop recommander une posture façon « Blanche-Neige » et l'optimisme qui va de pair : « Un jour, mon Prince viendra/Un jour, il me dira/Ces mots d'amour si troublants et tendres/Que j'aurai tant plaisir à entendre !/Qu'il vienne, je l'attends/Craintive et cœur battant… » Le kitsch ne tue pas… il peut même parfois guérir !

Erronée également, l'idée selon laquelle l'autre ne se remettra pas de cette séparation. « Elle est si fragile », « Je suis un monstre », « Je ne peux pas lui faire ça »… sont autant de fausses pistes. Se débarrasser du fardeau de la culpabilité rendra un fier service à tout le monde et permettra de passer à autre chose. La convalescence d'une séparation consiste à reprendre une vie normale, sortir, se rendre disponible à nouveau, découvrir de nouveaux outils de plaisir avec d'autres, en un mot se refaire une santé amoureuse.

Éviter de rechuter

Les risques de rechute dans le contexte d'une dépendance affective sont sensiblement les mêmes que ceux de l'addiction aux produits [8].

– Ne plus y toucher

Un « drug-addict » a toutes les chances de rechuter s'il reprend, même à petite dose, le produit dont il était dépendant. Un amoureux passionné qui passe une soirée avec son ex peut flancher à tout moment, lui retomber dans les bras et réenclencher l'histoire d'amour dévastatrice. C'est peu souhaitable, car particulièrement douloureux.

– Fuir les situations associées au souvenir de l'autre

On le sait, un ancien fumeur habitué à allumer une cigarette en fin de repas souffre invariablement au moment du café. S'il veut s'en sortir, il doit à tout prix supprimer les petits rituels liés à son addiction. Il n'en va pas autrement de l'addiction amoureuse. Se protéger des situations à risque, c'est éviter les endroits comme les amis que l'on fréquentait ensemble. Tout ce qui peut, de près ou de loin, ranimer le souvenir de celui que l'on s'attache à quitter, est à bannir. Un parfum familier, un effluve de bergamote, « Charme profond, magique, dont nous grise/Dans le présent, le passé restauré * », rallumera le désir et vous collera une envie irrépressible de composer le numéro de téléphone interdit, celui (de celle) qui sentait bon la bergamote. Ensemble, vous passiez rituellement les grandes vacances au bord de la Méditerranée ? Découvrez l'été prochain les charmes vivifiants de l'océan Atlantique. Vous vous donniez rendez-vous le dimanche matin dans les jardins du Palais Royal. Fuyez le IIe arrondissement de Paris. Vous alliez ensemble écouter de la musique de chambre. N'y songez plus. Reconvertissez-vous sans plus tarder au « *heavy metal* celtique ». Changer de vie, de rythme, d'occupations, s'impose, sans quoi vous vous surprendrez, en moins de temps que vous ne pensez, sous son balcon à chanter la sérénade et envoyer des cailloux sur ses vitres. Vous ne vous en sortirez pas. Quant à ceux qui passaient ensemble leurs soirées sur le canapé du salon à discuter en fumant des cigarettes, on leur suggère dans le cadre des bonnes résolutions pour une nouvelle vie d'arrêter de fumer par se libérer du même coup de deux addictions, la dépendance amoureuse et la dépendance au tabac. De l'art de juguler les addictions…

– Se ménager : éviter les situations affectives stressantes et douloureuses

La phase de cicatrisation est délicate. On peut avoir des moments de faiblesse, sentir ses jambes se dérober, sa volonté s'évaporer, être moins combatif, et on a vite fait de retourner à ses démons. Les risques de rechute sont décuplés en situation de stress ou de fatigue. A fortiori dans le cas des dépendances affectives, lorsque celui

---

* Baudelaire, *Les Fleurs du mal*, « Le Parfum ».

que l'on vient de quitter semble le seul recours en cas de faiblesse.

Tous ces réflexes de bon sens pour se libérer d'une dépendance affective, l'amoureux éconduit n'a pas toujours le recul nécessaire pour y songer. L'entourage sera alors une précieuse source de conseils, d'appui affectif et d'accompagnement vers de nouvelles aventures. La chaleur des autres reste le meilleur traitement du tourment amoureux.

Et si nécessaire…

Mais certaines dépendances affectives sont plus coriaces que d'autres. La souffrance est massive et vous plonge dans un état de dépression sérieux ou, au contraire, de fureur déraisonnable. Difficile, dans ce cas de s'en sortir tout seul[9].

Une dépression majeure peut être traitée par un psychiatre qui, au besoin, vous prescrira des antidépresseurs. Dans certains cas, un thérapeute de couple peut infléchir le cours d'une relation pathologique entre deux personnes qui désirent malgré tout rester ensemble. Enfin la psychanalyse ou une psychothérapie analytique permet de revenir sur vos relations précoces, de comprendre certains de vos comportements qui paraissent si illogiques ou douloureux. Le recours à ces différentes sortes de thérapies classiques permet de panser les plaies, de soigner les blessures et, surtout, de quitter l'état de dépendance dès lors qu'il est tenu pour invivable. Il ne faut pas hésiter, si l'on en ressent le besoin, à demander l'aide d'un spécialiste de la relation.

Sevrage sentimental

1. Halpern H., *Choisir qui on aime*, Paris, Le Jour Éditeur, 2003.

2. Peabody S., *Addiction to Love, Overcoming Obsession and Dependency in Relationship*, Berkeley, Celestial Arts, 1994.

3. Frith C.-D., Frith U., « Interacting minds : a biological basis », *Science*, 1999 ; 286(5445):1692-1695.

4. Frith U., Frith C.-D., « Development and neurophysiology of mentalizing », *Philos Trans R Soc Lond B Biol Sci*, 2003 ; 358(1431):459-473.

5. Gallagher H.-L., Frith C.-D., « Functional imaging of 'theory of mind' », *Trends Cogn Sci*, 2003 ; 7(2):77-83.

6. Bartels A., Zeki S., « The neural basis of romantic love », *Neuroreport*, 2000 ; 11(17):3829-3834.

7. Bartels A., Zeki S., « The neural correlates of maternal and romantic love », *Neuroimage*, 2004 ; 21(3):1155-1166.

8. Reynaud M., *L'Amour est une drogue douce… en général*, Paris, Robert Laffont, 2005.

9. Debray Q., *Amour, Sexualité et troubles de la personnalité*, Toulouse, Privat, 2007.

Chapitre XIV

Sexe industriel

Il y a belle lurette que le sexe est affaire de sous. Le plus vieux métier du monde ne consiste pas en autre chose qu'en l'échange de plaisirs charnels contre menue monnaie. Plus inédite est la dimension industrielle que prend la chose. Le commerce sexuel est devenu un commerce de masse, soumis, comme tous les autres, aux saintes lois du marketing et de la publicité. Désormais, la sexualité n'est plus une affaire privée, pratiquée tous rideaux fermés. Le sexe est un secteur économique. La pornographie génère chaque année près de 60 milliards de dollars de chiffre d'affaires. Un marché pachydermique, en somme, qui malheureusement charrie de nouvelles pathologies. Tout comme le fast-food fait grimper les chiffres de l'obésité, le sexe jusqu'à l'écœurement proposé sur le Net joue un rôle facilitateur dans l'installation de conduites addictives sexuelles. Comme pour toute addiction, plus l'objet d'addiction est disponible et plus le nombre de sujets accros augmente.

Tout un cinéma !

Les bénéfices générés par l'industrie du sexe proviennent essentiellement du *movie business.* Au nord-ouest de Los Angeles, étalé sur plusieurs centaines de kilomètres carrés au cœur de la vallée San Fernando, se trouve le plus grand complexe de fabrication de visuels pornographiques. La Porn Valley est la réplique X d'Hollywood avec ses sociétés de production, ses studios de tournages, ses salles de montage, ses acteurs et ses scénaristes attitrés, qui fabriquent à la pelle des images érotiques. De ces fourneaux sortirait un nouveau film X toutes les trente-neuf secondes, lequel vient s'ajouter au raz de marée d'images obscènes qui déferlent sur le Net depuis que le Net existe.

Leader incontesté de ce secteur pudiquement baptisé « industrie du divertissement pour adultes » : le studio *Vivid Entertainment Group.* Fondée en 1984 par Steve Hirsch et David James, la firme s'attache les services d'actrices X réunies sous l'appellation générique de « Vivid Girls ». Contre des salaires mirifiques, les jeunes femmes signent des contrats d'exclusivité, alimentant ainsi un star-system d'un nouveau genre. L'art du pseudonyme oscille ici entre le kitsch et le baroque le plus achevé : il y a Cheyenne Silver, Tia Bella ou encore, dernière venue dans l'écurie Vivid, Sunny Leone « the first performer of Indian descent to become a Vivid girl * ». Qui s'y entend en marketing ne recule devant rien pour créer l'événement… Mais attention, Vivid se réserve le haut de gamme du X : les budgets de tournage sont rondelets, les décors soignés et la firme s'enorgueillit de ne produire « que » soixante films par an.

* La première actrice d'origine indienne à devenir une Vivid girl.

Vivid fabrique par ailleurs prêt-à-porter, chaîne de télévision, magazines, *sex-toys* et romans. La compagnie prospère grâce à Internet, formidable moyen de diffusion de son catalogue de films. Fin 2007, Vivid Entertainment attaquait en justice le site *Pornotube.com*, qui est l'équivalent de *Youtube* (diffusion de films et de clips on line), mais avec des sujets de prédilection qui s'éloignent rarement de ses trois pôles d'intérêt phares : fellation, gang-bang, triple pénétration. L'affaire judiciaire laisse subodorer l'ampleur des enjeux financiers de ce secteur...

Et pour ceux qui douteraient encore du poids économique du cinéma pornographique, il n'est pas inintéressant de revenir un instant dans les années 1980, époque ancestrale à laquelle VHS et Bétamax se disputaient le monopole du marché de la vidéo domestique. Empressés de réagir à la flambée des ventes de magnétoscopes, les producteurs de films X avaient opté d'une seule voix pour le format VHS. Les plus grands producteurs d'Hollywood, MGM, Universal Studios, Fox, Columbia, n'eurent pas d'autre choix que de suivre le diktat émanant de la Porn Industry. On ne peut pas mieux démontrer l'ampleur de l'industrie du film pornographique.

Les salles porno ont fermé. Le film X se regarde désormais chez soi. Autrefois réservée aux hommes, la pornographie devient conjugale. 25 % des acheteurs de films X sont des acheteuses. La télévision déverse son lot d'images crues. Pionnier dans les années 80, le *Journal du Hard* de Canal Plus, fit un fameux effet avec son jingle « Tchi-Tcha », qui sonnait comme un secret glissé dans l'oreille du téléspectateur majeur et vacciné. En guise de secret : l'actualité des films porno, portraits et interviews de comédiens. On y devisait sur la sodomie, l'éjaculation faciale ou les heurs et malheurs d'une aventure avec une « femme mûre ». La récompense venait tous les premiers samedis du mois, avec la diffusion à minuit d'un film X. Une décennie plus tard, le genre se propage parmi les programmes des chaînes câblées ou par satellite. Certaines chaînes sont 100 % roses, parmi lesquelles *XXL*, *Private Spice*, *Playboy TV* et bien sûr *Vivid TV* ou *Dorcel TV*, son équivalent français.

Le style évolue avec le temps. En 1972, *Deep Throat* *, le long-métrage de Gerard Damiano, marque une génération. Une femme déçue par la qualité de ses orgasmes consulte. Son médecin lui révèle qu'elle souffre d'un bête problème morphologique : son clitoris n'est pas où on l'attendait, il est niché au fond de sa gorge. Dès lors la thérapie est toute trouvée. Le médecin lui en fait la démonstration sur-le-champ. La fellation est filmée en gros plan. Le scandale provoqué par ces images œuvre pour la carrière de la comédienne Linda Lovelace ** et suscite un engouement à hauteur de 600 millions de dollars pour un film qui n'en a coûté que 25 000.

Au même moment, en France, Sylvia Kristel (le premier *Emmanuelle* sort en 1974) et Brigitte Lahaie, l'une brune, l'autre blonde, acquièrent une renommée internationale. L'âge d'or de la pornographie se prolonge jusqu'à la fin des années 80. C'est le temps de la performance, l'ère de tous les records : l'américain John Holmes, « l'homme aux 14 000 femmes » est bientôt ridiculisé par Ron Jeremy, « l'homme aux 40 000 femmes » ! Le porno dispense à longueur de pellicule un monde animé par de gigantesques seins siliconés, des phallus démesurés (vingt-quatre centimètres minimum) ; un monde arrosé de douches de sperme et sonorisé par des gémissements extatiques d'opérette.

---

* Gorge Profonde.

** Linda Lovelace deviendra plus tard une farouche militante anti-pornographie.

Les générations se succèdent : Rocco Siffredi, Ginger Lynn, Brianna Banks, Janine Lindelmulder, Zara White, Clara Morgane, Jenna Jameson, surnommée la Reine du Porno probablement parce qu'elle fut l'actrice la plus primée, ont tous eu leur heure de gloire. À l'occasion de grandes messes annuelles, sont décernés *Vénus Awards* et *Hots d'or*. Les stars du X deviennent des valeurs sûres, débauchées par les médias. Brigitte Lahaie prodigue ses conseils dans l'émission phare de RMC « *Lahaie, l'amour et vous* » ; Jenna Jameson a vendu des dizaines de milliers d'exemplaires de son bréviaire autobiographique : *Comment faire l'amour comme une star du porno* *. Mais le porno business sera assombri par les ravages du SIDA. John Holmes meurt en 1988, victime de l'épidémie. Le préservatif fait irruption dans les films porno.

Dans les années 90 apparaît en Amérique un nouveau genre : le cinéma *Gonzo*, ou *All sex*. Filmé caméra à l'épaule, peu regardant sur le scénario, les décors ou les dialogues, employant acteurs et actrices au physique quelconque, le *Gonzo* veut prendre le contre-pied du star-system et se rapprocher du porno amateur. Surtout, répondant à l'impératif marketing de la segmentation des marchés, le porno se spécialise. Il y en a désormais pour tous les goûts et pour tout le monde : les fétichistes, les voyeuristes, les adeptes du *fist fucking* **, du *foot fucking*, du viol simulé, de la triple pénétration, de l'amour avec trois femmes obèses ou deux nains… Certains studios se spécialisent dans la scatophilie, l'urophilie ou la zoophilie. Leurs productions se vendent sous le manteau. Le « gokkun » et le « bukakke » sont deux

* Jenna Jameson et Neil Strauss, *How to make love like a porn star : a cautionary tale*, juin 2003.

** Pénétration annale ou vaginale avec le poing.

pratiques d'éjaculation faciale – avec ou sans ingestion… Le *gang bang* met en scène une femme ayant des relations avec plusieurs hommes. C'est l'usine. En 1995, Annabel Chong enchaîne des rapports sexuels avec 251 hommes en dix heures. En 1999, l'actrice Houston bat le record mondial de *gang bang* s'offrant à 622 partenaires en sept heures devant les caméras du film *Houston 500*. Record pulvérisé le 25 novembre 2004 par l'Américaine Lisa Sparxxx qui satisfait 919 passants en une journée, constituant probablement la principale attraction du salon Eroticon de Varsovie…

Bref, rien n'est laissé de côté, tous les filons sont exploités pour maximiser les profits.

Œuvres d'art et littératures

La pornographie existe depuis que l'homme existe. On trouve des phallus dans les gravures rupestres. En matière de jeux érotiques, on n'a quasiment rien inventé qui n'ait été représenté sur les fresques érotiques de Pompéi dès le Ier siècle avant Jésus-Christ. La pornographie, « représentation complaisante de sujets, de détails obscènes, dans une œuvre artistique, littéraire ou cinématographique » * n'a jamais cessé de solliciter l'imagination des artistes. Chez les écrivains, Sade, Casanova, Rabelais, Apollinaire, Pierre Louÿs, Rachilde, Georges Bataille ont tous fourni de quoi remplir les rayons de *l'enfer* de la Bibliothèque nationale, s'assurant de traiter le sujet sous toutes ses coutures. La brillante Rachilde, auteur du scandaleux *Monsieur Vénus*, est convoquée en 1884 par le préfet de police, devant qui elle s'explique sur le choix du sujet : « Maizeroy, avec les *Deux Amies*, avait dépeint l'amour des femmes l'une pour l'autre –

* Définition du Petit Larousse, édition 2009.

Bonnetain, dans *Charlot s'amuse*, avait décrit la m[asturbation] et la sodomie. C'était donc fermé de ce côté. Nous avons pensé à une femme qui aimerait les hommes et qui avec les moyens que vous devinez, Monsieur – l'art mécanique imite tout –, les enc[ule]. *Voilà Monsieur Vénus* * ! »

La presse de charme prend son essor dans les années 1950 avec la création du mensuel américain *Playboy* (le magazine ne paraîtra en France que vingt ans plus tard, en 1973). Pour la première playmate dénudée en couverture du numéro de décembre 1953, *Playboy* s'offre une super-star : la « sweatheart du mois » n'est autre que Marilyn Monroe. Puis Hugh Hefner, fondateur de la revue, décide de jouer sur le fantasme de la « girl next door » (la voisine de pallier), et publie les photos coquines d'une secrétaire du magazine. *Playboy* est un succès éditorial incontesté. Trente-cinq ans plus tard, le mensuel continue de se vendre à trois millions d'exemplaires en Amérique. C'est qu'Hugh Hefner est doué d'un habile sens des relations publiques. À la *Playboy Mansion*, son manoir, il accueille régulièrement tout ce qui se fait de plus « people ». Célébrités du cinéma, de la musique, *bunnies* et stars du X se retrouvent à l'occasion de fêtes que la rumeur qualifie d'orgiaques.

Mais Hugh Hefner est un enfant de chœur comparé à Larry Flint. Ce patron de boîtes de nuit ouvre, dans les années 60, une demi-douzaine de *Hustler clubs*, dans lesquels des hôtesses nues accueillent une clientèle argentée. En 1974, Flint lance la revue éponyme. Un an plus tard, *Hustler* publie des photos de Jacqueline Kennedy Onassis en très petite tenue, achetées à prix d'or à un paparazzi. 18 000 dollars ? Une misère vu l'écho que les photos offriront à la revue. Flint devient millionnaire et

* Auriant, *Souvenirs sur Madame Rachilde*, Éditions à l'Écart, 1989.

patron d'un prospère groupe de presse pornographique. L'existence sulfureuse de Larry Flint est un modèle du genre. Le cinéaste Milos Forman en a fait un film * dans lequel on peut voir la villa du nabab, ses montagnes de cocaïne, sa crise mystique, sa chaise roulante incrustée de diamants (en 1978, une tentative d'assassinat sur sa personne l'avait laissé paraplégique).

Quid de la concurrence ? Depuis septembre 1969, *Penthouse* élit régulièrement « the pet of the month » (la plus jolie fille du mois). En France, Daniel Filipacchi lance, en 1963, *Lui*, « le magazine de l'homme moderne ». Dans les années 80, le même Filipacchi créera, *Newlook*. Magazine de l'homme post-moderne ? *Union*, *FHM*, *Hot Vidéo* : les kiosques regorgent de titres, proposant au lecteur un choix extrêmement vaste entre des supports très semblables.

Cyberporno

Le « World Wide Web » est encore jeune. Revenons en 1994 : Internet est alors une technologie utilisée par quelques *happy few*. Parmi eux, Gary Kremen, un homme d'affaires avisé sorti de l'université de Stanford, qui croit dur comme fer à l'avenir du Web. Visionnaire, il dépose une adresse de site. Mais pas n'importe laquelle. Celle qui, selon lui, risque d'être la plus visitée, l'adresse des adresses, le site des sites : www.sex.com. Deux ans plus tard, le pornographe Stephen Cohen n'hésite pas à produire des faux accréditant que Gary Kremen lui a cédé la propriété du nom. L'entourloupe administrative fonctionne. Le site *Sex.com* est lancé et

* *Larry Flint*, 1997, réalisé par Milos Forman, avec Woody Harrelson, Courtney Love, Edward Norton.

devient un des plus visités au monde, attirant plus de 25 millions de visiteurs par jour. La société, domiciliée aux îles vierges – moins vierges depuis ? –, génère un chiffre d'affaires annuel de trois milliards de dollars.

Il n'en fallait pas plus pour alerter Gary Kremen qui attaque Stephen Cohen en justice. Le tribunal de San José en Californie, dans un jugement de novembre 2000, lui donne raison sur toute la ligne. Kremen reçoit l'obole de soixante-cinq millions de dollars de dommages et intérêts ainsi que la restitution du nom qu'il promet d'utiliser pour un site « au contenu plus habituel ». Promesse partiellement tenue… Une rapide visite sur « sex.com » version 2008 nous convainc que la nouveauté du contenu n'est pas exactement flagrante. De deux choses l'une, soit les rubriques proposées : « Video sex amateur », « sex anal », « black singles », « pipes » sont des noms de couverture cryptés qui vous dirigent en réalité vers des sites de *chat* sur l'impératif catégorique de Kant, soit Kremen a renoncé à ses bonnes résolutions et s'est finalement rangé à son idée première selon laquelle le sexe sur Internet c'est payant, et a, en conséquence, très fidèlement poursuivi l'œuvre de son prédécesseur. D'un point de vue strictement économique, cela se conçoit.

On ne compte pas moins de 190 millions de sites Internet reliés à la pornographie. Il y a des films, des *chats*, des boutiques, des petites annonces, des propositions de films X personnalisés. Sur un site anodin de petites annonces, qui relaie aussi bien offres d'emploi, occasions de vélo de course, immobilier, cours de comptabilité, on trouve une rubrique « adultes ». Et dans la sous-rubrique « échangisme », cette annonce touchante : « jeune couple disponible dimanche fin d'après-midi ou lundi midi ». Quand le libertinage s'arrange du quotidien, on peut s'offrir une expérience un peu chaude dans une courte fenêtre de temps pendant laquelle les enfants sont casés chez leur grand-mère, ou alors au moment de la pause déjeuner en s'évadant une heure de son lieu de travail…

L'adjectif ludique étant devenu le maître mot en tous domaines, il est de bon ton ces temps-ci de convertir sa sexualité en jeu vidéo de sorte qu'une souris d'ordinateur est devenue un accessoire plus sexy qu'un porte-jarretelles ou une paire de bas de soie. Par la grâce des nouvelles technologies, l'internaute peut télécharger des jeux vidéo pornographiques. Comme « Pussy Play » dans lequel il excite une cyber-femme par le truchement de sa souris, ou « Hand Job » qui lui offrira le privilège très *hype* de s'adonner à des masturbations virtuelles.

Tous les jours deux cent soixante-six nouveaux sites germent sur le Web. L'offre est permanente et omniprésente. En un clic, vous vous trouvez embarqué dans un labyrinthe insondable d'images égrillardes. Le circuit gratuit vise à accrocher le chaland qui se laissera entraîner dans une déambulation hallucinée, parmi une offre aussi pléthorique qu'indigeste, rangée selon une classification triviale : « lesbienne », « SM », « domina hard », « domina soft », « lesbienne beurette », etc. Pas de limite, hormis la pédo-pornographie, surveillée de près par la gendarmerie du Web.

Au final, le sexe sur Internet a réussi le tour de force de contredire le dicton populaire car, en l'espèce, abondance de biens nuit. Et on ne peut que tomber d'accord avec Jules Renard qui dans son *Journal*, à l'année 1902, soit près d'un siècle avant l'invention du Web, consignait déjà cette remarque cristalline : « L'échancrure de corsage d'une jeune femme pâle, et qui ouvre un peu la bouche à l'air, nous trouble plus que tant d'obscénités. »

Jupe obligatoire

Le hic, sur Internet, c'est que, comme au musée, « on touche avec les yeux ». D'aucuns préféreront les clubs de rencontre, face plus anecdotique, plus artisanale mais aussi plus tangible, de la gigantesque industrie pornographique. Le phénomène est en vogue. Très « show biz », même. L'animateur Patrick Sébastien a fait son *coming out* et écrit sur la question, co-signant le livre avec Denise, la patronne du *Club 41*, boîte libertine de la capitale. *Les nuits de Vénus*, le *Cupidon club*, *Le Nautilus*, *Les chandelles*, *Only 4 you*, *Le Glamour*… on peut y venir en acteur ou en spectateur, seul ou en couple. Les loups de mer qui se présentent seuls sont parfois recalés, mais les femmes célibataires sont toujours accueillies à bras ouverts et gracieusement. Une seule injonction : « jupe obligatoire ». Facile à relever, adaptée au libertinage, elle est un gage de bonne volonté, façon de montrer qu'on est d'accord pour se faire trousser.

Mais pour se rincer l'œil, mieux vaut aller au spectacle. Le strip-tease n'est pas ce que vous croyez. Une femme qui s'effeuille en musique sous les regards lubriques d'une assemblée de mâles ? Vision terriblement réductrice ! Il y a façon et façon de se déshabiller. Paris ne serait pas Paris sans ses revues du Moulin Rouge ou du Crazy Horse. Le *Lap Dance*, lui, est né à New York au *Melody Theater* dans les années 70. Dans les bars de Lap Dance, les danseuses se trémoussent au contact des clients (d'où le terme « lap dance », « danse sur les genoux »). Le contact est à sens unique. La danseuse aguiche et frôle ; le client regarde. Moyennant finance, un acte sexuel est simulé (*Dry Sex*), sur scène (*Table dance*) ou dans un salon privé. La séduisante

Natalie Portman, dans *Closer* *, le film de Mike Nichols, incarne une fille un peu paumée qui se produit dans un de ces lieux, en guêpière, sous une perruque noir de jais et le regard désespéré de son camarade. Le *Pole danse* confine à l'acrobatie. La chorégraphie érotique se pratique autour d'une rampe de fer verticale façon caserne de pompier.

Lap Dance, *Pole Dance* et stripteases en tous genres s'envisagent également en privé. Des cours sont dispensés en salle de sport ou sur DVD. La danseuse Carmen Electra (ex-compagne du basketteur Dennis Rodman, ex également du guitariste de rock Dave Navaro, pour ceux qui connaissent leurs *people*) a édité plusieurs DVD à cet effet et même un *Carmen Electra Pole Professional Kit*, vendu avec barre transportable. « Toutes des expertes », tel est le mot d'ordre contemporain. Las ! le professionnalisme se perd. C'est la porte ouverte à la concurrence déloyale : « Lors, délaissant la fill' de joi',/ Le client peut faire son choix/Tout à sa guise,/Et se payer beaucoup moins cher/Des collégienn's, des ménagèr's,/Et des marquises. » Brassens avait prévenu : « Il y a péril en la demeure,/Depuis que les femmes de bonnes mœurs,/Ces trouble-fête… »

Le *Peep Show* se pratique devant un seul spectateur, le plaisir relevant autant de ce qu'on voit que du fait d'épier sans être vu. Moins scabreux, le *New Burlesque* est une forme de strip-tease inventée en Amérique. Les danseuses exhibent des mensurations beaucoup moins canoniques que les créatures parfaites du Crazy Horse. Leur talent se situe ailleurs : leur pseudonyme, leur costume et leur chorégraphie contribuent à construire un personnage fantasmatique, référence forte et ironique à

* *Closer* (*Entre adultes consentants*), 2005, avec Julia Roberts, Jude Law, Natalie Portman.

une icône de la féminité. Couettes et allure yéyé-années 60-lollipop pour « Charlotte la belle araignée » ; « Kitten on the keys » se produit en costume de vahiné, nue sous un collier de fleurs qu'elle balance au rythme du ukulélé ; bas couture et semelles compensées pour une sensualité d'après-guerre ; chevelure péroxydée et seins généreux pour un look à la Marilyn Monroe glamour Hollywood ; danse désuète pour cette simili-comédienne du cinéma muet ; Belle époque et plumes d'Autruche ; french cancan pour chercheurs d'or de saloons ; gants de satin noir et boa autour du cou ; faux cils, plateformes et tatouages pour cette fille à matelots ; allure léopard dominatrice ou soubrette accorte… le *New Burlesque* est une parodie de la féminité dans tous ses clichés les plus charmants. Cette sorte d'érotisme chaleureux et gai fait aujourd'hui des émules en France.

Trottoir, call-girls et maisons closes

Les maisons closes sont interdites en France depuis la loi Marthe Richard de 1946. Mais elles sont tolérées en Belgique où leur clientèle est constituée à 80 % de citoyens français. En toute logique, pas moins de cent cinquante lupanars ont élu résidence à la frontière franco-belge*. À Tournai, une dizaine de prostituées accueillent leurs clients dans une maison bourgeoise sise en vis-à-vis du commissariat de police fédérale. Autres lieux, autres mœurs…

Légale ou pas, la prostitution n'est pas prête de disparaître. Selon les chiffres de l'ONU**, elle génère 5 à 7 milliards de dollars de profits annuels et, chaque année,

* *Journal du dimanche*, octobre 2007.
** Statistiques de 1998.

quatre millions de personnes sont l'objet d'un trafic criminel à des fins sexuelles. L'abattage à bas prix (« 20 euros la pipe, 40 euros l'amour ») multipliant le nombre de passes jusqu'au rendement de trente par jour, le « tapin » des fleurs de macadam sur la voie publique, les vitrines à l'image du *Red Light District* d'Amsterdam, la prostitution de plage encouragée par le tourisme sexuel, le salon de massage destiné à maquiller le business d'une fille de joie, les call-girls de luxe… rien n'a vraiment changé, si ce n'est l'apparition d'escouades d'« escort girls » qui proposent leurs faveurs sur Internet. Une majorité de professionnelles mais aussi des jeunes femmes qui veulent arrondir leurs fins de mois et multiplient par deux leur salaire mensuel en jouant les filles publiques trois soirs par semaine.

On l'aura compris, le temps où la pornographie était confinée à quelques sex-shops scabreux de Pigalle ou cinémas pornos des grands boulevards est désormais révolu. Aujourd'hui, la « pornosphère » irradie, elle quitte ses réduits obscurs pour triompher au grand jour, la licence s'étale sur la place publique, se banalise et, au passage, y laisse probablement une bonne part de ce qui faisait sa saveur. On ne peut plus ouvrir un magazine féminin sans tomber sur un échantillon de godemichés dernier cri. L'interdit est devenu « tendance » ou, mieux, obligatoire. On ne peut plus allumer son ordinateur sans crouler sous les propositions libertines. Le X est partout, il s'immisce chez soi, passe par tous les interstices en un courant d'air qui grippe inévitablement la machinerie onirique de l'érotisme. La mention « pour adulte » est une invite à aller y voir de plus près, instituant des comportements compulsifs chez l'internaute rivé des heures durant à des images obscènes, répétitives et mécaniques. Premiers clients d'Internet, les adolescents sont gavés de crudités obscènes qui obturent l'horizon de leur imaginaire. Après les héroïnomanes des années 70, les nouvelles générations portent en leur sein un nouveau type de drogués, les sex-addicts, qui prennent le X pour du sexe.

CHAPITRE XV

Perversions sexuelles

Il y a des mots dont la définition est claire comme le jour. Une table est une table : rien d'autre qu'une surface plane et horizontale posée sur un ou plusieurs pieds. Et il faudrait être diablement pinailleur pour ne pas tomber d'accord là-dessus. Définir la perversion sexuelle est une autre aventure. Où placer la frontière entre la lubie et la perversion ? Comment distinguer une fantaisie érotique un brin saugrenue, d'une déviance pathologique ? Une vie sexuelle baroque et pleine de ressources, d'un comportement dévoyé et malsain ? Une attitude délurée, d'un lubrique dérangement mental ?

Au grand catalogue des perversions

Selon l'acception courante, peut être qualifié de perversion sexuelle tout comportement de recherche de satisfaction sexuelle autrement que par l'acte sexuel normal, celui-ci étant défini comme un accouplement entre deux partenaires consentants, d'âge sensiblement équivalent. Étant retenus les critères d'âge et de consentement, sont donc tenues pour « normales » toutes sortes de pratiques sexuelles, des plus minimales jusqu'aux plus loufoques [1]. Nous l'avons vu *, la capacité, proprement humaine, à se représenter le désir sous forme d'images mentales – en un mot, le fantasme – est signe de « bonne santé sexuelle ». Imaginer, se souvenir, inventer des scénarios érotiques participe de l'excitation charnelle. La réalisation des fantasmes constitue une suite envisageable sinon nécessaire de leur élaboration. Elle marque une étape de l'aventure amoureuse et ne constitue en rien une pathologie.

La sexualité s'enraye dès lors qu'un comportement particulier devient l'unique source d'excitation et de plaisir, et survient de façon intense, répétée et déconnectée du sentiment amoureux. On parle alors de déviance. La perversion sexuelle figure au rang des maladies mentales cataloguées par l'OMS **, dans sa *Classification internationale des maladies* (CIM) ainsi que dans la classification américaine *Diagnostic Statistical Manual* (DSM) [2-3]. Cette dernière définit les perversions ou *paraphilies* comme « des fantaisies imaginatives sexuellement excitantes, des impulsions sexuelles, ou des comportements qui surviennent de façon répétée et intense, pendant au moins un semestre, et qui sont à l'origine d'une souffrance ou d'une altération du fonctionnement social ou professionnel ».

Le catalogue des perversions est fourni : voyeurisme, exhibitionnisme, fétichisme, frotteurisme, transvestisme. Certaines confinent au sordide : la pédophilie (goût pour les enfants ou les adolescents) ou son contraire la gérontophilie, la nécrophilie (mises en scènes sexuelles morbides de cadavres), l'ondinisme (lié à l'eau) et l'urolagnie (plaisir obtenu au contact de l'urine) ou la

* Voir chapitre VIII.

** Organisation mondiale de la santé.

scatophilie [3]. L'acronyme BDSM désigne une sous-famille regroupant Bondage et discipline, Domination et soumission, Sadomasochisme [4].

Longtemps, l'homosexualité fut considérée comme une paraphilie jusqu'à ce que l'*Association américaine de Psychiatrie* décide de la soustraire de sa liste de maladies mentales dans son édition de 1973, suscitant une polémique nourrie. De la foire d'empoigne surgirent mille arguments. On stigmatisa des manipulations politiques dénuées de fondement scientifique, on condamna l'utilisation d'arguments scientifiques erronés, on vit derrière cette décision le fruit de menées anticléricales. Campagnes et croisades étaient bien la preuve que les frontières de la « normalité » sont floues. En tout cas, les psychiatres n'y revinrent pas : l'homosexualité, depuis maintenant trente-cinq ans, n'est plus tenue pour une perversion sexuelle.

« *Mais n'te promène donc pas toute nue* * *!* » : **voyeurisme, exhibitionnisme, frotteurisme**

Voyeurisme et exhibitionnisme sont les déviances les plus répandues sans doute parce qu'elles sont aussi les plus anodines. Une étude menée en août 2006, portant sur la population adulte suédoise, recense 7 % de voyeuristes et 3 % d'exhibitionnistes. L'étude précise que ces pathologies sont, dans leur grande majorité, le propre d'hommes, par ailleurs consommateurs de drogues et d'alcool, souffrant de problèmes psychologiques variés, menant une existence amoureuse instable [5]. Voyeurisme et exhibitionnisme sont des activités solitaires (si l'on fait abstraction des acteurs « malgré eux » du scénario :

---

* Georges Feydeau.

ceux que l'on regarde ou ceux à qui l'on montre) souvent associées à la masturbation mais conduisant rarement au coït.

Quid du frotteurisme ? L'intitulé parle de lui-même : l'étincelle s'obtient par frottement [6]. L'activité consiste à se plonger goulûment dans des foules compactes, au sein des allées d'un grand magasin ou au milieu d'une rame de métro bondée à l'heure de pointe, pour se frotter contre un inconnu. Le sujet, en même temps qu'il fricote avec une quidam, rêve à une relation passionnelle et torride. Rêveries qui, le plus souvent, sont fraîchement interrompues par une paire de gifles ou d'éventuelles poursuites.

Frotteurisme, voyeurisme, exhibitionnisme, coups de téléphones anonymes obscènes… autant de perversions qui vont ensemble [7], certains sujets cumulant la palette complète de ces pratiques sexuelles solitaires dans lesquelles le partenaire de jeux, objet de fantasmes, est instrumentalisé à son insu.

*Le Cri de la soie**… et le murmure du latex : fétichisme d'hier et d'aujourd'hui

Le fétichisme est la recherche de l'orgasme via la focalisation sur une partie du corps (seins, fesses, jambes, nombril, pied ou aussi bien la troisième phalange de l'annulaire droit, c'est au choix…), un objet (talons aiguilles, bas couture, gants, bottines, cuissardes, soutien-gorge), une matière (cuir, latex, vinyle, lycra) [6]. Tout est permis et probablement que tout existe. Curieusement,

---

* *Le Cri de la soie*, film d'Yvon Marciano, avec Marie Trintignant, Sergio Castellito et Anémone, inspiré du travail du psychiatre Gaëtan Gatian de Clérambault, 1996.

le premier objet fétiche signalé dans une revue scientifique à la fin du XIXe siècle n'est pas le premier objet sexuel qui viendrait à l'esprit. Le bonnet de nuit est un accessoire tenu pour plutôt rabat-joie dans l'inconscient collectif. Mais pas dans celui de ce fétichiste du bonnet de nuit, répertorié par le psychologue Alfred Binet * en 1887 dans la *Revue philosophique* : ce pervers délicieusement désuet ayant ressenti ses premiers émois sexuels à l'âge de cinq ans à la vision de sa mère en bonnet, ne pouvait plus jouir qu'avec une femme se présentant la tête couverte. Défilèrent probablement dans son lit, les jours de débauche, des modèles de bonnets de coton en tous genres, avec des maîtresses dessous…

Le fétichisme du pied est de loin le plus commun mais n'est pas à l'origine de l'expression *prendre son pied* qui, elle, fait référence à l'unité de mesure et, par extension, signifie « prendre sa part de plaisir ». La sensualité au bout d'un bas de soie… Qui a oublié les doigts de pied laiteux que la jeune Shelley Winters (Lolita) recouvre de vernis devant les yeux éblouis de James Mason et la caméra inspirée de Stanley Kubrick ? C'était en 1962. Depuis, Internet regorge de sites et films moins suggestifs, plus triviaux et sans aucun doute moins réussis. Une flopée de longs métrages pornographiques dédiés au pied dans lesquels des créatures fatales se font lécher les orteils des heures durant sans montrer le premier signe de lassitude…

Certains hommes dissimulent dans leur garde-robe une collection de frous-frous féminins un peu particuliers : cuissardes ou escarpins à talons aiguille taille 44,

* Alfred Binet (1857-1911) est par ailleurs l'inventeur du QI. En 1905, à la demande du gouvernement français, il mit au point une *échelle métrique de l'intelligence* visant à mesurer le développement de l'intelligence des enfants en fonction de l'âge, ancêtre du QI (quotient intellectuel).

bas de soie XXL, robes, strings et porte-jarretelles. Le travesti fétichiste aime se déguiser. Il en retire une excitation sexuelle majeure qu'il satisfait tout seul et dans le secret. Une fois l'excitation passée, il réintègre son costard-cravate et s'en va rejoindre une existence plus quotidienne et sûrement plus terne, non sans un certain malaise quant à sa virilité. Le travesti bivalent, non fétichiste, mène une double vie et s'arrange tant bien que mal d'une identité sexuelle perturbée en profondeur.

Le fétichisme est une pathologie pour ceux qui souffrent de panne sexuelle lorsqu'ils sont privés de l'objet de leur lubie [8]. Mais cette perversion s'est allègrement échappée de certaines consultations psychiatriques pour nourrir un mouvement esthétique tout ce qu'il y a de plus branché, qui n'a cessé de croître depuis le milieu des années quatre-vingt. Le *fetish art* a ses peintres, ses organisateurs de soirées mondaines (fêtes fréquentées par un mélange habilement dosé de pervers et d'esthètes), ses sculpteurs, ses photographes. Le comédien Philippe Chevallier, connu pour ses spectacles en duo avec Régis Laspalès, expose entre la France et l'Amérique des photographies grand format de femmes en collants brillants. Thème obsessionnel, selon ses propres dires.

Le *fetish art* a même ses égéries, strip-teaseuses, danseuses et mannequins. Dita Von Teese, qui cultive le style pin-up glamour très hollywoodien, est devenue une icône du mouvement, à tel point qu'en 2002, le sculpteur Stephan Saint Emett commit une statuette en résine polychrome à son effigie, sorte de poupée hyperréaliste en guêpière rouge juchée sur des escarpins à plateformes. Le mariage de Dita, trois ans plus tard, avec le chanteur métal-gothique Marilyn Manson, s'il ne dura qu'un an, étendit encore sa popularité. Il y a aussi LouLady, the « stylish french model ». Dans le civil, cette Normande d'origine est employée dans un modeste labo photo de Haute-Savoie. Sous les spots, cette trentenaire propriétaire d'une collection de corsets sur mesure et fascinée par l'esthétique des années 50, se transforme en bombe sexuelle fetish, toute de vinyle dévêtue. Avant de poser nue, LouLady exerça divers métiers. Tant et si bien qu'elle croisa le chemin d'Amélie Nothomb dont elle créa, en 2000, le site Web officiel. Les jeunes femmes sympathisèrent, puis se brouillèrent. L'esprit de vengeance saisit alors les nerfs du mannequin fetish qui résolut de dévier sur son propre site (loulady. com) tous les visiteurs du site Nothomb a priori plus attirés par la littérature que par les porte-jarretelles, l'un n'excluant évidemment pas l'autre pour certains d'entre eux. Bref, ce fut l'occasion d'un certain rififi sur la toile.

Le fétichisme est à la mode. À preuve : il s'infiltre dans les défilés de haute couture. La maison Dior, pour sa collection automne-hiver 2003, a confié la création de plusieurs modèles à House of Harlot. Ce créateur *fetish* londonien propose dans sa boutique des modèles de « rubber latex clothing » faits main, à des prix voisins de ceux pratiqués avenue Montaigne à Paris. L'endroit tient du magasin de déguisements. Sur les cintres : des panoplies de Catwoman, d'hôtesse de l'air, de marquis, de vampire ou de grognard napoléonien (pour femmes bien sûr) cousues à l'artisanale dans des matières luisantes et des couleurs criardes.

« *Attache-moi !* »* : B.D.S.M.

« Je suis née en 1972, je mesure 1,64 mètre pour 50 kg (...) je suis tatouée (...) je suis percée (...) je porte régulièrement des corsets de contrainte qui, au fil du temps, ont particulièrement affiné ma taille et je porte des talons aiguilles dont la hauteur est supérieure à 10 cm en toutes circonstances et un collier d'esclave en signe d'appartenance. » Nul besoin d'être expert en perversions pour déduire de cet autoportrait que son auteur, Laïka de N., est à la fois soumise et fétichiste, deux déviances qui se marient fort bien. Ces perversions ont fait la célébrité de « la femme la plus soumise de France », ou en tout cas proclamée comme telle par la revue... *Soumises* dans son numéro de février 2004. Soumise parmi les soumises, donc, Laïka de N. n'est rétive ni au bâillon, ni aux menottes, ni au septième ciel. Laïka était le nom de la chienne russe qui, en 1957, voyagea dans l'espace à bord de Spoutnik 2. Faut-il voir là l'origine du pseudo choisi ? On conviendra qu'une cabine pressurisée destinée à quitter l'atmosphère inflige des contraintes de tous ordres probablement du goût des adeptes du sadomasochisme. Peut-être une piste à creuser pour le recrutement des futurs spationautes...

D'autant que, la technologie allant son rythme, et les mœurs le leur, il y a encore aujourd'hui beaucoup plus de femmes soumises que de spationautes aguerris. À en croire un sondage réalisé dans le magazine *Dépêche Mode*, 19 % des Françaises déclarent avoir au moins une fois goûté au plaisir – certes pervers mais, somme toute, plutôt ordinaire – de se faire attacher à l'occasion d'un

* *Attache-moi !*, de Pedro Almodovar, avec Victoria Abril, Antonio Banderas, Rossy de Palma, 1990.

rapport sexuel. De l'anglais *to bind*, lier, le bondage suppose d'avoir sous la main quelques accessoires pratiques pour ligoter son partenaire : cordes, chaînes, bandes adhésives, bâillon, cage, etc. Dans certains cas extrêmes, les séances de bondage tournent au marathon et peuvent durer jusqu'à plusieurs jours, le partenaire attaché se mettant à l'entière disposition de son camarade, jour et nuit. Les mains courantes des commissariats rapportent des accidents plus ou moins graves liés à ces pratiques : simples blessures occasionnées par les cordes, entorses survenues dans la recherche de positions invraisemblables, mais aussi déshydratations, strangulations ou asphyxies. Contraindre son partenaire jusqu'à l'empêcher de respirer...

Le bondage pratiqué tout seul peut mener au désastre. Dans l'asphyxie autoérotique[9], le sujet recherche les sensations provoquées par le manque d'arrivée d'oxygène au niveau du cerveau, source d'excitation sexuelle. Suffocation à l'aide d'un foulard ou avec un sac plastique sur la tête, compression des organes respiratoires (nuque, poitrine, abdomen), pendaison ponctuelle, consommation de médicaments ou drogues (oxyde nitrique, chloroforme, anesthésiques, morphine, héroïne...) sont autant de moyens répertoriés dans cette quête d'étouffement encore appelée *autoérotisme.* Malheureusement, l'expérience est parfois menée trop loin. Anny Sauvageau et Stéphanie Racette, médecins au Laboratoire de sciences judiciaires et de médecine légale de Montréal ont dénombré 408 cas de décès des suites d'asphyxie autoérotique, en trente ans[10]. Parmi ceux-là, un homme de trente-quatre ans s'était emmailloté le corps de plastique de la tête aux pieds ; un autre de vingt-cinq ans, dans le même accoutrement s'était jeté à l'eau muni d'un appareil de plongée conçu chez lui et qui s'est avéré déficient.

Le bondage s'inscrit dans la longue liste des pratiques sadomasochistes. Qui peuple cette galaxie SM ? Une étude récente menée dans le milieu sadomasochiste au sein de la population masculine apporte quelques éclairages. 5 % d'entre eux n'ont pas d'activité sexuelle en dehors de ce cadre. 27 % d'entre eux continuent de mener une vie sexuelle variée mais confessent ne retirer aucun plaisir des pratiques « classiques ». Enfin, les rôles dévolus à chacun sont relativement stables. Globalement, on fait son choix et on s'y tient : 46,3 % des hommes interrogés n'ont jamais inversé les rôles ; 17,9 % sont passés du masochisme au sadisme ; 21,6 % ont parcouru le chemin inverse [11].

Le sadisme, pratique dont la *Justine ou les malheurs de la vertu* du Marquis de Sade, publié en 1791, figure probablement le mode d'emploi le plus abouti, retire ses plaisirs de la souffrance de l'autre. L'excitation émerge avec les douleurs et humiliations physiques et/ou psychologiques infligées à un(e) ou des partenaire(s) consentant(e)(s). Le dominateur exerce un contrôle total sur sa victime. Parmi les figures imposées : la fessée, le fouet (*caning* pour les pros), le passage à tabac. Certains aiment se faire ligoter le pénis, pincer ou percer les mamelons. Les contraintes peuvent aussi être sensorielles (bandeau sur les yeux, oreilles bouchées) ou psychologiques (se faire rudoyer, injurier, être forcé d'aboyer, marcher à quatre pattes avec une laisse) [12]. Les comportements de domination s'expliquent en grande partie par des troubles de l'empathie [13]. On trouve dans les rangs des masochistes une majorité d'individus jouissant d'une position sociale dominante. Une étude a été réalisée en 2002 sur un échantillon de cent quatre-vingt-quatre adeptes du sadomasochisme. Un tiers de cette population était constitué d'universitaires présentant une excellente insertion sociale, ayant des revenus mensuels importants et ne présentant aucun trouble psychologique [11].

L'utilisation fréquente de caméras vidéo pendant les actes sadomasochistes a permis l'enregistrement d'accidents. Certains films faisant l'objet d'une diffusion illégale sur Internet mettent en scène des meurtres factices découlant de violences sexuelles. Ces *snuff movies* sont des plans-séquences mal filmés, mal cadrés, mal éclairés qui se veulent le plus réalistes possibles dans leur dimension macabre.

Sous le coup de la loi

Les condamnations pour pédophilie ont doublé en vingt ans. Affaire Dutroux, opération Saône 71, réseau d'Angers… le thème est l'objet d'une couverture médiatique inédite. On n'a jamais autant entendu parler de pédophilie. Les tragiques erreurs judiciaires du procès d'Outreau n'ont fait qu'ajouter à la confusion générale.

Il n'y a pas de profil psychologique type du pédophile. La déviance touche tous les milieux socioprofessionnels. Dans 30 % des cas, les victimes de pédophilie deviennent à leur tour des pédophiles. Selon une étude réalisée en France en 1998 par Martorell et Coutanceau à partir de l'observation clinique de trois cents cas de condamnation pour pédophilie, il ressort que 80 % des condamnés s'en tiennent à des attouchements [14]. Dieu merci, les fantasmes pédophiles sont beaucoup plus fréquents que les passages à l'acte. Cependant, la législation française reste aujourd'hui l'une des plus sévères au monde.

Internet étant une source abondante de supports pédophiles illégaux, les autorités de contrôle du Web redoublent de vigilance. En octobre 2007, trois cent dix hommes ont été interpellés, parmi lesquels cent soixante-trois reconnus coupables. Ce coup de filet a conduit à la saisie de 1 400 000 photos et 27 000 vidéos pédophiles.

L'attirance sexuelle pour les animaux ou zoophilie est réprimée en France depuis 2004. La sanction peut aller jusqu'à une amende de trente mille euros, éventuellement assortie de peines d'emprisonnement et de l'interdiction, définitive ou non, de la détention d'un animal domestique. La nécrophilie tombe également sous le coup de la loi.

Thérapies

Il existe différentes stratégies de prise en charge des pervers sexuels. Dans le cas de délits sexuels isolés comme l'exhibitionnisme ou le frotteurisme, sont préconisés thérapies cognitives et comportementales ou d'autres formes de psychothérapie, et les traitements psychotropes (antidépresseurs sérotoninergiques lorsque la perversion est associée à une dépression ou à un trouble obsessionnel compulsif) [15]. Les pédophiles et les violeurs multirécidivistes requièrent un accompagnement médicopsychologique spécifique étroitement lié à un suivi judiciaire (renforcement des sanctions judiciaires, nouvelles lois, registre de pédophiles). La thérapie, plus lourde, peut associer traitement hormonal par antiandrogènes (castration chimique) et psychothérapie comportementale [16].

1. Imbert J., Allilaire J.-F., « Sexuality and problems in sexuality », *Rev Prat*, 2004 ; 54(20):2287-2293 – quiz 2293.

2. *OMS : Classification Internationale des Maladies. Critères diagnostiques pour la recherche. Dixième révision. CIM-10/ICD-10*, Trad. par C.-B. Pull, Paris, Masson, 1994.

3. *DSM-IV : Text Revision – Manuel diagnostique et statistique des troubles mentaux*, Paris, Masson, 2005.

4. Kolmes K., Stock W., Moser C., *Investigating bias in psychotherapy with BDSM clients, J Homosex*, 2006 ; 50(2-3):301-324.

5. Langstrom N., Seto M.-C., « Exhibitionistic and voyeuristic behavior in a Swedish national population survey », *Arch Sex Behav*, 2006 ; 35(4):427-435.

6. Chan A., Lim L., Ong S., « A review of outrage of modesty offenders remanded in a state mental hospital », *Med Sci Law*, 1997 ; 37(4):349-352.

7. Bader S.-M., Schoeneman-Morris K.-A., Scalora M.-J., Casady T.-K., « Exhibitionism : findings from a Midwestern police contact sample », *Int J Offender Ther Comp Criminol*, 2008 ; 52(3):270-279.

8. Katz A.-W., « Perversion, fetish, and creativity : the fate of desire in "Utz" », *Psychoanal Rev*, 2007 ; 94(6):943-966.

9. Fedakar R., Akan O., Eren B., « Autoerotic asphyxia by hanging », *J Pak Med Assoc*, 2008 ; 58(8):462-464.

10. Sauvageau A., Racette S., « Autoerotic deaths in the literature from 1954 to 2004 : a review », *J Forensic Sci*, 2006 ; 51(1):140-146.

11. Santtila P., Sandnabba N.-K., Alison L., Nordling N., « Investigating the underlying structure in sadomasochistically oriented behavior », *Arch Sex Behav*, 2002 ; 31(2):185-196.

12. Fedoroff J.-P., « Sadism, sadomasochism, sex, and violence », *Can J Psychiatry*, 2008 ; 53(10):637-646.

13. Kirsch L.-G., Becker J.-V., « Emotional deficits in psychopathy and sexual sadism : implications for violent and sadistic behavior », *Clin Psychol Rev*, 2007 ; 27(8):904-922.

14. Martorell A., Coutanceau R., « Des conduites pédophiliques. Considérations cliniques et sociales », *L'Évolution psychiatrique*, 1998 ; 63(1-2):35-67.

15. Kenworthy T., Adams C.-E., Bilby C., Brooks-Gordon B., Fenton M., « Psychological interventions for those who have sexually offended or are at risk of offending », *Cochrane Database Syst Rev*, 2004 ; (3):CD004858.

16. Briken P., Kafka M.-P., « Pharmacological treatments for paraphilic patients and sexual offenders », *Curr Opin Psychiatry*, 2007 ; 20(6):609-613.

CHAPITRE XVI

Sex-addict

« Je suis volontairement entré dans un centre pour traiter mon addiction au sexe. Je demande le respect pour moi et ma famille, notamment ma femme et mes enfants avec qui nous surmontons la situation en famille. » La déclaration paraît dans la presse en août 2008. Elle est signée David Duchovny *. Au début de la même année, le comédien américain était couronné du prestigieux Golden Globe du meilleur acteur de série de télévision pour son rôle dans le feuilleton *Californication*, où il incarne un écrivain new-yorkais et obsédé sexuel. À croire que, dans la plus pure tradition de l'Actor's Studio, il s'est identifié au rôle plus que de raison, au point de devenir son personnage. En tout cas, l'aveu a été rendu publiquement : Duchovny, bien que marié et père de famille, souffrait d'addiction sexuelle et n'aspirait qu'à une chose, guérir.

* David Duchovny s'est rendu célèbre pour son interprétation du personnage de Fox Mulder dans la série télévisée *X-Files, aux frontières du réel.*

Un nouveau mal ?

De quoi retourne-t-il au juste ? Si les chauds lapins existent depuis la nuit des temps, la pathologie fut baptisée en 1975 aux États-Unis, lorsqu'un membre des Alcooliques anonymes, ayant probablement atteint la sobriété recherchée, eut l'esprit suffisamment clair pour s'exprimer sur une autre de ses dépendances : le sexe. Il était « sex-addict », disait-il, et il en souffrait. L'histoire ne dit pas s'il parvint à guérir sa sexualité compulsive. En tout cas, le terme était lancé, on mettait un nom sur un trouble. Il faudra attendre encore quelques années pour que la communauté scientifique s'empare de l'expression. En 1983, le psychologue Patrick Carnes publie *Out of the shadows, understanding sexual addiction*, livre qui, depuis, tient lieu de référence sur le sujet [1].

Suis-je un sex-addict ?

Bientôt, Patrick Carnes développe un outil de dépistage de l'addiction sexuelle. C'est le SAST : le Sexual Addiction Screening Test [2]. Ce questionnaire, élaboré en 1989, compte vingt-cinq questions auxquelles le patient répond par oui ou par non. L'addiction est avérée à partir de treize réponses positives. Au-delà, plus le nombre de *oui* est élevé, plus la dépendance est sévère.

SAST : Sexual Addiction Screening Test (Carnes, 1989)

1. A-t-on abusé de vous sexuellement, pendant l'enfance et l'adolescence ?
2. Êtes-vous abonné(e) ou achetez-vous régulièrement des revues érotiques ?
3. Vos parents ont-ils eu des problèmes sexuels ?
4. Êtes-vous souvent préoccupé(e) par des pensées sexuelles ?
5. Avez-vous le sentiment que votre comportement sexuel n'est pas normal ?
6. Est-ce que votre conjoint(e) s'inquiète ou se plaint de votre comportement sexuel ?
7. Avez-vous du mal à arrêter votre conduite sexuelle, lorsque vous savez qu'elle est inappropriée ?
8. Vous sentez-vous mal à l'aise vis-à-vis de votre comportement sexuel ?
9. Est-ce que votre comportement sexuel a causé des problèmes pour vous-même ou votre famille ?
10. Avez-vous cherché assistance pour un comportement sexuel que vous n'aimiez pas ?
11. Avez-vous eu peur que les gens apprennent votre conduite sexuelle ?
12. Avez-vous fait du mal aux autres émotionnellement par votre conduite sexuelle ?
13. Certaines de vos activités sexuelles sont-elles hors la loi ?
14. Vous êtes-vous promis à vous-même de cesser certains comportements sexuels ?
15. Avez-vous fait des efforts pour renoncer à certains comportements sexuels sans y réussir ?
16. Devez-vous cacher certains de vos comportements sexuels ?
17. Avez-vous essayé de cesser certains comportements sexuels ?

18. Pensez-vous que certains de vos comportements sexuels ont été dégradants ?

19. Le sexe a-t-il été pour vous une manière d'échapper à vos problèmes ?

20. Êtes-vous déprimé(e) après un rapport sexuel ?

21. Avez-vous senti le besoin de cesser certaines formes d'activité sexuelle ?

22. Est-ce que vos activités sexuelles ont perturbé votre vie familiale ?

23. Avez-vous eu des rapports sexuels avec des mineurs ?

24. Vous sentez-vous dominé(e) par vos désirs sexuels ?

25. Pensez-vous que vos désirs sexuels sont plus forts que vous ?

C'est en étudiant la clinique de l'addiction sexuelle qu'Avicl Goodman, dans les années 90, théorise la notion d'addiction comportementale, fondée cette fois sur treize critères. La grille de Goodman * décrit avec minutie le comportement du dépendant et permet de déceler les symptômes de l'addiction, première étape vers la guérison [3].

D'autres définitions de l'addiction ont été proposées et sont aisément transposables au sexe. Les degrés de dépendance varient avec, aux deux extrémités de l'échelle, le comportement impulsif et le comportement compulsif [4]. L'addiction a minima répond à une *préoccupation* sexuelle. Le besoin est fort et déclenche la recherche obsessionnelle d'une stimulation sexuelle. Le sujet, répondant à une « pression sexuelle » intense, passe à l'acte, bravant culpabilité, désespoir et honte.

* Voir chapitre XII.

Bientôt, il manifeste un comportement compulsif car chaque fois que son désir est satisfait (*résolution*), il recherche une nouvelle stimulation pour fuir l'état de douleur, de vertige et de vide consécutif à l'orgasme. Le sex-addict souffre d'une régulation altérée de ses émotions et motivations [5].

Ainsi distingue-t-on différentes étapes dans le cycle addictif : la préoccupation et l'anticipation, l'intoxication et le *binge* (consommation compulsive), le sevrage (le manque) et les affects négatifs du manque comme la tristesse, l'irritabilité, l'anxiété [6]. L'équipe de Nora Volkow a montré à l'aide de l'imagerie cérébrale que l'addiction serait un trouble caractérisé par un processus récurrent, comprenant l'intoxication répétée puis l'installation progressive d'une dépendance s'accompagnant d'une tolérance (besoin d'augmenter l'intensité ou la fréquence du comportement sexuel pour obtenir l'effet désiré, l'effet étant moindre si le comportement est poursuivi avec la même intensité) et d'un besoin irrésistible de consommer (*craving*). Le caractère chronique et l'évolution par rechutes sont caractéristiques de ce trouble [7-8].

Les rouages neurobiologiques de l'addiction s'expliquent par le fonctionnement du circuit dopaminergique et de ses autres composantes neurobiologiques. La dopamine, molécule du plaisir et de la récompense, conduit le comportement de dépendance. Exactement comme dans le cas de l'alcoolisme ou de la dépendance aux drogues, c'est lorsque la sécrétion de dopamine devient impérieuse que l'addiction sexuelle s'installe [9]. L'envie est irrépressible, le désir est souverain, le bien-être procuré par l'acte sexuel est formidable et devient quasi vital. Surtout, le manque provoque un vide existentiel et une anxiété insoutenable. Il en découle une boulimie sexuelle qui ne peut être freinée par aucune contrainte sociale, familiale ou professionnelle [10].

Profil du sex-addict

On estime à 5 à 6 % la part de la population souffrant de comportements sexuels compulsifs avec une proportion de trois hommes pour une femme [4]. Ils mènent une vie sexuelle frénétique et hermétique à toute forme de sentiment. La demande sexuelle est permanente et urgente ; sa satisfaction ne souffre aucun délai. [11] Ni préambules, ni préliminaires chez le sex-addict. L'acte sexuel se veut mécanique et dissocié de l'amour. Le partenaire n'est rien d'autre qu'un objet sexuel consentant… et jetable. Pour autant, le sex-addict n'est jamais rassasié en sorte qu'il court de coït en coït dans une fuite en avant insatiable, s'adonne à une drague compulsive, goûte aussi bien le triolisme, l'échangisme et le mélangisme, avec une gourmandise tout ce qu'il y a de plus œcuménique. Il fréquente les orgies, les saunas mixtes ou gays, tous lieux propices à la rencontre d'un nouveau partenaire, et ne résiste à aucune tentation car le désir sexuel prime.

Pas de limite de temps ni d'argent pour son activité de prédilection. Véritable drogué du sexe, il est prêt à tout pour acquérir sa dose. Une dose de quoi ? Une dose d'érotisme sous quelque forme que ce soit, obtenue par tous les moyens, depuis la consommation compulsive de films pornographiques, jusqu'à la visite journalière de prostituées, en passant par la masturbation acharnée ou les nuits écoulées dans les clubs de strip-tease. Le sex-addict est animé par une forme de sexualité obsessionnelle qu'il ne peut s'empêcher de satisfaire quitte à mettre en péril vie de famille ou carrière professionnelle. L'entourage n'est jamais à l'abri de découvertes effarantes, comme dans la chanson du groupe hard rock Mötley Crüe, *The Wild Side* (*Le Côté sauvage*) : « Papa retrouvé mort, habillé en femme, au lit avec la femme de son meilleur ami. » Vince Neil, le leader du groupe, avait connu une relation aussi passionnelle que médiatique avec la très « poitrinée » Janine Lindelmulder. Sans aller jusqu'à la mort, les risques de MST (maladies sexuellement transmissibles) sont évidemment accrus : les infections à chlamydiae et/ou à gonocoques (chaude pisse), les champignons, les papillomavirus, l'hépatite B (pour ceux qui ne sont pas vaccinés) ou le virus du SIDA [5]. Certains ne se protègent pas ou se protègent mal.

L'addiction sexuelle implique souvent une double vie et la batterie de mensonges afférant. Le sex-addict s'efforce, tant bien que mal, de « cloisonner » sa pathologie, bâtissant des murs plus ou moins infranchissables, et vit le plus souvent dans la terreur que sa vie « secrète » ne soit découverte [12]. L'exercice s'avère forcément plus complexe pour les célébrités traquées par les paparazzi. Le moment passé dans une limousine avec une prostituée par l'élégant Hugh Grant n'aura échappé à personne. Son épouse Liz Hurley en découvrit probablement les images en même temps que plusieurs millions d'inconnus.

Tous les samedi matin, Paul Rubenfeld présentait sur CBS l'émission pour enfants la plus populaire des années 80 : *Pee Wee's Playhouse.* Or l'opinion publique, médusée, apprend un jour que Pee Wee, « l'homme-enfant » du petit écran, a été surpris en flagrant délit de masturbation dans un cinéma de Sarasota en Floride, sans doute pour se changer les idées des décors en carton-pâte et des animations un peu niaises de son show. Nous sommes en juillet 1991. Le show n'est pas diffusé l'été mais les autorités dirigeantes de la CBS, pour marquer le coup, interrompent toutes les rediffusions. C'en est fini du *Pee-Wee's Playhouse.* Paul Rubenfeld est contraint par jugement à des excuses publiques et à soixante-quinze heures de travaux d'intérêt général. L'émission pour enfants renaîtra de ses cendres en 2006. Il aura tout de même fallu quinze ans pour étouffer l'affaire. Au purgatoire télévisuel, Rubenfeld (alias Paul Reubens) trouve tout de même quelques emplois dans des téléfilms à succès. Au cinéma, le comédien joue entre autres dans *Batman le défi*, *L'Etrange Noël de monsieur Jack*. En 2002, il est arrêté à nouveau, soupçonné de posséder des images de pornographie pédophile. Les preuves sont minces et brouillées par le fait que Rubenfeld est un collectionneur d'œuvres d'art érotiques. L'addiction sexuelle devient un sujet de prédilection des médias américains auxquels Bill Clinton offrira l'affaire rêvée, lorsqu'il sera accusé de harcèlement sexuel par Paula Jones puis par Monica Lewinsky. En 1998, le Monica Gate émeut la terre entière. Une chose est sûre, l'addiction sexuelle fait vendre du papier journal.

Le quotidien du sexaholic

La masturbation addictive se pratique cinq à quinze fois par jour. Chez certains, elle ne sera interrompue que par l'apparition de blessures péniennes ou clitoridiennes.

Masturbation et pornographie sont fréquemment associées, l'autre étant le carburant de l'une. La consommation frénétique de supports pornographiques, revues, films, sites Internet n'a jamais été aussi tentante tant l'offre est abondante. Le « mateur » peut se délecter des heures durant, il se rince l'œil à l'infini d'autant que, curieusement, il regarde mais n'est pas très regardant quant à la qualité du spectacle.

Le sexe anonyme, pratique classique, est une lubie qui peut facilement virer à la dépendance. Pas de passé, pas d'avenir, aucune sorte d'engagement, le *fast sex* tire ses plaisirs du nombre. C'est l'inconnu qui est excitant.

On se sert un peu partout. Certains hétérosexuels addicts présentent des comportements homosexuels compulsifs. Les sex-addicts sont de fidèles clients de la prostitution qui permet de satisfaire les besoins à la demande. Sur Internet, les *chats* pornographiques sont ouverts vingt-quatre heures sur vingt-quatre. Les heures s'écoulent devant l'écran, l'excitation est à portée de souris et de la webcam... [13]

Quelle que soit la forme d'addiction, l'objectif poursuivi est le même : la stimulation sexuelle [1, 5]. Seuls les supports varient. Et, peu ou prou, pour le sexaholic, tout est bon à prendre.

Poly-addictions : Sexe and Co

L'immense comédien Michael Douglas – le fils de Kirk – a aujourd'hui soixante-quatre ans, une femme ravissante, de vingt-cinq ans sa cadette, originaire du Pays de Galles – Catherine Zeta-Jones – et deux enfants. Il s'est fait un nom comme acteur, comme producteur – c'est lui qui produisit *Vol au-dessus d'un nid de coucous*, dont personne ne voulait, à l'époque, à Hollywood – et comme addict sexuel. En 1992, à l'issue du dernier jour de tournage du sulfureux *Basic Instinct*, il émet le désir d'une cure de désintoxication. Ni une ni deux, son entourage s'occupe de tout et le fait hospitaliser au *Sierra Tucson Center*, clinique installée en pleine nature au fin fond de l'Arizona. Entouré de montagnes, sous un ciel étoilé, le centre confine à l'hôtel de luxe, avec sa piscine olympique, son haras, son mur d'escalade. Il n'en faut pas moins pour la star qui veut se débarrasser d'un certain nombre de mauvaises habitudes : alcool, cocaïne, psychotropes, sexualité compulsive. Le programme est chargé…

L'épisode, plus que marginal dans la carrière de Michael Douglas, est une illustration édifiante de ce que peuvent être les poly-addictions. La dépendance au sexe est souvent associée à d'autres types de dépendance [5]. Un véritable système coaddictif, sur le plan psychologique et biologique, se met en place. L'acte sexuel s'accompagne volontiers de la consommation d'alcool. Mais, si l'alcool déclenche l'envie et le désir, l'abus de boisson n'est pas favorable à la performance sexuelle, suscitant chez l'homme une érection hasardeuse et chez la femme un obstacle à la lubrification vaginale. Le cannabis offre une exacerbation des sens [14], mais, là aussi, point trop n'en faut ou c'est la peau de chagrin : plus le sujet consomme, plus les sensations s'atténuent. La cocaïne, euphorisante [15], déshinibe le sex-addict et l'encourage à faire des folies de son corps. Certains, même, se sont convaincus qu'une onction du pénis avec la magique poudre blanche améliorerait la qualité de leur érection… il n'en est rien.

La *date rape drug*, drogue du viol, appelée GHB, se présente sous la forme d'une poudre soluble qui, mélangée à l'eau, donne un précipité transparent. Agent de soumission chimique, le GHB est rapidement absorbé et ses effets sont fugaces. Euphorisant et aphrodisiaque, il entraîne une sensation générale de bien-être sans « descente ». Le GHB provoque des pertes de mémoire. Le sujet, amnésique, ne se souvient plus de rien. Voilà pourquoi la *date rape drug* surgit çà et là dans les colonnes de faits divers, utilisée à fins de viols dans lesquels la victime absorbe la drogue à son insu [16]. Les délits ou crimes commis à l'aide du GHB en France s'élèvent à une centaine de cas par an.

En vitrine des sex-shops, on peut lire sur des bandeaux fluorescents les mentions « aphrodisiaques en tous genres » ou encore « poppers ». Les poppers, à l'effet vasodilatateur, procurent une sensation de vive chaleur interne. Ils sont stimulants et désinhibants. Les pilules d'ecstasy allongent encore la liste des drogues utilisées pour atteindre le nirvana. Les sensations tactiles sont amplifiées, l'orgasme, retardé et plus intense [17].

Pourquoi s'arrêter en si bon chemin ? Le sex-addict n'hésite pas, le cas échéant, à marier les produits. Les cocktails de stupéfiants (cocaïne, poppers, GHB, ecstasy) ont engendré des sous-familles. À la carte, on trouve les mélanges de produits stimulants (cocaïne, ecstasy, amphétamines) avec le Viagra®, le Cialis® ou les poppers, mélanges qui ne sont pas sans risque pour la santé physique et mentale du consommateur. Ou encore, le spécial « antidépresseur érectile » (Prozac® + Viagra®), baptisé « Viazac » dans le jargon. Ce cocktail a même son slogan, qui circule parmi les initiés : « Je bande, mais je m'en fous, je suis cool… » Les accidents occasionnés par ces manipulations pharmacologiques amatrices sont le plus souvent cardiaques et peuvent provoquer la mort.

Un malheur n'arrive jamais seul

L'étude clinique montre que les troubles de sexualité compulsive s'accompagnent fréquemment de syndromes dépressifs, l'addiction étant un moyen de soulager une tension interne ou un malaise existentiel. La dépression, perturbation de l'humeur, est le mal du siècle. En 2000, elle trônait au cinquième rang des maladies les plus répandues (deuxième rang pour les 15-44 ans). Elle représente en tout cas la première maladie associée aux addictions. Ce qui laisse à penser que le sexe compulsif est appréhendé comme un antidépresseur ou un tranquillisant par ses victimes [18]. La dépression serait à l'origine de la conduite addictive. À l'inverse, il a été montré qu'un trouble de la dépendance peut susciter une dépression. En somme, les deux maux sont étroitement imbriqués [19].

Parmi les troubles psychologiques recensés chez les sex-addicts figurent également un certain nombre de pathologies anxieuses : troubles phobiques, anxiété généralisée, crises d'angoisse. La phobie sociale est la hantise d'être observé : peur d'agir de façon ridicule, peur de parler en public, de répondre à des questions, d'être surpris en train de rougir (éreutophobie), de trembler, de manger, de suer… L'anxiété généralisée est plus diffuse. Elle se manifeste par une agitation pathologique, une impression d'être à bout, une irritabilité caractérisée, des troubles du sommeil, des difficultés de concentration. On note, chez de nombreux patients, une difficulté de formulation des sentiments et des émotions [20]. L'ensemble de ces « troubles associés » sera évidemment à prendre en compte dans l'optique thérapeutique. Une approche globale est souhaitable, sollicitant psychologues, addictologues, psychiatres.

Comment aider les personnes souffrant d'addiction sexuelle ?

La sexualité compulsive résulte d'un dysfonctionnement du système de récompense et de régulation des émotions [9]. Différentes approches psychothérapeutiques, comme la psychanalyse, la psychothérapie de soutien, les thérapies de couple ou encore la thérapie cognitive et comportementale sont envisageables pour soigner les addictions sexuelles [21].

La thérapie cognitive et comportementale vise à développer des stratégies permettant une réduction des risques du comportement sexuel pathologique via la prévention et/ou la gestion des situations tentatrices. L'approche thérapeutique est brève (une séance par semaine pendant trois mois suffit, le plus souvent) et repose sur une démarche empirique, flexible et individualisée.

Le postulat de départ est le suivant : tous les comportements humains sont modulés par des facteurs environnementaux. Une fois identifiés clairement le contexte et les racines de la dépendance, le thérapeute, en étroite collaboration avec son patient, s'attache à modifier le comportement du sex-addict en agissant sur son environnement. Apprendre à contenir ses impulsions permet de reconstruire une sexualité « normale », les critères de normalité variant d'un sujet à l'autre. Le patient est un partenaire actif dans cette thérapie ; le thérapeute lui propose des outils et un suivi. Il le « coache » en quelque sorte [22].

Lors de la première séance, le patient évoque son histoire personnelle et familiale, décrit ses troubles sexuels et leurs retentissements sur son existence (travail, famille, amis, finances). Le médecin ou le psychologue évalue sa motivation à se soigner. On pourra demander au patient d'établir une « balance décisionnelle » qui l'aidera à peser les pour et les contre de son comportement sexuel, les avantages et les inconvénients d'une thérapie [23].

Avantages :

Lister 10 avantages de votre comportement, à court et à long terme (par exemple euphorie, effet anxiolytique…), en pondérant chaque proposition sur 10.

Inconvénients :

Lister 10 inconvénients de votre comportement, à court et à long terme (par exemple perte d'argent, femme trompée, effets sur votre santé, impossibilité de travailler…), en pondérant chaque proposition sur 10.

Le sujet prévoit, avec le thérapeute, un « agenda thérapeutique » qu'il va remplir au fil des séances et qui lui servira de guide personnel.

La thérapie suit quelques étapes importantes :

Cerner le problème

Le patient doit estimer les conséquences de son addiction, sur sa santé, son travail, ses relations amicales, son emploi du temps, ses finances. Il peut, par exemple, chiffrer le coût de sa conduite sexuelle en s'aidant du tableau suivant.

Activités sexuelles	Dépenses (en euros)
Téléchargement	
Pay per view	
Magazines pornographiques	
Sex phone	
Videos, DVD	
Clubs de strip-tease	
Prostitué(e)s	

Call-girls, escort girls	
Chambres d'hôtel	
Salons de massage	
Salons érotiques	
Autres dépenses en lien avec le sexe, préciser :	

Prendre des décisions et s'y tenir

La conduite addictive implique les processus neuropsychologiques de la sensibilité à la récompense et de la prise de décision. Ces processus se jouent au niveau du cortex orbitofrontal, zone du cerveau parfois défaillante chez les patients dépendants aux drogues [24-25]. Les addicts ont tendance à privilégier la récompense immédiate, en apparence plus attrayante en dépit des conséquences négatives à long terme. Les processus motivationnels altérés et l'impulsivité sont à l'origine des troubles de ces patients [25].

Le patient doit formuler des objectifs pour une nouvelle vie. Quels sont ses désirs ? Une nouvelle orientation professionnelle ? Reconstruire son couple ? Reprendre une activité sportive qui lui tenait à cœur ? Jouer d'un instrument de musique ? Passer plus de temps avec ses enfants ? Mettre de l'argent de côté pour un projet de vacances ou de travaux dans sa maison ? Pour permettre cette nouvelle donne, il s'attache à changer ses habitudes, à mettre un terme aux fréquentations liées à son addiction, à rompre avec les « sex dealers » pour enrayer un cycle désastreux. Ces mutations doivent s'opérer étape par étape, progressivement, en planifiant les objectifs à court, moyen et long terme. Décider au début de la semaine ce que l'on veut atteindre à la fin de celle-ci va aider le sujet à modifier quotidiennement son comportement. Réussir à se projeter dans l'avenir est une étape fondamentale de la thérapie. Un peu de « rêves » met le patient sur la voie de la guérison [26].

Éviter de rechuter

Le contrôle sexuel se renforce progressivement. Le besoin compulsif de consommer, ou craving, est un marqueur d'addiction [27]. Il provoque la rechute chez le patient dépendant, un peu comme dans le cas du réflexe conditionné. Pour contrôler les envies irrépressibles de sexe (*craving* sexuel), le patient doit comprendre le déroulement du *craving*. L'envie monte en pic puis disparaît de manière variable dans le temps en fonction des personnes. Pour s'affranchir de l'impulsion, il faut laisser le *craving* apparaître, supporter l'envie jusqu'à ce qu'elle atteigne son apogée et redescende enfin en intensité. Il s'agit également de savoir identifier ses envies, éviter les situations qui les déclenchent, apprendre à y faire face, accompagner le *craving*. Un exercice à faire en inter-séances consiste, chaque jour de la semaine, à compléter le tableau des envies (craving) de sexe et ce qui est fait pour y faire face.

Date et heure	Situations déclenchantes et pensées qui l'accompagnent	Intensité (entre 0 et 100)	Durée (en secondes, en minutes, en heures)	Comportements pour y faire face

Certains patients rapportent que dans les périodes difficiles où ils pourraient craquer, ils se remémorent ce qu'était leur vie antérieure, le travail qu'ils ont accompli, relisent leur agenda thérapeutique, et revoient ponctuellement leur thérapeute [28].

Ainsi, dans le cadre d'une psychothérapie cognitive et comportementale, un certain nombre d'outils simples proposés par le thérapeute permettent au patient de s'affranchir de son addiction et de retrouver une sexualité épanouissante.

Les groupes de parole, les groupes d'entraide et certains traitements médicamenteux peuvent s'ajouter à la psychothérapie choisie. Le groupe d'entraide des Dépendants affectifs et Sexuels anonymes (DASA) fonctionne selon les douze étapes de rétablissement élaborées par les Alcooliques anonymes. Les lignes directrices de ce type d'aide sont l'interruption du comportement obsessionnel sexuel et le développement d'un lien avec une puissance supérieure, chacun se faisant sa propre représentation de cette notion, qui l'aidera dans le rétablissement. Le désir d'arrêter de consommer du sexe est la seule condition pour devenir membre de DASA.

Il n'existe aucun traitement de substitution à une addiction sexuelle qui serait l'équivalent des patchs nicotiniques pour le tabac, de la méthadone ou de la buprénorphine pour l'addiction aux opiacés (héroïne, morphine…). On a recours à une approche thérapeutique symptomatique permettant de traiter les effets secondaires ou concomitants à l'addiction sexuelle [29]. On peut soigner les troubles anxieux, émotionnels, du sommeil ou de l'humeur, comme la dépression. Et il y a tout à parier que, à son tour, une sexualité épanouie vous guérira de bien d'autres maux…

1. Carnes P., *Out of the shadows – Understanding Sexual Addiction*, New York, Hazelden Publishing, 2001.

2. Carnes P., « Sexual addiction screening test », *Tenn Nurse*, 1991 ; 54(3):29.

3. Goodman A., « Addiction : definition and implications », *Br J Addict*, 1990 ; 85(11):1403-1408.

4. Mick T., Hollander E., « Impulsive-compulsive sexual behavior », *CNS Spectr*, 2006 ; 11(12):944-955.

5. Carnes P.-J., « Sexual addiction and compulsion : recognition, treatment, and recovery », *CNS Spectr*, 2000 ; 5(10):63-72.

6. Koob G.-F., « Neuroadaptive mechanisms of addiction : studies on the extended amygdala », *Eur Neuropsychopharmacol*, 2003 ; 13(6):442-452.

7. Goldstein R.-Z., Volkow N.-D., « Drug addiction and its underlying neurobiological basis : neuroimaging evidence for the involvement of the frontal cortex », *Am J Psychiatry*, 2002 ; 159(10):1642-1652.

8. Volkow N.-D., Fowler J.-S., Wang G.-J., Goldstein R.-Z., « Role of dopamine, the frontal cortex and memory circuits in drug addiction : insight from imaging studies », *Neurobiol Learn Mem*, 2002 ; 78(3):610-624.

9. Goodman A., « Neurobiology of addiction. An integrative review », *Biochem Pharmacol*, 2008 ; 75(1):266-322.

10. Schneider J.-P., « Compulsive and addictive sexual disorders and the family », *CNS Spectr*, 2000 ; 5(10):53-62.

11. Bancroft J., « Sexual behavior that is "out of control" : a theoretical conceptual approach », *Psychiatr Clin North Am*, 2008 ; 31(4):593-601.

12. Karila L., *Les Addictions – Idées Reçues*, Paris, Le Cavalier Bleu, 2008.

13. Southern S., « Treatment of compulsive cybersex behavior », *Psychiatr Clin North Am*, 2008 ; 31(4):697-712.

14. Reynaud M., *Cannabis et Santé*, Paris, Flammarion – Médecine Sciences, 2004.

15. Karila L., Coscas S., Benyamina A., Edel Y., Lépine J., Lowenstein W ; Reynaud M., « L'addiction à la cocaïne : données actuelles », *Revue du Praticien Médecine Générale*, 2007 ; 21:790-793.

16. Nicholson K., Balster R., « GHB : a new and novel drug of abuse », *Drug Alcohol Dependance*, 2001 ; 63:1-22.

17. Karila L., *Dictionnaire des Addictions*, Paris, Phase 5, 2007.

18. McDougall J., « De la sexualité addictive », *Psychiatrie française*, 1991 ; 29-51.

19. Karila L., *Dépression et Addictions*, Paris, Phase 5, 2006.

20. Karila L., « Prise en charge des troubles psychiques et des addictions », *La Revue du Praticien Médecine Générale*, 2005.

21. Goodman A., « Diagnosis and treatment of sexual addiction », *J Sex Marital Ther*, 1993 ; 19(3):225-251.

22. Carroll K.-M., « Recent advances in the psychotherapy of addictive disorders », *Curr Psychiatry Rep*, 2005 ; 7(5):329-336.

23. Rollnick S., Miller W.-R., « What is motivational interviewing ? », *Behavioural and Cognitive Psychotherapy*, 1995 ; 23:325-334.

24. Bolla K.-I., Eldreth D.-A., London E.-D., Kiehl K.-A., Mouratidis M., Contoreggi C., Matochik J.-A., Kurian V., Cadet J.-L., Kimes A.-S. (et al.), « Orbitofrontal cortex dysfunction in abstinent cocaine abusers performing a decision-making task », *Neuroimage*, 2003 ; 19(3):1085-1094.

25. Stout J.-C., Busemeyer J.-R., Lin A., Grant S.-J., Bonson K.-R., « Cognitive modeling analysis of decision-making processes in cocaine abusers », *Psychon Bull Rev*, 2004 ; 11(4):742-747.

26. Penix Sbraga T., O'Donohue W., *The Sex-addiction Workbook : Proven Strategies to Help You Regain Control of Your Life*, New Harbinger Publications, 2004.

27. Paulus M.-P., « Neural basis of reward and craving a homeostatic point of view », *Dialogues Clin Neurosci*, 2007 ; 9(4):379-387.

28. Carnes P., Adams K., Adams K., *Clinical Management of Sex-addiction*, Routledge, 2002.

Épilogue

Nous avons entrepris, dans ces quelques chapitres, d'analyser les mécaniques de l'amour dans ses rouages les plus fins. Depuis de nombreuses années, nous nous sommes passionnés pour ce sentiment roi. On n'aura jamais fini d'en scruter les dynamiques cachées. La tâche est sans fond, d'autant que la science avance à pas de géant sur les fronts de la neurobiologie, de la génétique, de l'imagerie cérébrale comme de la psychologie. Nos deux spécialités, la psychiatrie et l'addictologie, ont encore ouvert de nouvelles perspectives à ces recherches. L'amour est par essence excessif, absolu, délicieux et parfois destructeur. En explorer la démesure, cerner les symptômes de la dépendance, s'imposait.

Les travaux scientifiques, toutes disciplines confondues, nous permettent aujourd'hui, par leur complémentarité, de mieux appréhender les ressorts de cet élan vital que nous retirons de la vie à deux. Pour autant, au-delà du canevas commun, celui-là même que ce livre s'attache à comprendre, l'aventure amoureuse demeure éminemment personnelle et toujours inédite. L'amour n'a pas fini de foudroyer les uns et les autres, à tout âge et sous toutes les latitudes. Le sujet nous hante, il nous possède littéralement. En conséquence, ce thème continuera de faire couler beaucoup d'encre et c'est tant mieux. Car chaque histoire est unique.

Comme l'exprime avec poésie Saint-Exupéry : chacun sa rose.

– Je commence à comprendre, dit le petit prince. Il y a une fleur... je crois qu'elle m'a apprivoisé... Bien sûr, ma rose à moi, un passant ordinaire croirait qu'elle ressemble à toutes les roses. Mais à elle seule elle est plus importante que toutes les roses, puisque c'est elle que j'ai arrosée. Puisque c'est elle que j'ai mise sous globe. Puisque c'est elle que j'ai abritée par le paravent. Puisque c'est elle dont j'ai tué les chenilles (sauf les deux ou trois pour les papillons). Puisque c'est elle que j'ai écoutée se plaindre, ou se vanter, ou même quelquefois se taire. Puisque c'est ma rose.

– Adieu, dit le renard. Voici mon secret. Il est très simple : on ne voit bien qu'avec le cœur.

Antoine de Saint-Exupéry,
Le Petit Prince, *Gallimard, 1943.*

Table des matières

TROISIÈME PARTIE
Les dépendances affectives et sexuelles

Composition et mise en pages

NORD COMPO
multimédia